权 力

依法治权的法政治学分析

李寿初 著

中国社会科学出版社

图书在版编目（CIP）数据

权力：依法治权的法政治学分析 / 李寿初著 . —北京：中国社会科学出版社，2018.12（2019.5 重印）

ISBN 978-7-5203-3479-2

Ⅰ.①权… Ⅱ.①李… Ⅲ.①权力-研究 Ⅳ.①D033

中国版本图书馆 CIP 数据核字（2018）第 256972 号

出 版 人	赵剑英
责任编辑	许　琳
责任校对	鲁　明
责任印制	李寡寡

出　　版	中国社会科学出版社
社　　址	北京鼓楼西大街甲 158 号
邮　　编	100720
网　　址	http://www.csspw.cn
发 行 部	010-84083685
门 市 部	010-84029450
经　　销	新华书店及其他书店
印刷装订	环球东方（北京）印务有限公司
版　　次	2018 年 12 月第 1 版
印　　次	2019 年 5 月第 2 次印刷
开　　本	710×1000　1/16
印　　张	14.75
插　　页	2
字　　数	220 千字
定　　价	48.00 元

凡购买中国社会科学出版社图书，如有质量问题请与本社营销中心联系调换
电话：010-84083683
版权所有　侵权必究

序　言

　　国家是人类社会进入文明时期后出现的政治共同体。从此人人生活在国家中，虽能流动于国家间却不能游离于国家外，由生入其中只能因死出其外。国家权力是以国家名义行使的暴力，是国家的本质属性。国家权力一般分为立法权、行政权和司法权，并由相应的国家机构行使。社会发展的历史表明，不管何种类型的国家权力，它在保障人们利益的同时都带来了无数恶行。因此，自古至今人们对国家权力保持高度警惕且不断质疑它的合法性。

　　国家权力的合法性，是指国家权力被社会大众接受或认可的理由。国家权力的合法性是政治学的基本问题，甚至可以说是政治学的首要问题。由于认识角度或能力有别，不但不同时期、不同国家有各种观点，而且同一时期、同一国家也有不同意见。对该问题的研究，可谓见仁见智，尚无定论。当然，作为学术问题，其实也无须定论。

　　李寿初博士在长期思考的基础上，对国家权力的合法性问题进行了深入系统的探究，发表了一系列颇有见地的论文，社会反响很好。呈现在读者面前的这本著作，就是他多年来理论探索和实践阐发的总结性成果。全书论断剀切，逻辑缜密，结构清晰，主要从观念、制度和利益三个方面来论证国家权力的合法性，准确地说，主要是论证了现代国家权力的合法性。

　　国家权力在观念、制度和利益上的三种形态独立存在但又相互影响。利益是观念和制度的社会合理性基础，尽管基于不同利益甚至相同利益会有多种观念和制度形态，但只有与利益相符的观念和制度才会被大家接受或认可。观念和制度为利益的实现提供正当性辩护和制度保障，但并非所有的利益都能得到观念和制度的支持。理想的国家权力状况是，共识的权力能通过立法规定下来，然后现实的权力真正依法实施，三种权力在形态上相等。如果立法远不及共识，现实又远不及立法，此时的国家权力状况令人堪忧。如果现实权力严格依照法定权力，而二者同共识权力差距较大，则说明应当修改立法，不过这种权力状况仍是健康的。三种形态的差别反映了一个国家权力的实际状况，差别越小则一国的权力状况越好。只有随着社会发展不断调整三者关系，才能始终保持国家权力的和谐状态。

是为序。

徐　飞
2013 年 2 月

注：徐飞，博士，上海交通大学教授，副校长。2013 年下半年升任西南交通大学校长。

目　录

绪　论 ……………………………………………………………（1）
第一章　权力的本质 ……………………………………………（5）
　　一　权力无涉权利 …………………………………………（8）
　　二　权力高于权利 …………………………………………（14）
　　三　权力源自权利 …………………………………………（21）
第二章　权力的渊源 ……………………………………………（34）
　　一　道德的基本属性 ………………………………………（34）
　　二　道德与法律的同异 ……………………………………（44）
　　三　道德与法律的关系 ……………………………………（52）
第三章　制度中的人性 …………………………………………（66）
　　一　利己主义 ………………………………………………（68）
　　二　利他主义 ………………………………………………（76）
　　三　己他两利主义 …………………………………………（84）
第四章　合法性基础 ……………………………………………（93）
　　一　民主 ……………………………………………………（94）
　　二　人民主权 ………………………………………………（98）
　　三　法治 ……………………………………………………（115）
第五章　合法性标准 ……………………………………………（121）
　　一　意识形态 ………………………………………………（121）
　　二　法律制度 ………………………………………………（125）
　　三　现实利益 ………………………………………………（131）
第六章　社会正义 ………………………………………………（139）
　　一　正义概念 ………………………………………………（139）
　　二　形式正义 ………………………………………………（157）

三　实质正义 …………………………………………（172）
第七章　权力的边界 ……………………………………（187）
　　一　正当性 ………………………………………………（188）
　　二　社会功能 ……………………………………………（203）
参考文献 …………………………………………………（215）
后　记 ……………………………………………………（228）

绪　　论

　　国家是人类社会进入文明时期后出现的政治共同体。国家会在一个相当漫长的历史时期内存在，虽然消亡是它的宿命但是真到此时还将遥遥无期。从此，人人生活在国家中，能流动于国家间却不能游离于国家外，由生入其中只能因死出其外。国家权力是以国家名义施加给个人和社会的暴力，渗透到了社会的每一个角落。不管国家权力被蒙上怎样的神秘面纱加以修饰，暴力都是它的根本属性，简单粗暴都是它的一贯表现。国家权力一般分为立法权、行政权和司法权，并配置给相应的国家机构。国家权力是一把双刃剑，它在保障人民利益的同时也带来了不少恶行。行使国家权力的活动就是统治。众所周知，只有国家官员才有资格行使国家权力，他们是实际统治者，其余的人都是被统治者。官员来自人民又独立于人民，所有官员构成了一个社会地位特殊的利益群体即官僚集团。现实中人民是一盘散沙，而官员则是国家机器的组成部分，人民只有团结起来才有力量，而官员本身就具有强大力量。官员和人民既对立又统一，有着共同利益，也存在不可避免的利益分歧。因此，无论何时何地，人民都会对国家权力的运行保持高度警惕，并且时刻关注其合法性。

　　国家权力合法性是指统治者行使国家权力被人民接受或认可的理由。国家权力有三种形态。一是观念上的，即各种权力观念。人的观念，对本人来说是主观的，在他人看来却是客观的，因为不管他人承认与否，它都是一种社会存在。二是制度中的，即权力的形式渊源。国家权力体现在社会制度当中，其来源、种类、分配、程序、功能取决于有关制度规定，在现代社会主要是法律规定，同时也受道德约束。三是实践里的，即权力的实在力量。人民利益的调整和社会秩序的建构，最终离不开国家权力的强制和保障。国家权力合法性就是国家权力在观念、制度和实践三个形态方面合法性的有机结合和统一。

在观念层面上，统治者要为行使国家权力提供正当理由，被统治者也要为服从国家权力找到合理依据。统治者的观念反映的是统治者整体意志而非个别意志，是统治者中的领导者或政治家提出或认可的关于国家权力的理论、学说或思想体系。统治者的观念通常表现为国家的意识形态。意识形态在一个国家的思想体系中处于主导地位，统治者经常把它宣传成科学和真理而要求被统治者无条件服从。被统治者的观念或社会舆论往往是分散的意见、观点或看法，当然也有被提升为理论、学说或思想体系的。广大被统治者即社会大众的相同观念就是通常所说的民意。民意会受到意识形态的影响，但是不能否定被统治者对一切社会问题都有自己独立的价值判断。意识形态无论怎样表现，都只有符合民意才会被社会大众接受或认可。

一个国家中会出现许多甚至相互冲突的国家权力合法性观念，但是总会有一种合法性观念是社会主流，或者说不同合法性观念在关于国家权力的基本问题上能达成共识。共识是人民理性思考的智慧结晶，是人类繁衍生息的精神条件，是社会有序存在的知识基础。那些分歧或非共识观念，既是共识不断修正和发展的动力，也是未来某个时代共识的思想渊源，但只有共识才能成为评判当时国家权力合法性的观念标准。共识不复存在，是社会动乱和国家革命的前兆，会对国家政权的更替或国家性质的变化产生深刻影响。

当今世界，无论资本主义社会还是社会主义社会，民主法治观念都是国家权力合法性的共识。民主法治成为现代国家权力合法性的共识是人类政治智慧长期发展和不断反思的结果。民主又叫人民主权，就是人民或多数人当家作主，国家权力来自人民、属于人民并服务人民。法治就是法律的统治，法律地位至高无上，法律面前人人平等，统治者的意志不能超越或凌驾于法律之上，任何个人或组织都必须严格遵守法律。民主法治是具体的、历史的和意识形态的，但是它保障人民权利和限制国家权力的本质在社会演进之中一直未变。

在制度层面上，民主必然会同制度关联。没有一定的制度，民主只是一个空洞的口号或理论而已。有了一定的制度，人民或多数人才能把握和操作它，才能治理国家和社会。任何时期、任何国家或地区的人民苦苦求索的，从来就不是什么民主的口号或理论，而是在于争取名副其实的民主，尤其是争取之后都会建立一套切实可行、操作简便的制度，使得人民能够充分享有和行使它。虽然历史上民主类型多种多样，但是它们的中心思想基本一致，即围绕人民当家作主的宗旨形成国家权力的合理结构和实际可控的制度安排。

在实行民主的国家中，国家权力的所有权和使用权是分离的。所有权属于人民，人民是国家主人，但是人民不是直接行使而是授权国家官员行使。官员是公仆，他们来自人民，却又形成了独立于人民的官僚集团。官员应当代表但有可能代替人民行使国家权力，以致其滥用权力甚至强奸民意的行为不可避免。国家权力的法律化和法治化是近代以来西方资本主义对国家治理的重大贡献。人民把自己的意志上升为国家意志并用法律表现出来，法律规范同国家权力有关的一切活动，法律具有至高地位，任何组织和个人都没有居于法律之上的特权，没有法律依据或不依法行使的国家权力都是非法无效的。法律不会朝令夕改，人民对国家权力运行的结果有着稳定的预期，法律不再是传统社会中官员恣意行使国家权力的工具而是人民牢固控制国家权力的武器。

世界上没有完美无缺的制度，民主法治也不例外。但是，人类社会的历史和实践已经反复证明，没有比民主法律更好的制度，没有比民主法治更佳的方式，能长期有效地保障公民权利和控制国家权力；人类社会的历史和实践已经反复证明，从专制人治状态进入民主法治状态是人类社会发展不可逆转的、无法阻挡的趋势，具有不以人的意志为转移的客观规律性；人类社会的历史和实践已经反复证明，民主法治是破解历史周期律和长久保持国泰民安的唯一途径，其他途径都是行不通的。

在现实层面上，国家权力必须公平对待社会每个主体和每种利益。个人是社会基本主体，个人利益是社会基本利益，国家利益以及各种集体利益最终都可归为相关领域一定数量的个人利益。不能无缘无故损害个人利益，假借公共利益之名侵犯个人利益是不正义的。只有通过牺牲个人利益才能换取公共利益的行为必须严格规范，并且应当等价补偿。相比国家或社会个人永远是弱者，国家权力和社会势力侵犯个人利益的非法行为可谓屡见不鲜。要正确认识个人利益，合理处理国家利益、集体利益和个人利益三者之间的关系。

国家权力是暴力，即使遭到社会坚决反对也可强制实施。国家权力又是稀缺资源，只有官员才有资格行使。国家权力的这些特性使得它运行的好坏不但在于有法可依，而且更在于执法必严。官员素质的高低直接影响运行的结果。无论法规多么详细，都不可能穷尽国家权力的一切，一般通过授予官员自由裁量权来应对那些没有规定的事例和环节。这就为部分官员谋取私利提供了制度便利，法律不健全时就更不用说了。即使在社会严密监督之下，也无从知悉官员行使权力的整个过程，信息不对称使得权力运行当中绑架民意、徇私舞弊、官官相护、胡乱作为、权力私有化等不良现象时有发生，胆大妄为公然违法乱纪者就更不用提了。官员同样生活在各种社会关系之中，并且受它们束缚，这就难以保证所有国家权力都能公正执行。在人治社会向法治社会的转型中甚至还会出现权力异化的极端情形：民主法治仅仅是美妙的幌子，法律制度也只是纯粹的摆设，国家权力成了一些官员和强势者用来侵害人民大众和弱势者利益的"合法"暴力。

国家权力必须在法律范围内活动，要尽最大可能满足人民对它的全过程和全方位的监督。法律和国家一样源远流长，但直至近代资本主义社会才出现法治。法律只是法治的必要条件，有法律不一定有法治，法律制度的健全并不意味着法治事实。

观念、制度和实践是国家权力合法性的三个要件。实践是观念和制度的社会基础，观念和制度为实践提供价值判断和形式标准。理想的图景是：国家权力共识能通过法律规定下来，实践中国家权力又能依法行使，三种形态国家权力内容一致。如果法律远不及共识，实践又远不及法律，此时的国家权力是令人忧虑的。如果实践中国家权力严格依法行使，但法律规定与权力共识差距较大，表明应当修改法律，这时的国家权力仍旧是健康的。三种形态国家权力的差别反映了统治的真实状况，差别越小则统治形势越好。只有随着社会发展不断缩小三种形态国家权力之间的差距，才能始终保持国家权力的合法性。

第一章 权力的本质

国家是人类社会进入文明时期后出现的政治共同体。① 国家会在一个相当漫长的历史时期内存在,虽然消亡是它的宿命但是真到此时还将遥遥无期。从此,人们离不开国家,只能由生入其中并因死出其外,可以流动于国家间却不能游离于国家外。国家中的人大致可以分为两类,一类是行使国家权力的少数统治者,另一类是服从国家权力的大多数被统治者。无论统治者还是被统治者都由具体的个人组成,个人是国家的基本主体。享有权利是一切主体的价值追求,而拥有权力则是国家的本质所在。

权力是强制力或暴力,意味着"在一种社会关系里哪怕是遇到反对也能贯彻自己意志的任何机会……不管这种机会是建立在什么基础之上"。② 贯彻自己意志的一方为权力主体,受权力主体支配的一方为权力客体。权力主体可以是个人、组织或国家,因此就有个人权力、组织权力或国家权力;权力客体可以是人或物,因此就有对人的权力和对物的权力。③ 在所有的权力类型中,只有国家权力地位最高,其

---

① 关于国家的起源,恩格斯有一段经典论述:"国家决不是从外部强加于社会的一种力量。国家也不像黑格尔所断言的是'伦理观念的现实','理性的形象和现实'。确切说,国家是社会在一定发展阶段上的产物;国家是承认:这个社会陷入了不可解决的自我矛盾,分裂为不可调和的对立面而又无力摆脱这些对立面。而为了使这些对立面,这些经济利益互相冲突的阶级,不致在无谓的斗争中把自己和社会消灭,就需要有一种表面上凌驾于社会之上的力量,这种力量应当缓和冲突,把冲突保持在'秩序'的范围以内;这种从社会中产生但又自居于社会之上并且日益同社会相异化的力量,就是国家。"见恩格斯《家庭、私有制和国家的起源》,人民出版社1999年版,第176—177页。
② [德]韦伯:《经济与社会》(上),林荣远译,商务印书馆1997年版,第81页。
③ 参见[英]罗素《权力论》,吴友三译,商务印书馆1991年版,第23、27页。

他权力都必须服从它的安排。因此，人们一般所言的权力大多指国家权力。国家权力是以国家名义施加给个人和社会的强制力或暴力。在有着阶级对立、阶级差别与阶层区分的社会中，国家权力的实质是统治阶级的统治权。进一步而言，只有能够行使国家权力的那部分人即官僚集团才是国家的实际统治者，其余的都是被统治者。国家权力一般分为立法权、行政权和司法权，并由相应的国家机构执行。

  权利是指规范规定的主体必须且应该得到的利益。规范不同权利有别，道德和法律是社会基本规范，道德权利和法定权利是基本的权利形式。权利主体是个人或由个人组成的各种社会群体，个人是基本的权利主体。权利内容丰富，涵盖各种各样物质和精神的利益。西方古代虽有指称与权利内容相关的词汇，却并未产生实至名归的权利称谓。① 权利概念在西方直至近代才出现，"直至中世纪结束前夕，任何古代或中世纪的语言里都不曾有过可以准确地译成我们所谓'权利'的词句。大约在1400年前，这一概念在希伯来语、希腊语、拉丁语、阿拉伯古典或中古语里缺乏任何表达方法，更不用说在古英语里或晚至19世纪中叶的日语里"。② 权利一词在中国古代就已存在，但指的是权势和货财，并非西方的权利含义。譬如，《荀子·劝学》云："君子知夫不全不粹之不足以为美也……是故权利不能倾也，群众不能移也。"中国进入近代社会后逐渐接纳了西方权利概念。在人类社会历史进程中，权利一经产生就具有划时代的意义，这是因为"对人类而言，人不但是肉体的生命，同时其精神的生存至关重要，人类精神的生存条件之一即主张权利。人在权利之中方具有精神的生存条件，并依靠权利保护精神的生存条件。若无权利，人将归于家畜"。③ 人在社会中如果不能享有具体的权利，人生将没有尊严。

---

① 参见夏勇《人权概念起源》，中国政法大学出版社2001年版，第27—58页。
② [美]麦金太尔：*After virtue：A Study in Moral Theory*（London：Duckworth，1981）p.67ff. 转引自[英]米尔恩《人的权利与人的多样性——人权哲学》，夏勇等译，中国大百科全书出版社1995年版，第5页。
③ [德]耶林：《为权利而斗争》，胡宝海译，载《为权利而斗争——梁慧星先生主编现代世界法学名著集》，中国法制出版社2000年版，第12页。

从一定意义上而言，个人与国家的关系史，就是一部国家权力与个人权利的关系演变史。社会发展表明，权力和权利是相对应的一对矛盾，相互需要又相互排斥。在这个矛盾体中，权力总有扩大的趋势，权利也有增加的倾向，这是因为"对每一个强大而有力的东西来说，总有着一种越出它自己的范围而发展的本能倾向和一种特殊诱惑"。① 因此，权力与权利的关系成反比例，权力多了权利就少了，权力少了权利就多了。如果国家权力过于强大，以至个人权利受到侵犯，就会产生暴政、极权甚至独裁。反之，如果个人权利过分凸显，以至国家权力失去权威，就会导致社会无序。② 这些都不是人们理想的社会愿景。因此，建立一个大家能够认可的良好的社会秩序，就必须认真对待国家权力和个人权利的关系。

关于二者关系，由于认识者的主客观条件有别而众说纷纭，有些是对社会实践经验的总结，有些又是为社会实践提供理论依据。大体可归为三种类型：（1）权力和权利无涉。这主要是独裁主义或专制主义的看法，认为二者没有必然联系，提出"君权神授""王权世袭"或"强权即公理"等主张；（2）权力高于权利。这主要是共同体主义的意见，强调公共利益、社会秩序和国家权力，主张权力高于权利，甚至主张权利来源于权力。如果过分强调国家权力而忽视个人权利，共同体主义就会蜕变为独裁主义或专制主义；（3）权力源自权利。这主要是自由主义的思想，强调个人权利的重要性，主张权利高于权力以及权力来源于权利。如果过分强调权利而忽视权力，自由主义有可能走向无政府主义。如何对待国家权力与个人权利的关系，影响每个人的生活规划和社会秩序的建构，更是关乎所有社会主体生存发展的意义以及统治或国家权力的合法性。

---

① ［法］马里旦：《人和国家》，霍宗彦译，商务印书馆1964年版，第16页。霍宗彦是著名法学家、北京大学法学院教授沈宗灵（1923—2012）先生曾用笔名。
② 现实生活中，人们几乎每天都能看到国家对于个人的压制，很少看到实施个人权利而使社会分裂。参见［美］唐纳利《普遍人权的理论与实践》，王浦劬等译，中国社会科学出版社2001年版，第175—176页。

一　权力无涉权利

　　独裁主义或专制主义的核心思想是：独裁者或专制者的意志决定一切，他们独断专行且不受社会世俗力量和国家法律制度的约束；统治或国家权力跟被统治者和个人权利无关，而是来自他们认为的其他渊源。独裁者或专制者是一个人或一个群体，大多数情形下是某个家族、集团、组织、政党、阶层或阶级的利益代表。统治者内部层级分明，各级官员的权力都来自独裁者或专制者的授权，上下级官员之间是人身依附关系。独裁专制思想是传统社会国家权力的主导观念，主要有"神权论""血统论""暴力论"三种形态。

　　神权论主张国王（又叫君主）是神的代理人，受神的旨意统治国家。既然国王是神的代理人，国王的意志也就成了神的意志，服从王命就等于服从神命，违抗王命就等于违抗神命。神权思想来自宗教，通过宗教信仰人们接受或认可了神权思想，尤其"在专制的国家里，宗教的影响比什么都大，它是恐怖之上再加恐怖"。[①] 宗教是自然压迫和社会压迫的产物。在氏族社会，生产力极其低下，人们对自身和外部世界的了解非常贫乏，在自然面前显得渺小和感到无奈，因此相信有一种超自然的无所不能的神主宰着一切，对其产生敬畏和崇拜，并引发出一系列信仰认知和仪式活动，原始宗教得以形成。当时分散的氏族和部落各有自己所崇拜的祖先和其他神灵。人类社会进入文明时期即阶级产生后，除了自然压迫还有社会压迫，并且社会压迫比自然压迫更为惨重，社会压迫便是宗教存在与发展的社会主因。宗教能为这个并不美好的世界提供终极解释，能为苦难无助的人们提供心灵慰藉，能为统治者提供统治合法性辩护。无论社会发展到何种阶段，总会有人类理性不及的问题，总会有个人无法克服的困难，无疑信仰神灵求得解脱不失为良策，或许这是宗教长盛不衰的总根源。

[①] [法] 孟德斯鸠《论法的精神》（上），张雁深译，商务印书馆1961年版，第60页。

西方传统社会不但宗教和世俗二元分立,而且教会教权常常高于世俗政权。奴隶社会古罗马皇帝和封建社会中世纪教会都假借天主教"上帝"的旨意为其统治提供合法性。① 进入资本主义社会后,尤其在 17 世纪,"君权神授"成了西方社会一种系统的统治合法性理论,神把权力赋予某些人,他们及其后代继承人构成合法政府,反抗它不仅大逆而且渎神。② 中国奴隶社会的神权思想形成于夏朝,盛极于殷商,动摇于西周。夏禹儿子夏启继位后,在讨伐有扈氏时以代行天意的身份声称"天用勦绝其命,今予惟恭行天之罚",③ 形成了"天命"和"天罚"观念。殷商时神权思想达到高峰,"殷人尊神,率民以事神",④ 所有国家大事,都要通过占卜向神和祖先进行祈祷或请示。当时宗教中还出现了主宰一切的至上神——"帝"或"上帝",商王将其奉为自己的祖先神。取代殷商的西周也崇奉"上帝",但在更多场合称作"天"。周王将自己的统治说成"受命于天":"丕显文王,受天有大命";⑤ "昊天有成命,二后(文王、武王)受之"。⑥ 不过周王认为"天"或"上帝"并非某族的祖先神,而是天下各族共有的神,"天命"属谁,就看谁有使民归顺之"德",提出了"以德配天"的新君权神授说,大肆宣扬"惟命不于常"、⑦ "天命靡常"⑧ 和"皇天无亲,惟德是辅"。⑨ 以德为媒介,西周的政权与神权发生了联系,政权得到了神化,可是神权与德相连也意味着神权的至高地位被动摇。到了春秋战国时期,封建制取代奴隶制的大变革以及相应而来的思想解放,神权思想进一步受到冲击,代之而起的是百家争鸣。可是,殷

---

① 参见[美]伯尔曼《法律与革命——西方法律传统的形成》,贺卫方等译,中国大百科全书出版社 1993 年版,第 2—3 页。
② 参见[英]罗素《西方哲学史》(下),马元德译,商务印书馆 1976 年版,第 162 页。
③ 《尚书·甘誓》。
④ 《礼记·表记》。
⑤ 《大盂鼎铭》。
⑥ 《诗经·周颂·昊天有成命》。
⑦ 《尚书·康诰》。
⑧ 《诗经·大雅·文王》。
⑨ 《左传·僖公五年》引《周书》。

商、西周以来的神权思想在秦汉以后仍被封建统治者袭用，并与儒家思想相结合，成为封建统治合法性的重要渊源。中国古代长期存在着强大的奴隶制王权或封建制皇权，神权从属和服务于它们，因此从未出现西方那样凌驾于世俗政权之上的教会和教权。

血统论与神权论并行于传统社会。血统论认为权力来自祖先遗传，即"王权世袭"。血统论源于氏族社会末期父系家长制的传统和对祖先的崇拜，源于父权和家族特权。① 进入阶级社会后，初民社会的家长、族长、家庭和部落的成员演变为奴隶主贵族，他们是统治阶级。被他们奴役的其他氏族和部落的成员，就是被统治阶级。被统治阶级大部分是奴隶，有的敌对氏族或部落甚至全部成员沦为奴隶，即所谓的种族或氏族、部族奴隶制；一小部分是平民、公民或其他高于奴隶身份的成员。奴隶社会的统治集团，以血缘为纽带，建立了一套调整家族内部关系、维护家长、族长的统治地位和世袭特权的行为规范，这就是宗法制度。这些统治集团的家长、族长掌握国家政权后，以家族为核心，把宗法关系和国家组织直接结合起来，逐级任命和分封自己亲属担任各级官吏并世袭下去，形成以国王为最高统治者的宗法等级制度，通过家权和族权牢牢掌控国家政权。血统论和宗法制度由封建社会传承并不断完善，为长期封建统治提供了强大的理论基础和制度保障。可是，"没有哪一个社会阶层可以包揽有才华的人，也没有人能保证它世世代代延续不断"，② 血统论显然是错误的。

中国历史上夏、商和西周三个奴隶制国家，由三个不同地区的三个显贵家族相继建立，各自保留了大量父系家长制传统。开始于夏代的王位世袭制就是血统论产物。殷商崇拜祖先神，也讲血缘亲疏。王位世袭原则，前期主要是"兄终弟及"，后期转向"父死子继"，晚期实行"嫡长继承"。西周一开始就确立了"立嫡（正妻）以长不以

---

① 参见［英］梅因《古代法》，沈景一译，商务印书馆1959年版，第97页；瞿同祖：《中国法律与中国社会》，《瞿同祖法学论著集》，中国政法大学出版社1998年版，第6—28页。

② ［美］里普森：《政治学的重大问题》，刘晓等译，华夏出版社2001年版，第81页。

贤，立子以贵（母贵）不以长"①的嫡长继承制，进一步完善了以血缘为基础的王位世袭制和分封制。周武王克商以后和周公摄政时期，国家的土地和臣民名义上都属于周天子，"溥天之下，莫非王土；率土之滨，莫非王臣。"②国王将土地连同其上的居民分封给诸侯，叫作"封国土、建诸侯"或"封邦建国"③。京城周围地区由国王直辖，叫作"王畿"。诸侯除保留"公室"直辖封地外，又同样分封给属下卿大夫，卿大夫封地叫作"采地"或"采邑"。卿大夫以下有士，由卿大夫封给食田。士是贵族最低层，不再分封。士以下就是平民和奴隶。经过逐级分封，在贵族内部形成了一个从周天子、诸侯、卿大夫到士的"王臣公、公臣大夫、大夫臣士"④的宝塔式等级，层层榨取奴隶和平民。每个层级的分封除一部分因公受封的异姓外，按宗法关系分封自己亲属。天子、诸侯、卿大夫等的职位都由嫡长子世袭。嫡长子是土地和权位的法定继承人，其地位最尊，称之为"宗子"。周天子是全族之主，奉祀全族的始祖，叫作"大宗"。他的同母弟与庶兄弟则封为诸侯，叫做"小宗"。每代诸侯也由嫡长子继承，在诸侯国内为"大宗"，他的众弟卿大夫称为"小宗"。卿大夫在其封地内也如法炮制，直到最下级贵族士。士的嫡长子仍为士，其余诸子则变为平民。异姓贵族在自己的封地内也有"大宗"和"小宗"。按照宗法，"小宗"必须服从"大宗"，"大宗"也应当爱护"小宗"。受封的贵族无论在经济上还是在政治上都要接受国王的统治，国王被尊称为天下诸侯的"共主"。秦汉以后，西周的血统论和宗法等级制度得以继承与发展，是中国封建统治绵延上千年的主要原因。

暴力论崇尚弱肉强食，将武力当作决定性力量，主张武力是权力渊源。弱肉强食的丛林法则是动物的基本生存方式，是自然界的普遍现象，也是人类社会难以避免的现象。初民社会氏族内部成员之间、氏族与氏族之间、部落与部落之间的冲突，阶级社会内部成员之间、

---

① 《春秋公羊传·隐公元年》。
② 《诗经·小雅·北山》。
③ 《国语·晋语四》。
④ 《左传·昭公七年》。

阶级与阶级之间、国家与国家之间的冲突，胜利一方总是属于强者，永远不会属于弱者。如果最终弱者胜过强者，则是因为冲突中力量对比发生变化，弱者成了强者。

暴力论思想源远流长。在古希腊，诡辩论者斯拉雪麦格鼓吹"强权即公理"——"正义不外乎是对强者有利的东西"①；色拉叙马霍斯说："不管在什么地方，正义就是强者的利益。"② 到了近代，马基雅弗利声称："凡是有武装的改革先行者都是战无不胜的，而没有武装的改革先行者都一败涂地了。"③ 霍布斯说："没有利剑的公约只是空话，连一个人也保不住。"④ 休谟指出，暴力和征服在人类历史上早已出现且还存在，它导致了国家的形成，虽然在此后大多数国家都是由利益和情感维系在一起，但不能否认这一历史事实。⑤ 杜林更是将暴力当作维系国家的基础以及统治合法性的根源，认为"政治关系的形式是历史上基础性的东西，而经济的依存不过是一种结果或特殊情形，因而总是次等的事实。……本原的东西必须从直接的政治暴力中去寻找，而不是从间接的经济力量中去寻找"⑥。

在国家政权形成、发展和更替中，暴力必不可少，"暴力，用马克思的话说，是每一个孕育着新社会的旧社会的助产婆；它是社会运动借以为自己开辟道路并摧毁僵化的垂死的政治形式的工具"，⑦并且"到目前为止：一切社会形式为了保存自己都需要暴力，甚至有一部分是通过暴力建立的。这种具有组织形式的暴力叫做国家"⑧。但是，在推动社会发展的众多因素中，"暴力仅仅是手段，

---

① ［美］博登海默：《法理学：法律哲学与法律方法》，邓正来译，中国政法大学出版社1999年版，第6页。
② ［古希腊］柏拉图：《理想国》，郭斌和、张竹明译，商务印书馆1986年版，第19页。
③ ［意］马基雅弗利：《君主论》，张志伟等译，陕西人民出版社2001年版，第35页。
④ ［美］丹尼斯·朗：《权力论》，陆震纶等译，中国社会科学出版社2001年版，第98页。
⑤ 参见［美］科克《保守主义传统》，载［美］汤普森编：《宪法的政治理论》，张志铭译，北京三联书店1997年版，第43页。
⑥ 《反杜林论》，《马克思恩格斯文集》第9卷，人民出版社2009年版，第165页。
⑦ 同上书，第191—192页。
⑧ 同上书，第365页。

相反，经济利益才是目的。目的比用来达到目的的手段要具有大得多的'基础性'，同样，在历史上，关系的经济方面也比政治方面具有大得多的基础性"，① 因为"在任何地方和任何时候，都是经济条件和经济上的权力手段帮助'暴力'取得胜利，没有它们，暴力就不成其为暴力"②。即便暴力，"被统治者和被剥削者在任何时代都比统治者和剥削者多得多，所以真正的暴力总是在前者手里，仅仅这一简单的事实就足以说明整个暴力论的荒谬性，"③ 由于平时过于分散，被统治者几乎意识不到自己的力量，只有汇聚起来才有巨大能量。

暴力论颠倒经济和政治的真实关系，轻视其他社会因素的作用，夸大暴力的功能，提倡赤裸裸的暴力统治，这是违背社会事实的唯心主义观点。虽然统治离不开暴力，但这并不意味着统治的合法性就是暴力。统治的合法性来自形成统治后果的诸多因素，绝非纯粹暴力，根本原因则是统治者和被统治者之间的共同利益。

独裁专制的思想和实践今天依旧存在，在那些不发达地区尤甚，主要表现为以武力为基础的军人统治、来自统治集团有个人魅力和群众威望的个人统治以及极端非理性的法西斯主义和纳粹主义等几种形态。④ 宗教、血统或暴力作为社会因素存在于每个社会，之所以成了传统社会统治合法性的依据是各种因素综合作用的结果。统治得失几乎全系于独裁专制者，"其人存则其政举，其人亡则其政息。"⑤ 如果其出类拔萃，国家短时间内确实能飞速发展，传统国家某个鼎盛时期的出现就是因为遇到了相对优秀的独裁专制者。如果其一般普通甚至昏庸无能，则国家发展就会受到严重影响，传统国家的大部分光景都是这种状况。不但不同国家独裁专制者有高下之

---

① 恩格斯：《反杜林论》，《马克斯恩格斯文集》第9卷，人民出版社2009年版，第167页。
② 同上书，第179页。
③ 同上书，第186页。
④ [美]里普森：《政治学的重大问题：政治学导论》，刘晓等译，华夏出版社2001年版，第182—183页。
⑤ 《中庸》。

分，而且同一独裁专制者在不同时期思想也有所变化，他们的个人喜好无常有碍于整个社会公平秩序的生成。即使独裁专制者一贯英明正确，也不能保证整个官僚系统有效执行其意志。独裁专制统治漠视广大被统治者利益，极端非正义和不道德，最终无法摆脱被人民推翻的历史宿命。

二　权力高于权利

共同体主义①的基本思想是：没有脱离社会的人，人总是生活在各种社会共同体中，个人及其一切都由他所处的社会共同体决定；共同利益是个人利益的基础，共同利益高于个人利益，国家权力是个人权利的基础，国家权力高于个人权利；国家权力来自共同利益，是国家的固有属性。社会本位是共同体主义的核心，"人当然可以有秩序而无自由，但不能有自由而无秩序。必须先存在权威，而后才谈得上限制权威，"②是否有利于社会共同体就成了判断一切社会行为的最终标准。共同体主义是当代影响广泛的政治思想流派。

共同体主义思想渊源可以追溯到古希腊罗马，"希腊、罗马社会是建立在个人服从团体、公民服从国家的概念上的；不管是今世或是来世，它把作为最高目标的国家安全放在个人安全之上。因为希腊、罗马的公民从幼年时代起就受到这种忘我的理想的培养，他们终身致力于公众事物，并且准备为了社会共同福利而献出他们的生命；否则，如果他们畏缩不前，回避至高无上的牺牲，他们就只能认为自己

---

① 英语 communitarianism 的中文译法主要有社群主义、共同体主义和社区主义三种。英语 community 是考察 communitarianism 确切含义的基点。在 community 的起源和发展中，"共同的"始终构成 community 的基本思想。虽然 communitarianism 在学界更为常见的译法是社群主义与社区主义，但共同体主义保留了源语言上的基本意义，更加吻合其生成的政治哲学背景，因此不失为贴切的译法。参见马晓颖《"共同体主义"词源考》，《成都大学学报》（社会科学版）2012 年第 5 期。
② [美] 亨廷顿：《变化社会中的政治秩序》，王冠华等译，三联书店 1989 年版，第 7 页。

无视国家利益，把个人生活放在优先地位，这是一种可鄙的行为。"①希腊早期城邦斯巴达的共同体主义实践对希腊后期和罗马具有示范效应，尤其罗马时代希腊作家普鲁塔克的《莱库格斯传》著作关于斯巴达共同体主义神话般的叙述对罗马负面影响巨大。②共同体主义关心的不是个人而是家族，不是单独的人而是集团，不是个人权利而是各种共同体直至国家的权力，因此在希腊和罗马的法律制度中从未出现过主体意义上的"个人"概念，③在希腊和罗马人的普遍观念中，个人利益微不足道，各种共同体利益才最重要。这就决定了人们社会生活的根本目的是城邦、集体和国家而不是具体的个人，共同利益优先个人利益，社会秩序高于个人自由，个人义务重于个人权利，国家权力只能来自社会共同体而不会是独立的个体。

希腊哲学家苏格拉底用自己的生命践行了共同体主义理念。公元前399年，苏格拉底被诬陷为渎神、毒害青少年而被雅典法庭判处死刑（14年后，雅典人发现对苏格拉底的审判是错误的，原来诬陷他的人被判处死刑或被驱逐出境）。临刑前他的朋友克里同借探监之际建议他逃走却遭到拒绝。苏格拉底认为，一个人自愿生活在一个国家（城邦），就意味着他和这个国家达成了协议，他必须遵守这个国家的法律，他生活的好坏都是国家法律给予的，他不能只享有法律带来的好处而不承担不公正法律可能造成的后果；他设法逃跑就伤害了他的国家，因为如果人人都认为判决不公而拒绝遵守那么国家就没有了正常秩序，如果人人只享有法律带来的好处而不承担不公正法律可能造成的后果则是不道德的。④可见，希腊社会一切活动都以集体和国家为中心，是否有利于国家成了人们判断行为合法的最高标准。

---

① ［英］弗拉塞：《金色的枝条：阿多尼斯、阿提斯、奥细立斯：东方宗教史研究》第251—253页，转引自［英］汤因比：《历史研究》（下），曹未风等译，上海人民出版社1997年版，第93页。

② 参见［英］罗素《西方哲学史》（上），何兆武、李约瑟译，商务印书馆1963年版，第131—139页。

③ 参见［英］梅因《古代法》，沈景一译，商务印书馆1959年版，第146页。

④ Lawrence C. Becker, The Neglect Of Virtue, *Ethics*, Vol. 85, No. 2 (Jan., 1975), The University of Chicago Press, pp. 118–120.

希腊哲学家柏拉图在《理想国》和《法律篇》等著作中阐述了共同体主义思想：国家（城邦）的目标是为了全体公民的最大幸福，而不是为了单个人或某一部分人的幸福；统治者基于国家利益可以对该国公民撒谎，而公民这样做是有罪的；国家根据每个公民的禀赋派给其适当任务，于是国家就成了一个统一整体而不会分裂为多个；只有哲学家成为国王才能给整个国家带来幸福和安宁。①柏拉图的学生哲学家亚里士多德在《政治学》著作中继承发展了他的思想：国家（城邦）是自然演化的产物，人类天生就是趋向政治生活的动物；国家在发生程序上后于个人和家庭，但本性上先于个人和家庭，因为个人只是作为整体的国家的组成部分，整体必然先于部分；人与人有高低之分，理所当然存在统治与被统治关系。②

罗马是希腊的征服者，也是爱好者。当罗马人最初与希腊人接触时就察觉到自己的野蛮与粗鲁。在思想文化上罗马人没有任何创见，而是希腊的寄生虫。③思想家西塞罗的共同体主义思想直接来自亚里士多德。他说：人生来就有合群的倾向，国家是人类共同利益的集体，维护国家的公共安全是自然赋予人的品德；每个国家都是按统治者的性格和意志塑造的，个人自由人人相同且在国家权力之下。④罗马在思想文化上缺乏建树，但它的法律制度在世界法制史上有着重要地位。希腊和罗马是西方历史上两个重要的时代，对后世影响深远，以致恩格斯高度评价道："没有奴隶制，就没有希腊国家，就没有希腊的艺术和科学；没有奴隶制，就没有罗马帝国。没有希腊文化和罗马帝国所奠定的基础，也就没有现代的欧洲。我们永远不应该忘记，我们的全部经济、政治和智力的发展，是以奴隶制既成为必要、又得

---

① 参见［古希腊］柏拉图《理想国》，郭斌和、张竹明译，商务印书馆1986年版，第88、133、138、214、215页；［古希腊］柏拉图：《法律篇》，张智仁等译，上海人民出版社2001年版，第27、38、89页。

② 参见［古希腊］亚里士多德《政治学》，吴寿彭译，商务印书馆1965年版，第7—15页。

③ 参见［英］罗素《西方哲学史》（上），何兆武、李约瑟译，商务印书馆1963年版，第350—356页。

④ 参见［古罗马］西塞罗《国家篇、法律篇》，沈叔平、苏力译，商务印书馆1999年版，第12、35、38页。

到公认这种状况为前提的。在这个意义上，我们有理由说：没有古希腊罗马的奴隶制，就没有现代的社会主义。"①

西罗马帝国灭亡标志着欧洲由奴隶社会进入封建社会，即进入存在大约一千年之久的中世纪。中世纪思想领域的最大特点就是基督教神学占支配地位，"中世纪把意识形态的其他一切形式——哲学、政治、法学，都合并到神学中，使它们成为神学中的科目。因此，当时任何社会运动和政治运动都不得不采取神学的形式"，② 这是因为"中世纪是从粗野的原始状态发展而来的。它把古代文明、古代哲学、政治和法律一扫而光，以便一切都从头做起。它从没落了的古代世界承受下来的唯一事物就是基督教和一些残破不全而且失掉文明的城市。其结果正如一切原始发展阶段中的情形一样，僧侣们获得了知识教育的垄断地位，因而教育本身也渗透了神学的性质。政治和法律都掌握在僧侣手中，也和其他一切科学一样，成了神学的分支，一切按照神学中通行的原则来处理。教会教条同时就是政治信条，圣经词句在各法庭中都有法律的效力。甚至在法学家已经形成一种阶层的时候，法学还久久处于神学控制之下。神学在知识活动的整个领域中的这种无上权威，是教会在当时封建制度里万流归宗的地位之必然结果"③。中世纪教权高于一切，教会统治整个社会，天主教教会使天主教哲学信念与社会的、政治的事物较前后时期结成更为密切的联系。教会是建立在教义之上的社会组织，这种教义一部分是哲学的，另一部分则与圣经所记载的历史有关。教会凭着教义获得了权力和财富。在和教会的冲突中，包括世俗统治者在内的大多数人都深信天主教的真理，因此世俗统治者往往以失败告终。④ 中世纪的一切理论无疑都

---

① 恩格斯：《反杜林论》，《马克思恩格斯文集》第 9 卷，人民出版社 2009 年版，第 188 页。

② 恩格斯：《路德维希·费尔巴哈和德国古典哲学的终结》，《马克思恩格斯文集》第 4 卷，人民出版社 2009 年版，第 310 页。

③ 恩格斯：《德国农民战争》，《马克思恩格斯全集》第 7 卷，人民出版社 1959 年版，第 400 页。

④ 参见 [英] 罗素《西方哲学史》（上），何兆武、李约瑟译，商务印书馆 1963 年版，第 376 页。

位于基督教教义之下，共同体主义思想也不能幸免。但是它并未消失，而是在神学的外衣下得以存在下来。

中世纪结束后西方步入近代社会，西方文明逐渐走向世俗化。①争取个人自由的文艺复兴和争取民族独立的宗教改革运动兴起，教会威信慢慢衰落，王权进一步巩固，民族国家开始形成。面对这些运动带来的社会秩序混乱，人们开始从现实而不是从基督教义出发去寻找社会问题的原因和对策。

这种从人而不是神的角度对待社会事物的态度是人类认知方法的一大进步。如果不谈及更早时期思想家，单就近代思想家而言，这种方法是从意大利思想家马基雅弗利那里开始的。马基雅弗利等思想家"政治的理论观念摆脱了道德，所剩下的是独立地研究政治的主张，其他没有别的了"②。马基雅弗利的政治法律理论不是从宗教道德而是从社会现状出发，用历史和事实来解释政治和法律领域中的问题，主张为了国家目的可以不惜采取不正义的手段。③既然基督教义和教会的权威已不复存在，而社会又需要一定权威去结束混乱状态，那么这种权威只会来自独立的民族国家及其统治者而不会是独立自由的个人和广大被统治者。这就不难理解马基雅弗利的政治思想为什么带有浓厚的共同体主义色彩。

近代社会出现了主权理论，它是古代共同体主义思想的继承与发展。1576年法国思想家博丹在《国家六论》中第一次提出主权概念，因此他被当作主权之父。他认为主权是一个世俗国家绝对的和永恒的权力，主权不论在权力、责任或期限上都不受限制。他主张君主主权，君主享有人类的主权，他与人民分开且只对上帝负责，他已变成一个整体、一个分开的和超越的整体；君主主权来自人民的赠与，但君主一旦成为主权者后，他是最高生命的统治者，不但独立于人民而

---

① 参见［美］沃特金斯《西方政治传统——现代自由主义发展研究》，黄辉、杨健译，吉林人民出版社2001年版，第38页。
② 《德意志意识形态》，《马克思恩格斯全集》第3卷，人民出版社1960年版，第368页。
③ 参见［意］马基雅弗利《君主论》，张志伟等译，陕西人民出版社2001年版，第104—105页。

且统治人民。① 虽然从中世纪神的最高权威走向了民族国家的最高权威，但就人类思想的发展而言布丹主权理论具有积极意义。它意味着人类已经重视经验世界中自我的存在和意义，人的主体性更加凸显，人的思想更加现实，能够通过自身而非外在力量决定自己的命运。

英国思想家霍布斯也是近代著名的君主主权论者。他认为，在国家产生以前人们处于自然状态之中，受理性的自然法支配，享有平等的自然权利；但这种自然状态是"每一个人对每一个人的战争"状态，人们为了安宁，通过社会契约将自然状态下的所有权利转让给国家，国家拥有至高无上的、不可分割和不可转让的主权；个人结束了自然生活进入了政治社会成为国家公民，个人失去了自然权利而得到了公民权利，公民权利来源于主权；这个主权国家就是伟大的"利维坦"，就是"尘世的上帝"。② 作为对后世影响极大的启蒙思想家，霍布斯是极富争议的人物，有人认为他是"现代个人权利传统的奠基人"③，也有人认为他是极权主义理论的代表。④

19世纪黑格尔的形而上学国家论是共同体主义另一种表现形式。黑格尔否认理想和现实的区别，将现实理想化，"凡是合乎理性的东西都是现实的，凡是现实的东西都是合乎理性的。"⑤ 黑格尔的国家论来源于其意志自由论，其基本思想是：（1）自由不是存在于消极的不受约束的状态中，而是存在于积极的自主的事实中。自由是自主，意志等于自主，意志就是自由；（2）意志必然要由它的目标决定；（3）意志的目标由意志本身决定。⑥ 黑格尔认为"自由意志借外物（特别是财产）以实现其自身，就是抽象法。自由意志在内心中实现，

---

① 参见［美］戈登《控制国家——西方宪政的历史》，应奇等译，江苏人民出版社 2001 年版，第 20—24 页；［美］萨拜因：《博丹论主权》，邓正来译，《河北法学》2008 年第 9 期。
② 参见［英］霍布斯《利维坦》，黎思复等译，商务印书馆 1985 年版，第 92—142 页。
③ 科斯塔斯·杜兹纳：《人权的终结》，郭春发译，江苏人民出版社 2002 年版，第 75 页。
④ 罗素认为霍布斯"《利维坦》中表达的政治见解是极端的王党政见"，参见［英］罗素《西方哲学史》（下），马元德译，商务印书馆 1976 年版，第 67 页。
⑤ ［德］黑格尔：《法哲学原理》，范扬等译，商务印书馆 1961 年版，"序言"第 11 页。
⑥ 参见［英］霍布豪斯《形而上学的国家论》，汪淑钧译，商务印书馆 1997 年版，第 27 页。

就是道德。自由意志既通过外物，又通过内心，得到充分的现实性，就是伦理"①。当个人行为符合自己真实意志时，他在道德上就是自由的。个人的真实意志就是公共意志，而最能充分体现公共意志的就是国家。"国家是伦理理念的现实，……国家是绝对自在自为的理性的东西。"② 国家就是它自身的目的，"由于国家是客观精神，所以个人本身只有成为国家成员才具有客观性、真理性和伦理性"，③ 个人的最高义务就是服从国家。黑格尔认为绝对精神是万物的本质，而国家就是绝对精神的体现，国家就是上帝的化身。没有比国家更高的联合组织，国家之间或国家与人类之间都不存在义务，国家兴衰是世界历史的过程，历史是评判国家的最高法庭。不过，现实世界同黑格尔理想化的国家图景常常背道而驰。

　　共同体主义思想既有独立的理论形态，也体现在其他相关理论中。譬如，19世纪英国边沁的功利主义就含有共同体主义思想，因为他出于共同福利采取"最大多数人的最大幸福"原则就势必要反对权利学说，所以他直率地把权利学说叫作"瞎说八道"④。

　　众所周知，以个人本位为基础的自由主义从文艺复兴以来逐步成为西方社会主流意识形态。在社会实践中，自由主义助长了一部分人的私欲，威胁或损害了国家权力和社会利益。因此，20世纪80年代共同体主义思想从西方开始复兴并流布世界各地，代表人物有麦金泰尔、拉什、昂格尔、桑德尔、泰勒、贝拉等。他们把这些社会问题归因于自由主义对个人权利的偏爱，于是大力推崇柏拉图、亚里士多德以来的美德伦理传统，重新强调国家权力和社会利益的重要性。⑤ 在任何国家中，个人都是社会基本主体，个人的不同组合才会有各种社会共同体。个人利益也是社会基本利益，国家利益以及各种集体利益

---

① ［德］黑格尔：《法哲学原理》，范扬等译，商务印书馆1961年版，第12页。
② 同上书，第253页。
③ 同上书，第254页。
④ ［英］罗素：《西方哲学史》（下），马元德译，商务印书馆1976年版，第269页。
⑤ Peter Digeser, Forgiveness and Politics: Dirty Hands and Imperfect Procedures, *Political Theory*, Vol. 26, No. 5 (Oct., 1998), published by Sage publications, Inc., pp. 700-701.

最终都可归为相关领域一定数量的个人利益。利益冲突相当复杂，既有不同主体的利益冲突，也有不同层次的利益冲突。共同体主义的优点是重视人的社会性和社会责任，缺点在于它把自由主义推向了人的个性极端，自己却不知不觉站在了人的社会性极端。共同体主义对社会共同体存有不切实际的幻想，因此片面地将社会共同体利益标准当作解决一切问题的灵丹妙药。

三　权力源自权利

17世纪开始流布西方的社会原子论思潮从各个方面挑战传统社会的权威，尽管至今仍有人质疑其合理性，但不可否认人类社会进程由此留下其反权威主义的深刻烙印。[1] 这种以人为中心重塑人和社会关系的思想统称为自由主义。自由主义将思想重心从传统的集体社会观和义务本位转向现代的个人社会观和权利本位。它提倡的自由、平等、人权、民主、法治等理念经各种途径传播到世界各地，成为现代文明区别于传统文明的思想标志。

自由主义思想渊源可以追溯到古希腊。亚里士多德以前的希腊哲学家连他在内都不是个人主义者，他们把个人看作社会的一部分，他们只关心什么是良好的社会。从亚历山大时代以降，希腊丧失了政治自由，个人主义得以发展，犬儒派和斯多葛派是其代表。犬儒派出自苏格拉底弟子安提斯泰尼，他主张要过自然的生活，不要政府、私有财产、婚姻和确定的宗教。安提斯泰尼的弟子狄奥根尼在名声上盖过了他，狄奥根尼决心像狗一样生活，所以被称为"犬儒"。犬儒派学说中最好的东西传给了斯多葛派，后者是一种更加完备和更加圆通的哲学。[2] 斯多葛派认为，一个人不管在什么社会状况下都可以过善的生活，这也是基督教在得到世俗国家的控制权以前的见解。到了中世

---

[1] Elizabeth H. Wolgast, 1987. *The Grammar of Justice*, Cornell University Press, New York: 1—27.
[2] 参见［英］罗素《西方哲学史》（上），何兆武、李约瑟译，商务印书馆1963年版，第293—296页。

纪，神秘论者使基督教伦理中的个人主义风气日渐活跃，但大部分人的见解仍受天主教会的控制。16世纪宗教改革产生的基督教新教打破了这个正统体制，主张教会可能犯错误，决定真理不再是社会性事业而是个人的事，个人可以直接从上帝那里得到启示，根本不需要教会作为中介。不同的人得出不同的结论，结果导致政治和道德上的长期混乱，如何调和思想上、伦理上的个人主义和有秩序的社会生活便成了自由主义要解决的主要问题。① 也就是说，当教会和国家两大制度并存的社会二元结构的均衡打破后，如何重建世俗社会的秩序是自16世纪宗教改革以来西方社会的主要问题。② 虽然不同理论流派提出了各自对策，但是社会大众最终接受了自由主义的基本主张。

  自由主义运动是全方位的，涉及社会各个方面。围绕"个人利益——共同利益"的关系平衡、"个人自由——社会平等"的矛盾化解，自由主义在产生发展的过程中形成了两种传统：一种是与洛克有关的"现代人的自由"传统，现代人的自由指个人自由，是个人不受国家权力干预自主安排生活的自由，个人自由是重心，这种自由直到近代才被大力提倡；另一种是与卢梭相联系的"古代人的自由"传统，古代人的自由指政治自由，个人的一切自由是在国家权力安排下以集体方式参与社会公共生活的自由，政治自由在古代就已存在，社会平等是重心。③ 由此可见，两种自由主义传统的侧重点是不同的。

  自由主义作为西方国家主流意识形态，由17世纪以来不同时期的自由主义者共同创立和发展，没有公认的创始人，也未形成完备的理论体系。因此，不但自由主义内部存在诸多分歧，而且经常遭到反自由主义或非自由主义的诘难。但是，自由主义阵营在对待社会问题上还是有着共同立场的，即以人为本，一切从人开始、一切为了人是

---

① 参见［英］罗素《西方哲学史》（下），马元德译，商务印书馆1976年版，第126—127页。
② 参见［美］沃特金斯《西方政治传统——现代自由主义发展研究》，黄辉、杨健译，吉林人民出版社2001年版，第38页。
③ 参见［法］贡斯当《古代人的自由与现代人的自由》，阎克文等译，商务印书馆1999年版，第26—27页。

解决社会问题的起点和归宿。由于洛克首次阐明了人的部分自由，有人将他当作自由主义鼻祖。① 不可否认，洛克的思想理论在传统社会向现代社会的演变中起了至关重要的启蒙作用。

洛克认为，国家以前人类社会处在一种人人平等的自然状态，人人享有同等的自然权利，人人接受同样的自然法支配。自然权利就是生命、健康、自由或财产，它们是天赋人权。自然法就是人的理性，自然法要求任何人都不得侵害他人的自然权利，人人都可以惩罚违反自然法的人。自然状态虽好但缺乏法律作为裁判人们之间一切纠纷的共同尺度，缺乏公正执法者，判决执行得不到权力支持，自然状态的缺陷便是国家产生的原因。人们通过社会契约脱离自然状态创立政治社会即国家，人人都是国家公民，国家权力来自人们让与的部分自然权利，国家目的是保护公民的财产和共同福利，人们在自然状态下的自然自由转变为政治社会的公民自由，部分自然权利转变为公民权利。人们始终拥有判断国家权力是否侵犯自然权利的最高法则自然法，始终拥有部分不可让渡和不可剥夺的自然权利，个人保留的自然权利和公民权利构成了完整的个人权利。国家制定的法律不得违背自然法和社会契约。国家权力分为立法权、执行权（指在社会内部对其一切成员执行社会的国内法，即行政权和司法权）和对外权（指对外处理有关公共安全的利益的事项的权力，应该属于行政权），它们都是暴力，防止其滥用的最好办法是以暴制暴，即以权力约束权力。②

在洛克看来，人是社会的根本。无论自然状态还是政治社会，个人权利神圣不可侵犯，私有财产权更是最基本权利。一方面，一部分人不能通过牺牲另一部分人的权利来换取自己的权利，在该意义上说个人权利是相对的。另一方面，国家、集体等社会组织都是手段而不是目的，不能以任何借口来剥夺个人权利，在该意义上说个人权利又是绝对的。人们之所以需要国家，是为了更好实现自己的权利，国家权力只有来自个人权利才具合法性。人们把一部分自然权利规定在社

---

① ［英］罗素：《西方哲学史》（下），马元德译，商务印书馆1976年版，第134页。
② ［英］洛克：《政府论》（下），叶启芳、瞿菊农译，商务印书馆1964年版，第4—6、16、54—55、65、77—78、89—92页。

会契约即宪法中，这就是人们的基本权利，它在任何情况下都不能被剥夺和转让。人们仍旧拥有没有写进宪法的自然权利，并受自然法保护。国家的立法、行政和司法不能违背宪法和自然法，宪法当然也不能违背自然法。人们在社会生活中合作产生的权利，受宪法和依据宪法制定的实在法保护。国家权力既能保障也能侵犯个人权利，为了防止权力滥用以至危害个人权利，国家必须实行分权，立法权、执行权和对外权应由不同的国家机构行使，每一种权力都不能达到控制另一种权力的程度，以便达到制衡的目的。

纵观人类社会历史发现，国家权力是一把双刃剑，它在保障个人权利时也带来了无数恶行。无论怎样个人力量都不足以抗衡国家权力，在国家面前个人永远是弱者，冤假错案总是发生，人生悲剧从未绝迹。在现实生活中，几乎每天都能看到社会对个人的压制，很少看到个人行使权利而分裂社会或危害国家。[①] 洛克生活在一个专制人治的传统社会，统治者的迫害使其刻骨铭心，他深刻感到渺小分散的个人权利无法抗拒暴虐强大的国家权力，他比其他思想家更加警惕国家权力坏的一面。当时欧洲社会主要信奉基督教，在上帝面前所有人都是罪身。人们相信自私自利是人的本性，道德高尚的人即使有也靠不住。人一旦拥有不可控制的权力，就有可能为了私利而滥用权力。与其假定人性善和国家权力好，不如假定人性恶和国家权力坏，通过分权制衡遏制国家权力的恶行和滥用，更能保障个人权利。

洛克的分权制衡实质上是立法权和行政权的"二权分立"，司法权并未独立，而是隶属于行政权，但已包含"三权分立"的萌芽。在此基础上孟德斯鸠第一次系统提出立法权、行政权、司法权"三权分立"学说。三权分立的目的为：（1）保护个人权利免受国家权力侵犯，因为如果"一切权力合而为一，虽然没有专制君主的外观，但人们却时时感到君主专制的存在"[②]。无论多么庄严的权利，由于属于单独的个体而没有力量。无论多么微小的权力，集中于专门机构而力量

---

① ［美］唐纳利：《普遍人权的理论与实践》，王浦劬等译，中国社会科学出版社2001年版，第176页。
② ［法］孟德斯鸠：《论法的精神》（上），涨雁深译，商务印书馆1961年版，第157页。

倍增，随时随地都有能力威胁权利，更不应说合而为一权力了。（2）防止权力的滥用，因为"一切有权力的人都容易滥用权力，这是万古不易的一条经验。……从事物的性质来说，要防止滥用权力，就必须以权力约束权力"①。由于力量不均衡，权利无法对抗权力，剩下的只有权力侵犯权利。防止权力滥用的最好办法是权力本身。不同性质的权力分开执行并相互牵制，一方没有压倒另一方的绝对优势，任何一方都不能为所欲为，即使一方的错误行为也可得到另一方纠正。社会实践表明，没有比这种不同性质权力相互制约的运行格局能更有效降低权力侵犯权利的可能性。

　　自然法理论只是假设，因为人类社会从未出现过自然状态，但是它对个人与社会、社会与国家、权利与权力的关系的分析建构，为人们控制国家权力作出了不可磨灭的贡献。马克思吸收和发展了洛克、孟德斯鸠等人的自然法思想，主张个人和市民社会是国家的基础、人权是公民权的源泉、人权与公民权统一时人类才能真正解放。马克思说："人权之作为人权是和公民权不同的。和公民不同的这个人究竟是什么人呢？不是别人，就是市民社会的成员。为什么市民社会的成员称做'人'，只是称做'人'，为什么他的权利称为人权呢？这个事实应该用什么来解释呢？只有用政治国家和市民社会的关系，政治解放的本质来解释。"② "首先我们肯定这样一个事实，就是不同于公民权的所谓的人权无非是市民社会的成员的权利，即脱离了人的本质和共同体的利己主义的人的权利。"③ 也就是说，"作为市民社会成员的人，即非政治的人，必然表现为自然人，人权表现为自然权。"④ "因此，这种人，市民社会的成员，就是政治国家的基础、前提。国家通过人权承认的正是这样的人。"⑤ 市民社会"这一名称始终标志着直接从生产和交换中发展起来的社会组织，这种社会组织在一切时

---

① ［法］孟德斯鸠：《论法的精神》（上），涨雁深译，商务印书馆1961年版，第154页。
② 《论犹太人问题》，《马克思恩格斯全集》第1卷，人民出版社1956年版，第437页。
③ 同上。
④ 同上书，第442页。
⑤ 同上。

代都构成国家的基础以及任何其他的观念的上层建筑的基础"①。另一方面,"政治国家的建立和市民社会分解为独立的个体——这些个人的关系通过权利表现出来,正像等级行会制度的人的关系通过特权表现出来一样——是通过同一种行为实现的"②,这种行为就是政治解放。"任何一种解放都是把人的世界和人的关系还给人自己。"③ "政治解放一方面把人变成市民社会的成员,变成利己的、独立的个人,另一方面把人变成公民,变成法人。"④ "只有当现实的个人同时也是抽象的公民,并且作为个人,在自己的经验生活、自己的个人劳动、自己的个人关系中间,成为类存在物的时候,只有当人认识到自己的'原有力量'并把这种力量组织成为社会力量因而不再把社会力量当做政治力量跟自己分开的时候,只有到了那个时候,人类解放才能完成。"⑤ 总之,人权是作为人就应当享有的权利,国家权力的本质就是个人让渡的部分权利。国家赋予个人公民资格,公民权来自人权但不能代替人权,国家可以依法剥夺公民权但不得以任何方式剥夺人权。

　　正是在洛克、孟德斯鸠"三权分立"学说的指导下,西方资本主义国家相继建立了立法、行政和司法之间分权制衡的国家权力结构即有限政府,⑥ 每种权力都是国家权力的一部分。其中,立法权最强、行政权次之、司法权最弱,但是三种权力之间无高低之分,任何权力都没有压倒性优势,它们都会小心谨慎保护自己的阵地免受他方侵犯。国家权力的运行要严格遵守法律规定和法定程序,凡是法律没有规定的就是禁止的,凡是违背法定程序的就是无效的。一切政府行为绝对不允许违宪,任何成员都可以申请违宪审查。违宪审查制度确保宪法最高权威,杜绝政府的胡作非为和权力膨胀。法律更是用来保障

---

① 《德意志意识形态》,《马克思恩格斯全集》第3卷,人民出版社1960年版,第41页。
② 《论犹太人问题》,《马克思恩格斯全集》第1卷,人民出版社1956年版,第442页。
③ 同上书,第443页。
④ 同上。
⑤ 同上。
⑥ 参见[美]戈登《控制国家——西方宪政的历史》,应奇等译,江苏人民出版社2001年版,第17页。

人们自由的，凡是法律没有规定的对人们就是自由的，只要不触犯法律人们就可以自由地活动。事实胜于雄辩，三权分立制度为防止国家权力的异化和维护个人权利提供了可靠的制度保障。

以洛克为代表的自由主义充分尊重人的主体性和真实意志，通过分权制衡的制度设置有效控制国家权力，人成为真正的社会主人。它不是极端的个人主义或无政府主义，并不否定应有的个人义务，只是颠倒了传统社会人和国家、权利和权力的次序。由于运行中的牵制扯皮，这种国家权力结构的效率不可能达到最优，难以适应高速发展的社会态势，尤其面对社会突发事件或非政府不能解决的事情时更是消极被动。这种自由主义还助长了一部分人的私欲，他们罔顾甚至损害正当的国家权力和社会利益。洛克自由主义理论和制度存在缺陷，但是它可以不断修正以适应社会的新要求，不至于非全盘否定不可。

自由和平等是自由主义的核心思想，是对传统社会专制和等级观念的颠覆。没有自由人生何谈意义，没有平等人生何来安稳，人人都需要自由和平等。但是，人的自然禀赋、社会资源和生活环境各不相同，需求和能力也就有别。社会强者希望获得更多自由，因为自由会带来更多利益。社会弱者渴望更多平等，因为平等会带来更多利益。任何社会，强者是少数而弱者是大多数。绝对自由意味绝对不平等，绝对平等意味绝对不自由，自由和平等只有关系适当才能得到社会各阶层的接受或认可。洛克是英国贵族，是社会强者的代表。作为一个理性冷静的经验主义者，他的被迫害经历使得他更加看重自由的价值，警惕国家权力对个人自由的侵犯。卢梭是法国平民，是大多数弱者的代表。作为一个充满理想的浪漫主义者，他的苦难人生使得他更加关注平等的价值，试图借助强大的国家权力来实现社会平等。

面对18世纪法国社会的严重不平等，卢梭感慨道："人是生而自由的，但却无所不在枷锁之中。自以为是其他一切的主人的人，反而比其他一切更是奴隶。"① 卢梭认为，由全体个人结合所形成的公共人格，以前称为城邦，现在则称为共和国或政治体。当它被动时它的成

---

① [法]卢梭：《社会契约论》，何兆武译，商务印书馆1980年版，第8页。

员称它为国家，主动时称为主权者，它和同类比较时称它为政权。至于结合者，集体地称为人民，个别地叫做公民，作为国家法律的服从者就叫臣民。人民通过社会契约组建国家后，每个人全部转让了自己的天然自由，国家的意志就是全体人民的共同意志即公意，任何人拒不服从公意全体就要迫使他服从。主权不受任何限制，哪怕是社会契约本身，个人权利永远从属于主权。主权是公意的运用，主权表现为立法权，法律是公意的正式表示，公意永远是公正的且永远以公共利益为依归，所以永远不能转让、不可分割和不可代表。①

卢梭是炽情的自由主义者，他从人类情感来推断社会事实，自由是其名义目标，实际上他重视平等，甚至牺牲自由以求平等。② 生活的磨难使卢梭比其他人更加希望得到自由，而不平等是阻碍社会大多数人自由的根源，唯有"公意"和"人民主权"才能实现自由。他认为，公意可以消除不平等和带来自由，人民服从公意"不过是在服从自己本人，并且仍然像以往一样自由"③，而拒不服从公意的那些人必须"被强迫自由"④。人民主权是公益的产物，它来自人民又独立于人民，具有不受任何限制的绝对权威。人民主权也就是国家主权，人人都要绝对服从国家主权的安排。通过公意和绝对主权，个人意志与国家意志、个人权利与国家权力就不再有矛盾，而是和谐的统一。卢梭的绝对主权思想埋下了极权统治的隐患。

人类社会由诸多因素共同作用推动前进。人的主观作用虽不能排除但毕竟有限，社会发展存在着太多不以人的意志为转移的外部条件。即使人的思想观念也千差万别，对社会发展有的起正作用，有的起反作用，不能一概而论。社会从来不是人的理想的现实反映，人却一直是现实的社会存在。卢梭的浪漫想法面对社会实践苍白无力。

卢梭的公意理论与共同体主义一脉相承。共同体主义是传统社会

---

① 参见［法］卢梭《社会契约论》，何兆武译，商务印书馆1980年版，第23—44、51—88、117—130、168页。
② ［英］罗素：《西方哲学史》（下），马元德，商务印书馆1976年版，第225、237页。
③ ［法］卢梭：《社会契约论》，何兆武译，商务印书馆1980年版，第23页。
④ 同上书，第24页。

的主流观念，它认为人总是生活在各种共同体中，国家是最大的共同体，个人的一切都由他所处的共同体决定，共同体利益是个人利益的基础，人只有服从共同体意志的自由而没有按个人意志行为的自由。人是个性与社会性的统一，人是自由意志支配下能够独立活动的自然人，人又是名副其实的社会人，人一出生就是家庭、宗族、民族、种族、地区、国家等不同类型层次共同体的成员。社会性固然重要，但个性也不容忽视，共同体主义显然不够重视个性。卢梭承认公意重要，实质上是承认集体意志高于个人意志，并且将集体意志绝对化，个人意志虚无化。卢梭没有解释如何实现公意，只是相信公意永远正确。公意作为集体意志，既可能是全体成员的共同意志，也可能是一部分人假借其名的意思表示。无论哪种情况，都不能保证公意的真实性和正确性。卢梭认为公意是主权者的意志，主权者的意志是正确的，服从主权者的意志是个人唯一的选择。如果个人不服从主权者的意志，主权者就可强迫他服从。这就完全排除了个人选择的可能性。通过公意，国家脱离个人凌驾于个人之上，个人失去自由从属于国家，国家权力制约着个人权利，个人应是国家主人却成了国家奴隶。于是，卢梭的公意理论走向反面成为专制极权者镇压人民的有力借口。

人民主权属于人民，但人民并不直接行使主权而是授权一部分人执行，主权的所有者和使用者是分离的。不论主权者概念多么抽象，一旦主权者行使权力或一旦权威组织开始操作，抽象的主权者本身无法行使这一权力，它必须将权力交给具体的代理人。代理人应当代表但可能代替主权者行使权力，以致其滥用权力甚至强奸民意的行为不可避免，于是卢梭赋予抽象主权者的那些属性便不复存在了。这种不受约束的绝对主权会走向公意的反面，成为极权。因此，人民主权必须有限度，一是内容要有边界，不得危害人作为人的基本权利；二是形式要规范，主权要受到制度约束。人民主权的法治化是西方资本主义对人民主权的重大贡献。法律规定人民的基本权利，国家主权不得以任何理由剥夺人民的基本权利。法律规定同人民主权有关的一切活动，有关主权的行为必须于法有据。法律具有至高地位，任何组织和个人都没有超越或凌驾于法律之上的特权，没有法律依据或不依法行使的国家权力都是非法无效的。法律不会朝令夕改，人民对国家权力运行有着稳定的预期，法律不再是传统社会一部分人恣意行使国家权力的工具而成为人民牢固控制国家权力的武器。

马克思吸收发展了卢梭的人民主权思想，并揭示了人民主权的阶级属性。马克思说："在民主制中，国家制度本身只表现为一种规定，即人民的自我规定。在君主制中是国家制度的人民；在民主制中则是人民的国家制度。民主制是一切形式的国家制度的已经解开的谜。在这里，国家制度不仅自在地，不仅就其本质来说，而且就其存在、就其现实性来说，也在不断地被引回到自己的现实的基础、现实的人、现实的人民，并被设定为人民自己的作品。国家制度在这里表现出它的本来面目，即人的自由产物。"[①] "人民是否有权为自己建立新的国家制度？对这个问题的回答应该是绝对肯定的，因为国家制度一旦不再是人民意志的现实表现，它就变成了事实上的幻想。"[②] 在总结巴黎公社经验时，马克思明确表述民主就是人民自己当家做主，称赞巴黎公社是人民掌权的政府。他说："公社的伟大社会措施就是它本身的存在和工作。它所采取的各项具体措施，只能显示出走向属于人民、由人民掌权的政府的趋势。"[③] 他在批判"哥达纲领"时指出："'民主的'这个词在德语里意思是'人民当权的'"[④]。为什么国家权力的主人应当是人民呢？马克思和恩格斯在《德意志意识形态》中对这些问题作了历史唯物主义的解释：全部社会生活在本质上是实践的，直接从生产和交换中发展起来的社会组织，在一切时代都构成国家的基础。[⑤] 国家权力是从人民的社会实践，特别是从社会生产和交换活

---

① 《黑格尔法哲学批判》，《马克思恩格斯全集》第3卷，人民出版社2002年版，第39—40页。
② 同上书，第73页。
③ 《法兰西内战》，《马克思恩格斯选集》第3卷，人民出版社1995年版，第64页。
④ 《哥达纲领批判》，《马克思恩格斯选集》第3卷，人民出版社1995年版，第312页。
⑤ 参见《德意志意识形态》，《马克思恩格斯全集》第3卷，人民出版社1960年版，第583页。

动中产生出来的，是人民从事共同的社会生产活动、维护共同利益的需要。人民作为社会实践的主体、社会生产活动的主体，是社会历史的真正创造者，是推动历史前进的真正动力，他们应当是国家权力的真正主体。相对资产阶级思想家主张人民主权来源于每一个具有普遍本质的抽象意义的人，马克思认为人是具体实在的，"人不是抽象的蛰居于世界之外的存在物。人就是人的世界，就是国家，社会。"① 马克思认为在社会不同阶段人民分裂为不同阶级的前提下，不存在包括所有阶级在内的人民主权，存在的只是统治阶级主权即统治权，人民作为整体是统治阶级，作为个体就是统治阶级的成员，只有随着阶级消灭主权才最终来源于全体人民但同时主权也消亡了，"代替那存在着阶级和阶级对立的资产阶级旧社会的，将是这样一个联合体，在那里，每个人的自由发展是一切人的自由发展的条件。"②

要保证和实现不可分割的人民主权，最好的体制莫过于立法权和行政权合为一体的"议行合一"体制。马克思在总结巴黎公社经验时指出："公社是一个实干的而不是议会式的机构，它既是行政机关，同时也是立法机关。"③ 这是马克思对"议行合一"体制的经典表述。

社会主义国家以马克思主义为意识形态，实行民主集中制，先后建立"主权"国家权力结构即"议行合一"的全能政府，立法权作为主权是最高权力，行政权和司法权都来源和受制于立法权。相对于"三权分立"平行制衡的权力运行机制，"议行合一"是一种决策与执行相统一的制度，是自上而下贯彻执行的权力运行机制。

人的生活可分为私域和公域。私域是不受他人干涉的自主空间，个人充分享有自由。这是"现代人的自由"，是消极的个人权利。它是国家权力的边界，"个人拥有权利。有些事情是任何他人或团体都不能对他们做的，做了就要侵犯到他们的权利。这些权利如此强有力和广泛，以致引出了国家及其官员能做些什么的问题（如果能做些事

---

① 《〈黑格尔法哲学批判〉导言》，《马克思恩格斯全集》第3卷，人民出版社2002年版，第199页。
② 《共产党宣言》，《马克思恩格斯选集》第1卷，人民出版社1995年版，第294页。
③ 《法兰西内战》，《马克思恩格斯选集》第3卷，人民出版社1995年版，第55页。

情的话）"①。公域是公共活动的空间，每个人都是国家公民，享有参与社会公共事务的自由。这种政治自由就是"古代人的自由"，是积极的个人权利，历来为国家所重视。洛克强调私域和个人自由而对公域和政治自由持谨慎态度，主张"三权分立"有限政府。卢梭的看法正好相反，主张"议行合一"的全能政府。实际上，两种国家权力结构各有利弊，一个国家采用何种权力结构取决于具体国情。

  私域的个人自由和公域的政治自由都是必要的，人不但需要自我独立，而且需要自我发展。政治自由是自我发展的最佳手段。政治自由把对公民最神圣的利益关切毫无例外地交给所有公民，在所有人之间确立了一种资格平等，这种平等构成了国家的荣誉和力量。个人自由和政治自由同等重要，个人自由是个人作为人所必需的原始权利，政治自由则是个人作为公民参与公共生活提升自我的衍生权利。无论个人还是国家，不能为了一种自由而牺牲另一种自由，而是要公平合理地对待它们。现代自由主义则结合了两种自由主义传统，它是在对抗和挑战中经验总结的产物，也是自由主义和非自由主义妥协的结果，其生命力在于正确反映和尊重多元性的社会现实。② 现代自由主义社会不是建立于系统理论的设计之上而是建立于人类精神个性思考的基础之上，它不是从外部强加的社会形态而是从社会内部通过各种因素的自发选择逐渐形成的结果。③ 基于现代自由主义，西方资本主义社会不再是纯粹的"三权分立"权力结构，而是汲取了"议行合一"的有益成分，更多发挥国家权力的积极作用。社会主义国家权力运行以马克思主义为指导，采"议行合一"结构，吸收了"三权分立"的合理因素，开始重视个人自由和权力制衡。

  如何对待权力和权利的关系是关乎国家权力本质的基本问题。由于时代局限性，不同时期思想家只能提供在他们看来"大致正确的解

---

① ［美］诺齐克：《无政府、国家与乌托邦》，何怀宏等译，中国社会科学出版社1991年版，第1页。
② ［美］昂格尔：《现代社会中的法律》，吴玉章等译，译林出版社2001年版，第71页。
③ 参见［意］拉吉罗《欧洲自由主义史》，科林伍德英译，杨军译，吉林人民出版社2001年版，第361—365页。

决办法"①，并不能给出一致认可的答案。

独裁专制的实践在一些不发达国家和地区依旧存在，但是否认权力和权利之间必然联系的独裁专制理论已被社会大众所唾弃。共同体主义坚持社会本位，认为国家权力高于个人权利，理由冠冕堂皇却经不起推敲。在任何国家中，个人都是社会的基本主体，个人的不同组合才会有各种类型的社会共同体。个人利益是社会的基本利益，国家利益以及各种形态的集体利益最终都可归为相关领域一定数量的个人利益。国家权力假借共同利益之名侵犯个人权利是不正义的。不能对社会共同体抱有不切实际的幻想，不能无缘无故损害个人权利，只有通过牺牲个人权利才能换取共同利益的行为必须严格规范，对受损的个人权利应当等价补偿。自由主义坚持以人为本，尊重人的主体性、自由和平等，人是目的而不仅仅是手段，人是国家的主人而不是奴仆。自由主义认为个人权利是国家权力的来源和基础，国家权力是个人权利的让与和保障，个人权利优先于国家权力。自由主义并没有否定社会的价值，只是摆正了人在社会中的位置而已。马克思主义在此基础上深化了对国家权力本质的认识。

---

① "大致正确的解决办法"术语来自尼布尔的著作，即人们对所面临的社会问题，这个世界不存在什么最终的解决办法，充其量也只能有大致正确的解决办法。参见尼布尔·里默《宪法与1787年政治领域的一种创造性突破》，载［美］汤普森编《宪法的政治理论》，张志铭译，三联书店1997年版，第5页。

第二章 权力的渊源

道德与法律是国家权力主要的制度渊源，立法权、行政权和司法权都涉及道德和法律。但道德和法律的规定既可能一致也可能不一致，二者之间冲突不可避免，以致在判断各种国家权力时就会遇到合理（道德）不合法（法律）或合法不合理的情形。因此，要正确认识国家权力，就要弄清道德与法律之间的联系和区别。

一 道德的基本属性

在人类社会的发展进程中，存在各种样式的社会规范，但道德是最基本的社会规范。道德是关于人的社会行为应该如何的社会规范。[①]政治、经济、科技、教育、文化、宗教等所有类型的社会行为，虽然也会接受其他规范的调整，但无疑都是道德调整的对象。

由于认识能力或者角度不同，人们对道德的认识是不一样的。因此，是否存在客观确定的道德是自古以来争论不休且至今未决的难题。对于该难题，主要围绕道德的一般性和特殊性、绝对性和相对性、客观性和主观性的讨论展开，并形成了道德相对主义与道德客观主义两派，前者肯定道德的特殊性、相对性和主观性而否定道德的一

---

① "应该"是道德重要属性但非特有属性，很多人却误以为是道德的特有属性。因为许多应该如何的行为规范并非道德。斯温在论及道德与习俗的区别时，以吃饭为例说，西方人习惯用刀叉，而许多有教养的印度人却习惯用手指，这两种习惯无疑是两种应该如何的行为规范，但均非道德。See John Hartland Swann, *An Analysis of Morals*, London George Allen &Unwin Ltd., 1960, pp. 57-62。转引自王海明《新伦理学》，商务印书馆2001年版，第106页。

般性、绝对性和客观性，后者却认为道德是二者的对立统一。道德的特殊性、相对性和主观性符合人的感性认识，也吻合道德多元现象。道德的一般性、绝对性和客观性需要经过人的理性分析才能意识到，并且理性也得建立在感性的基础上，相对主义看起来很有说服力。① 但是，相对主义和客观主义孰对孰错，有赖于对道德属性的科学分析。

（一）一般性和特殊性

人们发现，不同国家与地区、不同种族与民族、不同历史与文化、不同阶级与阶层以及不同时代的人们的风俗、习惯和道德之间存在很大差异，并且每个人对这些社会规范的理解也常常是不一致的。不仅道德多元是客观存在的社会事实，而且道德理论也五花八门，道德理论家对道德应当是什么没有达成一致意见。譬如：道德相对主义（moral relativism）认为道德的效力是地方性的，不能用此文化所谓先进的道德规范去评价其他文化的不道德；道德主观主义（moral subjectivism）认为没有一个道德主张的合理标准，人人的道德标准不一，个人的不道德行为是指其行为违背了自己的道德；道德怀疑主义（moral skepticism）认为道德真理是不能认识的；道德情感主义（moral emotivism）认为道德主张是善恶的简单陈述，原则上不能证伪或证实；道德特殊主义（moral particularism）认为不存在普适的道德真理，所有的道德都是针对特殊的道德问题。任何道德理论都不能为人们的道德判断提供一个坚实基础，事实上人们不按道德理论甚至不考虑道德理论仍旧能够融洽相处。因此，这些相对主义道德理论认为道德是多样性和特殊性的，仅仅相对于特定文化和具体人们的选择才有效，不存在普适的一般道德，如果将一个统一的道德强加给社会那

---

① 这也同现代哲学背景有关。20世纪以来的现代哲学总体上是反理性主义的，虽然他们不否认理性的作用，但否认理性的确定性，否认将理性作为最终的或最后的解决社会问题的理由，他们更加相信人的感性的价值和社会现象自身存在的合理性，因此就出现了各种各样反理性主义的观点，相对主义盛行与此有着必然联系。参见唐逸《理性与信仰》，广西师范大学出版社2005年版，第9—12页。

将是灾难。① 而道德客观主义认为，道德多样性和特殊性的事实只能表明具体的道德规则可能是相对的或被特定文化限定的，而并不意味着最终的道德原则是相对的或被特定文化限定的。②

首先，无论任何时代或社会的具体道德如何不同，它们最终都要服从道德目的，道德目的是衡量一切社会行为是否道德的最终判断标准。毋庸置疑，一切社会创造道德的目的都是相同的，即为了社会的存在与发展，这便是道德一般性和普适性的根本依据所在。虽然道德多元现象说明了道德的多样性和特殊性，但这并不能否定道德的一般性和普适性，因为各种具体道德的最终判断标准即道德目的是相同的，多样性和特殊性只是该标准在不同时期和地方的不同表现或者人们对相关事实的不同认识而已。例如，初民社会"应当吃老人"与现代社会"应当养老送终"这样相反的道德风俗，就是同一道德原则"应当做有利社会的事情"由于两种社会发展水平和人们认识水准的高低而具有的相反表现。③ 具体道德规范之间的差异，不是基本道德标准的不同而是关于事实或其他观念的差别。④ 相对主义道德理论的缺陷在于，它们均是以偏概全因而未能正确反映道德的基本属性。

其次，道德是一般道德和特殊道德的统一。一般道德是指一定领域的任何人都应该遵守的道德，特殊道德是一定领域的一些人应该遵守而其他人无须遵守的道德。又可分为两个层次：一是社会发展整体过程的一般道德与社会发展某个阶段的特殊道德之分，如正义、诚实、勇敢、智慧等是适用社会一切阶段和一切人的一般道德，而所谓奴隶主义道德、封建主义道德、资本主义道德、社会主义道德或其他非一般道德则是社会发展到某个阶段的特殊道德。这里的区分是绝对

---

① Richard Posner, Lecture: 1997 Oliver Wendell Holmes Lecture: The Problematics of Moral and Legal Theory, *Harvard Law Review*, Vol. 111 (May, 1998), pp. 1637-1709.

② George Sher, *Moral Philosophy Selected Readings*, Harcourt Brace Jovanovich Publishers, New York, 1987, pp. 149-150.

③ Ibid, pp. 150-151.

④ Barbara Mackinnon, *Ethics: Theory and Contemporary Issues*, Wadsworth Publishing Company, London, 1995, p16.

的，一种道德属于一般道德便绝不会是特殊道德，反之亦然。二是社会发展的每个阶段也有一般道德与特殊道德之分。其中，统治阶级的道德往往是要求全社会共同遵守的一般道德，而被统治阶级的道德则是只适用被统治阶级的特定道德。这里的区分是相对的，例如"三纲"（君为臣纲、父为子纲、夫为妻纲）"五常"（仁、义、礼、智、信）在中国封建社会就是人人应该遵守的一般道德，而对整个人类社会而言则是特殊道德，既不适用社会发展的其他阶段也不适用同时代的其他国家。无论绝对意义上的还是相对意义上的，一般道德都是一定领域的道德基础，是特殊道德的源泉。二者之间是始源与派生、支配与被支配的关系，基于同样的一般道德可以有不同甚至相反的特殊道德。一般道德体现了道德的一般性和普适性，而特殊道德体现了道德的特殊性和多样性。

最后，道德是由道德原则和道德规则构成的规范体系。道德原则，是一定领域根本的道德规范，也就是一定领域一般的、抽象的道德规范，可分为一般道德原则和特殊道德原则，前者是指一切社会共同的道德原则，而后者是指一定社会特有的道德原则。例如，"利他"和"利己"在任何社会都是产生和决定其他道德的根本道德规范，因此是一切社会的道德原则；而"三纲五常"在中国封建社会是产生和决定其他道德的根本道德规范，因此是中国封建社会的道德原则。道德规则是一定领域非根本的道德规范，也就是一定领域个别的、具体的道德规范，也可分为一般道德规则和特殊道德规则，前者是指一切社会共同的道德规则，而后者是指一定社会特有的道德规则。例如"尊老爱幼"和"追求快乐"是由"利他"和"利己"所产生和决定的，是普遍适用任何社会而相对"利他"和"利己"更为具体、个别的道德规范，是一切社会的道德规则；而"三从"（在家从父、出嫁从夫、夫死从子）"四德"（妇言、妇容、妇功、妇德）是由"三纲五常"所产生和决定的，是普遍适用中国封建社会而相对"三纲五常"更为具体、个别的道德规范，是中国封建社会的道德规则。道德原则与道德规则之间是始源与派生、支配与被支配的关系，基于同样的道德原则可以有不同甚至相反的道德规则，前者体现道德的一般性和普适性,后者则体现道德的特殊性和多样性。

(二) 绝对性和相对性

相对主义道德理论从否定一般道德出发,进而否定绝对道德以及道德的绝对正当性。它认为,不存在适用一切时代一切人的绝对的道德标准,社会行为在道德上的正当与否是随着社会的变化而变化、是完全依据或相对于该行为主体所属社会而言的。① 而道德客观主义认为,虽然道德的相对性和多样性是事实,但不能被夸大或绝对化,不但存在一般的普适的道德而且存在绝对道德和道德的绝对正当性。

道德多种多样但并非杂乱无章,而是一个由不同类别、不同层次道德规范有机构成的等级制度体系。由前面分析可知,其中一般道德决定特殊道德、道德原则决定道德规则。结合二者可以发现,一切特殊道德规则都来源和决定于特殊道德原则,一切特殊道德原则和一般道德规则来源和决定于一般道德原则。因此,一般道德原则便是决定其他一切道德的道德。但社会中存在众多一般道德原则,如"幸福原则"、"自由原则"、"正义原则"、"人道原则"等,这些一般道德原则之间的关系如何呢?其中是否存在一个或一些并行不悖的决定其他一般道德原则的终极道德原则呢?这在道德客观主义理论内部有分歧。以密尔为代表的哲学家认为,在众多的一般道德原则中,必定有一个所有道德渊源的终极道德原则,即"有一个基本原理或规律,作为一切道德之根柢……这一个原理,或是这个在各原理彼此冲突时出来判定是非的规律,应该是不证而自明的"。② 而以康德为代表的哲学家认为,存在着一些永远不应该被推翻或违背的道德原则。③ 因此,以是否具有终极意义为标准,一般道德原则可分为终极道德原则和非

---

① Louis P. Pojman, *Ethical Theory Classical and Contemporary Readings*, Wadsworth Publishing Company, USA, 1995, p. 29.
② [英] 穆勒:《功用主义》,唐钺译,商务印书馆1957年版,第3页。穆勒与密尔为同一人中译名。
③ Louis P. Pojman, *Ethical Theory Classical and Contemporary Readings*, Wadsworth Publishing Company, USA, 1995, p. 34.

终极道德原则。

终极道德原则是一切社会一切人的一切社会行为都应该遵守的一般道德原则。它与其他一般道德原则的区别在于，后者仅仅是一切社会一切人的一些行为应当遵守而另一些行为不应当遵守的道德原则。那么，终极道德原则在哪里？主要有两派意见。以康德为代表的先验论者认为，道德是一个完全独立于经验的先验领域，人们只有通过道德意愿才能认识到它的存在；理性要求人们按照道德的绝对命令去行动，绝不考虑这种行动是否能带来好处。[①] 先验道德论的全部问题，在于类似康德这样的哲学家抹杀了哲学家的道德观与普通人道德观的区别，因为大多数人追求的是功利的目的而非先验的正确，他们想当然地以为哲学家所欲也就是全人类所欲。另外，如果终极道德原则是一种先验道德，就意味着不能加以经验确证因而具有神秘的不可知性，这显然有悖于现代理性与科学精神。而以密尔为代表的功利主义者认为，道德起源于人类社会的需要，是人们基于实践经验进行功利选择的产物，凡是有利于社会的行为就是道德的，凡是有害于社会的就是不道德的。由于社会是两个人以上的共同体，从两个人以上的组合到各种各样的社会群体乃至包含所有人的社会整体都在社会之列，因此人们总是在不同意义上使用社会概念。正是由于社会主体的多样性，道德也就多种多样。在这些众多的经验道德中必定存在终极道德原则，它不但是其他一切道德的基础，而且是维系社会存在与发展的基础。否则，世界上只会有单个的人而不会有集体的社会，不但社会将是一盘散沙而且人们之间也会永无宁日。

那么，功利主义的终极道德原则又是什么呢？功利主义认为，不论何种道德，最终都要符合社会创造道德的目的。道德目的是满足社会整体存在与发展的需要，它是衡量一切道德原则和一切道德原则所由以推出的标准，因此就是终极道德原则。[②] 接下来的问题是，终极道德原则究竟是唯一的还是众多的？由于终极意味着最高、最后或绝

---

① 参见［德］康德《法的形而上学原理——权利的科学》，沈叔平译，商务印书馆1991年版，第17页。
② 王海明：《新伦理学》，商务印书馆2001年版，第121页。

对，如果存在两个或以上的道德原则，既不能排除它们之间没有冲突的可能，也不能排除它们发生冲突时被推翻或被替代的可能。一旦出现这种情况，要么遵守一个而违背另一个，要么求诸更高的道德原则，那些被推翻或被替代的道德原则显然不是终极道德原则，只有得到遵守的才是真正的终极道德原则。因此，终极道德原则只能是一个而不能是一组，它就是道德目的。

终极道德原则又可称为绝对道德原则或绝对道德，是任何人在任何情况下都应当遵循的道德，显然只有道德目的属于绝对道德的范畴。除此之外的全部道德，包括非终极道德原则、一般道德规则、特殊道德（原则和规则）都属于相对道德的范畴，它们是人们在一定条件下应当遵守而在另外的条件下不应当遵守的道德。遵循相对道德的条件是指与绝对道德一致的、正常的、典型的条件，或者说相对道德规范的是正常行为。例如，遵守公共秩序是一种相对道德规范的社会行为，同时和维护社会整体存在与发展的绝对道德是一致的。不遵循相对道德的条件是指与绝对道德冲突的、非常的、极端的条件，或者说相对道德不能规范非常行为。例如，出租车司机不能闯红灯，但为了及时抢救病人必须闯红灯，这时他就不应遵守交通规则而只应遵循绝对道德。正常行为的数量远远多于非常行为的数量是任何一个社会的基本事实，这就意味着规范正常行为的相对道德应该被遵守的机率大大高于它不应该被遵守的机率，相对道德的存在是必要的。宾克来在谈到相对道德的必要性时说："典型事例的发生比极端事例远为频繁，而道德规则的任务之一，就是为典型事例提供指导。"[①] 但在伦理学界存在一种不需相对道德只需绝对道德的境遇伦理学理论。弗莱彻说："只有一条规范、原则或律法具有约束力而无可指责，不论境遇如何它总是善的和正当的，这就是'爱'——关于爱上帝，爱世人这一综合戒律的神爱。其他一切律法、准则、原则、典范和规范，毫无例外都是有条件的。"[②] 因此，行为应当与否就完全取决于行为之境

---

① ［美］宾克来：《理想的冲突——西方社会中变化着的价值观念》，马元德等译，商务印书馆1983年版，第356页。
② ［美］弗莱彻：《境遇伦理学》，程立显译，中国社会科学出版社1989年版，第21页。

遇，取决于行为在该境遇下是否合乎"爱"，"爱"就是全部道德。因此宾克来说，不管弗莱彻对其立场的最初解释如何，但除了应当从爱出发尽力做最大量的好事外，其伦理学里面没有什么原则或规则，虽然不是为不负责任或无道德论进行辩护，但实际上与非道德主义已相差无几了。① 境遇伦理学的错误，主要是抹杀了正常行为和非常行为的区别，不但没有区分相对道德应当被遵守的正常境遇与不应当被遵守的非常境遇，而且等量齐观相对道德应当被遵守的机率与不应当被遵守的机率，从而认为相对道德没有存在的必要。

通过分析发现，相对主义道德理论在道德相对性与绝对性问题上犯了以偏概全的错误。道德既有相对性又有绝对性，体现其相对性者是相对道德，体现其绝对性者是绝对道德，绝对道德是无条件的、根本的和唯一的，在与其他道德发生冲突时具有既不能被推翻也不能被替代的绝对正当性。而相对道德是有条件的、非根本的和复数的，它们之间或同绝对道德之间发生冲突时有被推翻或被替代的可能。绝对道德与相对道德之间是始源与派生、支配与被支配的关系，作为道德系统的组成部分共同规范社会行为和维护社会秩序。

（三）客观性和主观性

道德乃至所有的社会规范，并不是先天存在的而是后天人们制定或认可的，在形式上都可以看作是某种契约、协议或约定俗成的产物，是人们根据不同情况自由选择的结果。不论一般道德还是特殊道德，不论道德原则还是道德规则，总是存在各种各样甚至截然相反的类型，对这些类型的选择取决于人的意志。即使是作为绝对道德的道德目的，人们之间也没有达成一致意见，虽然道德目的具有客观性但逻辑上存在多种选择的可能，道德目的是什么或者说将什么奉为道德的终极标准也取决于人的意志。在该意义上说道德是主观任意的并没有错。但相对主义由此进而否认道德的客观性，"把道德当作一种主

---

① 参见［美］宾克来《理想的冲突——西方社会中变化着的价值观念》，马元德等译，商务印书馆1983年版，第326、356页。

观意识的产物是道德相对主义的根本结论。在它看来，道德只不过是人们拥有道德信念的一种功能，此外道德什么也没有，根本不存在作为科学研究对象的自然事物那样的客观的道德事实领域"，① 这显然有失偏颇，因为它混淆了道德的形式与内容，将道德起源于契约等同道德的客观性起源于契约。道德在形式上都是契约的产物，可以说是主观任意的，但在内容上是社会关于人们的社会行为应该如何的道德价值判断，属于道德价值的范畴。谁能说道德价值是契约的产物呢？

道德价值是社会行为事实如何对社会需要即道德目的的效用，由"社会行为事实"与"道德目的"两部分构成，前者是道德构成的源泉和实体，后者是道德构成的条件和标准。而"道德"、"道德价值"、"道德规范"和"社会行为应该如何"是同一概念的不同说法，② 因此道德的合理与否，就在于其是否通过道德目的从社会行为事实中推导出来，进而在于对社会行为事实与道德目的的认识之真假，二者皆真道德必真，其一假道德必假。虽然道德的形成离不开人的主观意志，但只有恶劣的道德才可以任意规定，科学的道德应当是人们对客观存在的社会行为事实、道德目的以及二者关系正确认识的结果：符合道德目的之社会行为事实是应该如何的道德规范，反之就是不应该如何的道德规范。这就是道德的客观性。

社会行为是人的行为，是人性的体现。人性就是人的属性，凡是必须依附实体的人而不能单独存在的事物都是人性。人性是客观存在的，无处不在，无时不在，同人相关的一切事物都涉及人性，内容相当广泛。具体到人的行为领域，人性主要表现为人的内在需求、意识和外在行为。通过反省自身、对周围他人行为的观察以及对过去人们行为的总结，人们可以发现行为领域人性的客观规律。其中，意识一方面是对人的内在需求的反映，然后指导外在行为来实现这些需求；另一方面是对影响行为的外在因素的认识，并依据行为的可行性来取舍自己的需求。从表面看，人的行为是人的主观意识的产物。从深层

---

① Barbara Mackinnon, *Ethics: Theory and Contemporary Issues*, Wadsworth Publishing Company, London, 1995, p.14.
② 参见王海明《新伦理学》，商务印书馆2001年版，第113页。

看，人的行为是人的客观需求和外在因素共同作用的结果。一般而言，人们基于共同的需求会有共同的意识，在共同意识的指导下会选择共同的行为。基于不同的需求会有不同的意识，在不同意识的指导下会选择不同的行为。对影响行为的外在因素的认识则复杂得多，由于认识水准有别，人们关于它的意识可能一致也可能不一致。人的意识，对本人来说是主观的，但在别人看来却是客观的，因为不管别人主观承认与否它都是客观存在的。因此，所有这些需求、意识和行为，作为人性的体现与反映，均具有客观性。

道德客观主义认为，人性在根本方面是相对地类似的，具有一系列共同的需要和利益；道德原则是为满足人的共同需要和增进人的最大利益创立的；增进人的利益和满足人的需要的道德比其他道德更为优良；那些以最佳方式满足人的根本需要、增进人的最大利益的原则就是客观正确的道德原则。因此，存在着一种共同的人性，存在着一系列适用于所有人的客观有效的道德原则。① 这就是作为道德源泉和实体的社会行为事实如何的客观本性。

人类社会，静态上是两个人以上结合起来的人群体系，而动态上则是人们相互交换利益的社会行为体系。如果只有一个人的世界或者没有人的社会行为，道德就没有存在的必要，当然这在逻辑上和事实上均不成立。人是独立的个体，但"人是最名副其实的社会动物，不仅是一种合群的动物，而且是只有在社会中才能独立的动物"。② 如果缺少社会提供的一切人就无法生存。那些离群索居甚至逃避社会的人，他们也不能真正离开社会，只是跟社会的联系没有其他人紧密而已。为了改善或不恶化人类社会的困境，道德是保障社会秩序和个人利益必不可少的手段。③ 由此看来，道德目的在于满足社会存在与发展的需要，具有不以每个人的意志为转移的客观属性。

---

① Louis P. Pojman, *Ethical Theory Classical and Contemporary Readings*, Wadsworth Publishing Company, USA, 1995, pp. 35-36.

② 《〈政治经济学批判〉导言》，《马克思恩格斯选集》第2卷，人民出版社1995年版，第2页。

③ G. J. Warnock, *The Object of Morality*, London Methuen & Co. Lid, 1971, p. 26.

虽然社会行为事实与道德目的是道德的客观结构，但道德的形成离不开人的主观作用。因此，人们制定或认可道德的好坏，就取决于对道德目的和社会行为事实如何的客观规律认识的真理性。随着时间的推移，人类的认识能力将不断提高，人类的道德知识会更加丰富，对道德目的和社会行为事实如何的规律的认识会更加正确，人类社会道德的发展变异也会越来越优良。达尔文指出，与现代道德相比，蒙昧时期野蛮人的道德极其低下，因为野蛮人"推理的能力差，不足以认识到许多德行，尤其是那些独善其身的德行，和部落的一般福利未尝没有关系，……社群对于好坏的判断一般也有些粗糙的经验作为依据，作为指导，就是，从长期看，到底什么是对全部成员最为有利的那种经验。但由于无知，由于推理能力的薄弱，这种判断也难保不发生一些错误。因此，在全世界各地，我们才会看到种种离奇怪诞得不可名状的风俗和迷信，尽管和人类真正的康乐与幸福完全背道而驰，却比什么都强大有力，控制着人们的命运"。[①] 人类社会变迁的历史过程正不断印证道德进步的客观规律。

一方面，诚如道德相对主义所说，道德是人们主观意识的产物，有好坏之分。另一方面，确如道德客观主义所说，道德的好坏是客观事实，道德是主观性与客观性的辩证统一。道德相对主义过分强调道德的主观性和不同道德之间的差异，不承认道德的客观性和不同道德之间的共性，是有悖道德真实情况的片面认识论。而道德客观主义认为道德是这些不同方面的有机结合，是符合道德本体的全面的认识论。对待道德，人们应当采取客观主义的态度。

二 道德与法律的同异

如何对待法律与道德的区别和联系至今争论不休。关于该问题形成了自然法学和分析实证主义法学两派对立的观点。自然法学从道德

[①] ［英］达尔文：《人类的由来》，潘光旦等译，商务印书馆1983年版，第180—183页。

出发，认为二者有着必然联系，法律应当是合乎道德的良法，不合道德的恶法不应叫作法律，即"恶法非法"。分析实证主义法学从法律事实出发，认为二者没有必然联系，法律就是国家制定的实在法，不道德的法律只要合法制定就具有法律效力，即"恶法亦法"。道德与法律是关于人们的社会行为应该如何的规范，是任何国家都必不可少的基本社会规范。通过对社会规范属性的分析和社会考察去揭示二者的真实联系，相比单纯的道德或法律视角或许更加科学。

（一）共性

人们从事行为的动机和目的是为了满足自身需要，而需要在社会中的表现就是利益。虽然人们可以通过个人行为来实现各自利益，但绝大部分利益要通过对社会具有利害效用的社会行为才能实现。社会行为的主体可能是个人也可能是群体。个人是社会行为主体的基础，没有个人及其社会行为，就不可能有各种各样的群体。群体是社会行为主体的发展，群体的一切行为都是社会行为。① 社会的一切都是社会行为的结果，没有人的社会行为就没有社会的存在和发展。不但财富、历史、文化、科技、组织、政府、制度等是社会行为的结果，而且人本身也是其产物，这就是人类自身生产的社会行为。同时，社会反过来又制约着社会行为，没有社会同样不可能有社会行为以及人的存在和发展。社会行为联结人与社会，社会通过规范调整社会行为，处理人与社会的关系，维持一定的社会秩序。

规范或社会规范是社会制定或认可的社会行为应该如何的准则，属于价值范畴。所谓价值，是客体存在的对满足主体需要、实现主体欲望、达成主体目的具有效用的属性，是客体对主体需要、欲望、目的的效用性，是客体对主体的效用。价值是主观性与客观性的统一，一方面，价值的形成有赖于主体需要，主体需要是价值标准，不同主体既有共同需要又有不同需要，那些不同需要致使价值标准多元。另

---

① 虽然群体形成后具有自己的特性，并且不能简单地将群体行为等同于每个群体成员的社会行为，但对个人社会行为分析的方法与结论同样适用于群体行为。

一方面，虽然价值有赖于主体需要才能显现，但其不是主体属性而是客体属性，是客体与主体之间的关系属性，客体的固有或事实属性则是价值的源泉和实体。其中，客体有利于主体需要的属性叫做正价值或善或好，客体有害于主体需要的属性叫做负价值或恶或坏，客体无利无害于主体需要的属性叫做无价值。

亚里士多德在《尼各马可伦理学》开篇即说："每种技艺与研究，同样地，人的每种实践与选择，都以某种善为目的。所以有人就说，所有事物都以善为目的。"① 无论作为手段还是目的，善都是客体有利于满足主体需要的属性，因此也就是一切领域的主体追求的目的。以善的领域是否涉及意识为标准，可以将善区分为意识领域的善与无意识领域的善。而意识主要是人特有的功能，并且与人的行为密切相关，意识要通过行为体现，行为要接受意识的指导。因此，意识领域的善就是行为领域的善，意识是行为的心理机制或思想结构，行为则是意识的外在体现或实际后果。如果意识仅仅是人的思想活动而没有外在表现，就无所谓善恶。因为意识无论善还是恶，不通过外在行为表现出来，就不会对社会产生利害效用。行为的善就是所谓的"应该"或"应当"，即行为有利于满足主体需要的效用性。而行为的恶，即行为有害于满足主体需要的效用性，也就是"不应该"或"不应当"。无意识领域的善恶无所谓应该和不应该。无意识领域是指同意识无关的自然界，该领域的善恶无所谓应该不应该。例如，我们只能说花开花落对人是善的还是恶的，而不能说是应该的还是不应该的；同样只能说人的长相是美的还是丑的，而不能说美是应该的而丑是不应该的，因为长相是意识无法支配的人的自然属性。康德说："问到自然应该是什么，其荒谬正如去问一个圆应该具有什么性质一样。"②伊温说："'应该'与'善'的不同之处是，它主要与行为有关。"③因此，只有行为的善恶所谓应该不应该，或者说应该不应该是而且仅仅是行为的善恶。

---

① [古希腊]亚里士多德：《尼各马可伦理学》，廖申白译，商务印书馆2003年版，第4页。
② [加]华特生编选：《康德哲学原著选读》，韦卓民译，商务印书馆1963年版，第161页。
③ A. C. Ewing, *Ethics*, The Free Press, New York, 1953, p. 15.

应该是行为的属性，而行为只能是主体的行为，于是有人认为应该是主体的而非客体的属性，"应当是一种纯然的主体活动"，①"'应当'是主体之应当，而不是客体之应当。严格地讲，客体本身没有应当不应当的问题，它永远按照客观规律运动、变化和发展，只存在'是'或'将是'的问题。"② 由于应当只存在于行为领域，"主体之应当"实质上就是"主体行为之应当"。之所以得出这种似是而非的结论，是因为忽视了行为的"主客二重性"：一方面，行为离不开主体，是主体的属性，属于主体范畴。另一方面，主体的行为与主体是两个不同事物，主体的行为同时又是主体的活动对象，属于客体范畴。主体在从事某种行为的前后，都会对该行为进行价值分析：当该行为有利于满足主体需要时，主体就会选择该行为，就是行为之应当；反之，主体就不会选择该行为，就是行为之不应当。③ 因此，虽然"应当"的行为者只能是主体，但"应当"的行为本身不是主体的活动而是主体的活动对象，是作为客体的主体行为对主体的效用，是客体属性而不是主体属性。

依据应该的主体标准，应该可分为道德应该与非道德应该两大类型。道德应该与不应该，即正当与不正当，是行为的道德价值，是行为对于社会的效用性，相符者即道德应该、正当或道德善，相违者即道德不应该、不正当或道德恶。而对社会具有效用的行为即社会行为，因此只有社会行为才具有道德应该与不应该、正当与不正当、道德价值或道德善恶的属性。而非道德应该与不应该不能等同非道德善恶。非道德善恶是一切客体对于个人的效用性，相符者即非道德善，相违者即非道德恶。非道德应该与不应该仅仅是行为对于个人的效用性，相符者即非道德应该，相违者即非道德不应该。对个人具有效用的行为，包含个人行为和社会行为。个人行为仅对个人而对社会不具有效用，社会行为却同时对二者具有效用。社会行为又可分为对社会、他人和自己具有效用的行为三类，前类行为对社会具有直接效

---

① 陈华兴：《应当：真理性和目的性的统一》，《哲学研究》1993年第8期。
② 袁贵仁：《价值学引论》，北京师范大学出版社1991年版，第395页。
③ 参见王海明《新伦理学》，商务印书馆2001年版，第45—46页。

用，后两类行为对社会具有间接效用，因为社会是人群或两个人以上的共同体，也就是自己和他人的共同体，直接对自己或他人具有效用也就间接对社会具有了效用。个人行为与对自己具有效用的社会行为的区别在于，前者虽对自己具有效用但不影响自己在社会中的效用，后者在对自己具有效用的同时也影响自己在社会中的效用。例如，一个人喜欢唱经典歌曲还是流行歌曲，喜欢穿西服还是便服，都仅仅是个人的事情，对社会不具有效用；如果他唱歌影响了别人的休息或穿不合时宜的服装，就对社会具有了有害效用。

  个人行为只有非道德应该或不应该的属性，而社会行为兼具道德应该或不应该以及非道德应该或不应该的属性。社会行为的道德应该与非道德应该既可能一致也可能不一致。例如，为己利他的行为有利于个人因而是非道德应该，又利于社会因而是道德应该或正当，非道德应该与道德应该是一致的。损人利己的行为有利于个人因而是非道德应该，却有害于社会因而是道德不应该或不正当，非道德应该与道德应该是不一致的。另外，道德应该具有可普遍化性而非道德应该不具有此特征。道德应该的可普遍化性概念源于康德的"一般行为的普遍合法则性"："惟有这种合法则性应当充任意志的原则，也就是说，我决不应当以别的方式行事，除非我也能够希望我的准则应当成为一个普遍的法则。"① 黑尔正式确立了道德应该的可普遍化性概念，他提出道德应该具有规定性（prescriptivity）和可普遍化性（universalizability）两个特征，规定性是指道德应该对一切当事人具有命令的意义，可普遍化性是指一个人说"我应该"意味着他同意同样处境下的任何人都应该。② 这是因为社会对每个人而言都是普遍的，道德应该的行为无论由谁行使都会对社会具有同样的效用，因此道德应该具有可普遍化性。反之，非道德应该针对的是个人，个人之间千差万别，如对王五是应该的则对赵六却是不应该的，因此非道德应该不具有可普遍化性。

---

① 《道德形而上学的奠基》，《康德著作全集》第 4 卷，李秋零译，中国人民大学出版社 2005 年版，第 409 页。

② R. M. Hare, *Essays in Ethical Theory*, Clarendon Press, Oxford, 1989, p.179.

如果只有个人行为而没有社会行为，或者社会行为只有非道德应该不应该的个别化性而没有道德应该不应该的普遍化性，规范就没有存在的必要。社会创制规范的目的，是为了保障社会的存在与发展。符合规范目的之社会行为事实，就是社会行为之道德应该，就是应该如何的规范；违背规范目的之社会行为事实，就是社会行为之道德不应该，就是不应该如何的规范。规范在社会中有不同的表现形式，如道德、法律、宗教、习俗等，每种表现形式都有自己的独特属性，以区别于其他表现形式。但所有规范的内容，都是社会关于社会行为应该如何的道德价值。换句话说，一切形式的规范在内容上都是道德规范。这就是道德规范与法律规范以及其他规范的共性。

（二）区别

康德认为，道德与法律作为规范的表现形式，其区别在于："一切立法都可以根据它的'动机原则'加以区别。那种使得一种行为成为义务，而这种义务同时又是动机的立法，便是伦理的立法；如果这种立法在其法规中没有包括动机的原则，因而允许另一种动机，但不是义务自身的观念，这种立法便是法律的立法。至于后一种立法……必须是强制性的，也就是不单纯地是诱导的或规劝的模式。"[①] 受康德影响，法学界普遍认为道德是关于行为内在动机的非强制性规范，而法律是关于行为外在后果的强制性规范。[②] 但这种认识失之偏颇，跟社会现实明显脱节。

首先，动机与后果是行为不可分割的两个部分，如同硬币的两面。动机是行为的主观意识方面，是思想中的行为，是行为主体对行为目标和行为过程的设想。而后果则是行为的客观现实方面，是动机的外在表现，是实际出现的行为目标和行为过程。只有思想动机而未付诸实践的思想活动就无所谓行为。反之，虽然存在没有或难以辨别思想动机的行为，如"梦游"或刑法中的"意外事件"，但它们仅仅

---

① ［德］康德：《法的形而上学原理——权利的科学》，沈叔平译，商务印书馆1991年版，第20页。

② 参见李步云主编《法理学》，经济科学出版社2000年版，第491页。

是例外，一般情况下行为总在意识支配之下。因此，就没有普遍意义上纯粹的动机规范或后果规范，只有同时调整二者的行为规范。

其次，道德并非仅仅针对动机，而是既看动机又看后果。例如人们常说的好心做坏事，其中好心是对动机的评价，而坏事是对后果的评价。如果仅看动机不看后果，就不存在好心做坏事而只有好心做好事的评价了。同样，法律也非仅仅针对后果，也是既看后果又看动机。例如杀人犯罪，动机是谋财害命还是大义灭亲就意味着不同的刑罚。如果仅看后果不看动机，就不存在不同而只有相同的刑罚。

再次，道德与法律都具有强制性。所谓强制，是指使行为者放弃自己意志而服从他人意志的力量，"当一个人被迫采取行动以服务于另一个人的意志，亦即实现他人的目的而不是自己的目的时，便构成强制。"① 因此，强制的外延相当宽泛，无论肉体上还是精神上的感觉，无论来自国家组织的还是社会舆论的力量，无论有形的还是无形的措施，只要能迫使行为者改变自己意志而屈从他人意志就是强制。虽然道德没有法律明确的刑事、民事或行政方面的强制规定，但有社会舆论强制，舆论也具有使人放弃自己意志而服从他人意志的力量，譬如因害怕舆论谴责公共场所的年轻人大多会礼让老弱病残者。狄骥说："道德的规则是强迫一切人们在生活上必须遵守这全部被称为社会风俗习惯的规则。人们如果不善于遵守这些习惯，就要引起一种自发的、在某种程度上坚强而确定的社会反应。这些规则由此就具有一种强制的性质。"② 因此，道德与法律的区别也并不是有无强制。

追溯渊源，人类社会诞生就有道德，而法律是随着私有制、阶级和国家的产生而出现的，法律是国家制定或认可的并由国家权力保障实施的社会行为规范。法律的强制来自国家权力，"法律的力量也就是国家权力的力量，只不过它是另外一种国家权力而已。"③ 所谓权力是上级对下级的强制，意味着某人"在一种社会关系里哪怕是遇到反

---

① [英]哈耶克：《自由秩序原理》（上），邓正来译，三联书店1997年版，第164页。
② [法]狄骥：《宪法论》，钱克新译，商务印书馆1959年版，第67页。
③ 吴玉章：《法治的层次》，清华大学出版社2002年版，第8页。

对也能贯彻自己意志的任何机会,不管这种机会是建立在什么基础之上"。① 因此,强制并非都是权力,只有社会组织中的统治者或管理者拥有的强制才是权力,"一种权力的存在意味着一个集体的文化体制建立起了正式的不平等关系,把统治他人的权力赋予某些人,并强迫被领导者必须服从后者。"② 由于社会是一张复杂的关系网,每个人具有多重角色,在一种社会关系中作为统治者或管理者可能在另一种社会关系中充当被统治者或被管理者,因此二者的区分又是相对的。但统治者或管理者所拥有的强制也并非都是权力,只有那些能得到社会承认的强制才是权力,这就是权力的合法性,"权力的合法性只不过是由于本集体的成员或至少是多数成员承认它为权力。如果在权力的合法性问题上出现共同同意的情况,那么这种权力就是合法的。不合法的权力则不再是一种权力,而只是一种力量。"③ 这样,从作为统治者或管理者拥有且是人们必须服从的力量看,权力具有必须性;从作为应该得到社会承认的力量看,权力又具有应该性。权力是人们必须且应该服从的组织力量,显然舆论是应该但非必须服从的非组织力量。因此,是否有国家权力保障构成了道德与法律的本质区别,法律是一种权力规范,是应该且必须如何的行为规范。而道德是非权力规范,仅是应该但非必须如何的行为规范。

道德与法律的形式特性,决定于二者规范的社会行为性质。道德规范的是一切社会行为,而法律规范的是效用较大的社会行为,这些效用较大的社会行为直接关系到社会的基本秩序。人们是否遵守道德取决于内心的道德自觉和外在的舆论强制,但舆论强制是一种软约束力,不足以震慑那些违反者。虽然道德认同是人们自觉守法的基础,即"集体的成员在信念上接受了这些法律,并且能够在行为中体现这些法律所表达的价值观念。一个人对规则的忠诚来自于这些规则有能力表达他参与其中的共同目标,而不是来自于担心规则的实施所伴随

---

① [德]韦伯:《经济与社会》(上),林荣远译,商务印书馆1997年版,第81页。
② [法]迪韦尔热:《政治社会学》,杨祖功等译,华夏出版社1987年版,第116页。
③ 同上书,第117页。

的伤害威胁"。① 但这并非法律实施的必要条件,对法律而言即使不认可也得服从,法律的权力强制是一种强约束力,可以有力制裁违法者并警示其他人。一个简单的事实是,很多企图实施犯罪的人会最终选择放弃,这并非道德觉醒而是由于惧怕法律惩罚。因此,狄骥说:"一种道德规则或经济规则是在组成一定社会集团的个人一致或几乎一致地具有这种感觉,认为如果不使用社会的强力来保障遵守这种规则,则社会连带关系就会受到严重危害时才成为法律规则。"② 西季威克也说:"在一个组织良好的社会中,最重要、最必要的社会行为规则通常是由法律强制实行的,那些在重要程度上稍轻的规则是由实证道德来维系的。法律仿佛构成社会秩序的骨架,道德则给了它血与肉。"③ 道德和法律相辅相成,对人们的日常活动与社会的正常运转提供了基本的制度保障。

也有学者从意识形态角度看待道德与法律的关系,认为二者本质一致,都是统治者意志的体现,二者冲突仅是统治者内部的冲突,并非根本性矛盾;二者的区别还有:法律只反映统治者意志,而阶级社会里任何阶级都有自己的道德;法律通过一定程序产生并表现为成文法,而道德在社会生活中自发形成且无明确表现形式。④ 当然从其他角度还可能有新的不同认识。但不论怎样都不可否认,是否有国家权力保障是道德与法律的根本区别所在。

三 道德与法律的关系

在逻辑上而言,道德与法律的关系只存在包容(含同一)、无涉和交叉三种可能类型。由于逻辑分析在穷尽可能性的基础上具有达致事物真相的能力,因此,逐一阐释道德与法律关系的可能类型及其学

---

① [美] 昂格尔:《现代社会中的法律》,吴玉章等译,译林出版社2001年版,第29页。
② [法] 狄骥:《宪法论》,钱克新译,商务印书馆1959年版,第91页。
③ [英] 西季威克:《伦理学方法》,廖申白译,中国社会科学出版社1993年版,第469页。
④ 参见李步云主编《法理学》,经济科学出版社2000年版,第486—493页。

说，或许可以发现二者真实的关系形态。

(一) 包容

人类社会一切形式的社会规范，在本质上都属于道德的范畴。或者说，各种各样的社会规范其实都是道德的不同表现形式，只是由于渗透了其他因素而具有一般道德所没有的其他特性，因此就叫做了其他社会规范，但是道德的属性仍旧是这些社会规范的本质特征以及判断它们是否合理的最终依据。这是一种道德中心观念，可以叫做包容说。无论过去还是现在，无论中国还是世界各地，无论传统社会还是现代社会，这些都是道德哲学家或伦理学家的基本思想。亚里士多德说，道德意义上的公正优于法律的公正，是对法律由于其一般性而带来缺陷的公正的纠正。① 富勒说，法律既要符合指向实体目标的外在道德又要符合决定程序正当性的内在道德。② 德沃金说，当律师和法官在争论法律是什么时，实际上是在争论法律应该是什么，他们的意见不一实际上是关于忠实道德的问题而不是所谓的法律问题。③ 不难发现，他们从普遍主义角度定义道德与法律的关系。尽管社会生活中的道德规范多种多样，道德本身就是一个层次分明的规范体系，但是总会存在着维系社会正常秩序的基本道德。基本道德表现为不同阶级或阶层的道德共识或社会主导道德。因此，他们在定义道德与法律的关系时，道德并非指一切道德类型，而是特指社会基本道德。他们注重考察法律规范内容的本质即"为什么"的问题，不但认为道德是法律的基础，即"道德律宣称应当是什么……法律也无疑是表现着应当是什么"；④ 而且认为道德是判断法律是否合理有效的最终依据，即"道德始终是合法性的基础"。⑤ 因此，法律必须同道德一致，并且只

---

① 参见［古希腊］亚里士多德《尼各马可伦理学》，廖申白译，商务印书馆2003年版，第160—161页。
② 参见［美］富勒《法律的道德性》，郑戈译，商务印书馆2005年版，第112—138页。
③ 参见［美］德沃金《法律帝国》，李常青译，中国大百科全书出版社1996年版，第7页。
④ ［德］包尔生：《伦理学体系》，何怀宏等译，中国社会科学出版社1988年版，第18。
⑤ ［德］哈贝马斯：《合法化危机》，刘北成等译，上海人民出版社2000年版，第113页。

有同道德一致的法律才有效力，即良法才是法。法律应当是以法律形式存在的道德，合法的行为应当是合乎道德的行为，违法的行为也应当是违反道德的行为。反之，同道德不一致的法律不应视作法律，虽具法律形式但不具有法律效力，即恶法非法。

包容说也是西方自然法学派的基本思想。尽管自然法一出现就被滥用，并且其含义也沾染了历史道德的不确定性，① 但自然法就是社会基本道德、自然法思想绵延不绝是西方法律思想史的一个重大特征。19世纪以前，西方自然法思想相继经历了古希腊罗马的自然主义自然法、中世纪的基督教神学自然法和近代的理性主义自然法（或古典自然法）三种理论形态。19世纪，由于受到历史法学、哲理法学和实证主义法学的质疑，自然法思想一度衰落。到19世纪末自然法思想开始复兴，但真正复兴是在二战以后，这时形成的自然法思想就是新自然法学。传统自然法学致力于制定永恒的自然法典，为所有的社会行为提供缜密的绝对正确的实体规范，但自然法毕竟不是自然律，由于受到种种不同的解释而变得过于模糊不清。② 德国新康德主义法学家施塔姆勒认为，永远正义的法律是不存在的，随着环境的变化正义也会演变成不正义，应当建立"内容可变的自然法"。③ 而新自然法学家，如德国的拉德勃鲁赫、美国的富勒、英国的菲尼斯等，不再主张用确定的实体规范而是转向通过某种特定程序或形式标准来评判复杂多样的实在法，也不再将实在法的合法性建立在人人应该遵循的那些原始规则之上，而是将其建立在一套推导出的或派生的规则之上。④ 这种新自然法又被称作程序自然法，实际上它是指存在于现有

---

① 据沃尔夫统计，拉丁文 naturale（自然）一词有17种意思，而 jus（法律）有15种意思，两词的不同排列又会产生自然法的255种含义。参见 Brian Tierney《自然权利思想》Atlanta, Scholars Press, 1997。转引自 [英] 科斯塔斯·杜兹纳《人权的终结》，郭春发译，江苏人民出版社2002年版，第23页。

② William A. Banner, Origin and the Tradition of Natural Law Concepts, *Dumbarton Oaks Papers*, Vol. 8 (1954), p. 51.

③ Isaac Husik, The Legal Philosophy of Rudolph Stammler, *Columbia Law Review*, Vol. 24, No. 4 (Apr., 1924), pp. 387-388.

④ Tim Kaye, Natural Law Theory and Legal Positivism: Two Sides of the Same Practical Coin? *Journal of Law and Society*, Vol. 14, No. 3 (Autumn, 1987), p. 314.

法律内的或通过法律表现的基本道德规范，以一种宪法原则或"正当程序条款"①的形式出现，作为评判各种层次实在法合理性的根本标准。在当代西方，自然法学说仍旧是一种主流法律观念，但其理论重心由政治哲学进入了法律哲学、认识路径由科学主义思维转向了价值合理性判断、基本规范从实体目标转向了程序方法以及效力由直接规范性转向了间接导向性。②正是通过这些方面的创新，传统自然法理论获得了新的生命力，能够继续为社会制度变革提供思想理论资源和动力。

虽然不同时期、不同倾向的哲学家和法学家对自然法的性质以及其与实在法的关系有各种解释，但西方大体上在两种意义上使用"自然法"概念。一种是绝对的主张，认为自然法是任何政治社会中法律本质内涵的最终道德检验标准。一些哲学家和神学家强调，自然法应被奉为所有人类社会的终极法，包括宪法在内的任何人定法在与这一根本的道德或神授法相冲突时都是无效的，因而都不是法律。另一种是不同的但在当代流行的观点，它是解释性的而不是绝对意义上的，它并不认为非道德的法律是无效的，而是主张抽象的、含糊的或非确定的法，包括宪法的抽象条款，应该在语言表述允许的范围内被解释，从而使它们与自然法的规范所假设的人们应该具有的道德权利相一致。③但不论在哪种意义上使用，所谓自然法都是指一定时期人们共有的基本道德，是与终极价值紧密相连的"法上之法"。自然法赋予人们根本的道德权利和义务，是评判社会行为和国家实在法是否合法的终极标准。

包容说强调法律的实质正义即法律在道德上的合理性，重视主体的价值和利益的实现和保护，但是忽视了法律形式正义的重要性和必要性，过分强调实质正义会破坏或难以建立正常的社会秩序。如果法

---

① [美]伯尔曼：《法律与革命——西方法律传统的形成》，贺卫方等译，中国大百科全书出版社1993年版，第308页。
② 申建林：《西方自然法学理论的当代走向分析》，载《环球法律评论》2007年第3期。
③ 参见[美]德沃金《自由的法：对美国宪法的道德解读》，刘丽君译，上海人民出版社2001年版，第446—447页。

律是良法，人们在遵守法律的同时也就遵守了道德，法律与道德是一致的。如果法律是恶法，就产生了合法不合理（合乎法律但不合乎道德）或合理不合法（合乎道德但不合乎法律）的非常情形，导致道德与法律之间的冲突。依据包容说，前者非法而后者合法，此时人们应当遵守道德而不应当遵守法律。但实际上这是不可行的，因为在接近完全实质正义的民主法治社会里（现实中不可能存在完全实质正义的社会），公民通常有一种服从不正义制度的法律义务，每个人都有支持和服从那些现存正义制度以及代价不是很大时帮助建立这种正义制度的自然义务。① 也就是说，公民负有作为公民资格的基本义务，即不把社会安排的缺陷当作一种不服从它们的现成借口，也不利用制度中的漏洞来为自己谋利。只要不正义的制度不超过一定限度，公民维持正义制度的自然义务就约束公民服从它们，只有超过一定限度才为公民不服从提供了可能性。另外，法律具有规范社会行为的现实能力，而道德未必就具有这种现实能力。即使存在的法律不符合实质正义，前后一致地实施它也比反复无常好，因为人们知道它要求的是什么就可以尝试着保护自己而免受任意专横的对待。反之，如果直接将道德作为社会行为的准则，道德的多样性以及道德见解的不确定性就会使人们陷入没完没了的争论之中，很难保证会在全社会中形成有机统一的社会秩序，人们的生活将无法安宁。

（二）无涉

无涉说是一种法律至上观念，着重社会秩序而非主体价值，强调法律对建构或维护社会正常秩序的重要意义以及形式正义的强大效率。这主要是分析实证主义法学②的基本思想，在法学界影响深远。

---

① 参见［美］罗尔斯《正义论》，何怀宏等译，中国社会科学出版社1988年版，第333—363、383页。
② 实证主义强调以研究事实为依据，如果该事实是实在法律，就属于分析实证主义法学；如果是指法律以外的其他社会因素，就属于社会实证主义法学。但现代所讲的实证主义法学通常仅指分析实证主义法学。不论何种外在因素，都是强调有别于主观的客观因素的重要性和合理性。参见沈宗灵《现代西方法理学》，北京大学出版社1994年版，第143页。

分析实证主义法学从科学主义角度定义道德与法律的关系，反对形而上学的哲学思辨和对道德价值的最终诉求，注重考察法律规范的形式事实即"是什么"的问题：（1）不同于自然法思想的道德法，它完全以经验的态度看待法律，认为只有国家确立的实在法才是法律，无论道德认同与否法律都能独立存在，二者之间没有必然联系，也就是"法外无法"。正义就是合乎国家制定的法律（legality），① 所谓不道德的法律只要依法制定就是法律，就具有法律效力，即恶法亦法。（2）它以某种特定的实在法为出发点，主要通过归纳的方法从中提炼出一些基本观点、概念和特性，并将它们与其他实在法中的基本观点、概念和特性进行比较，用以确定某些共同的因素。在此基础上，通过剖析法律术语、探究法律命题在逻辑上的相互关系，使法理学成为一门分析实在法律制度的科学。

19世纪奥斯丁创立了分析实证主义法学，第一次明确区分了自然法与实在法，认为"法理学的对象，是实际存在的由人制定的法，亦即我们径直而且严格地使用'法'一词所指称的规则，或者，是政治优势者对政治劣势者制定的法"。② 这意味着法理学由哲学转变为科学，其研究重心也由本质和意义转向为现象和事实。凯尔森的纯粹法学理论是二战前分析实证主义法学的主流学说。纯粹法学作为一门科学，以法律现实作为研究对象。法律现实是指法律规范或作为这种规范整体的法律秩序，它规定人们应当如何行为，这是一种规范和服从关系。纯粹法学和包含正义、自然法的道德理论的区别是，前者研究"实际上是这样的法律"（the law as it is），后者研究"应当是这样的法律"（the law as it ought to be）。二者是根本对立的，前者是科学，后者是政治意识形态。③ 哈特的新分析实证主义法学理论则反映了二战后时代发展的要求。他认为奥斯丁对法律的定义过于简单，不适合

---

① 参见［美］博登海默《法理学：法律哲学与法律方法》，邓正来译，中国政法大学出版社2004年版，第117页。
② ［英］奥斯丁：《法理学的范围》，刘星译，中国法制出版社2002年版，第13页。
③ 参见［奥］凯尔森《法和国家的一般理论》，沈宗灵译，中国大百科全书出版社1996年版，第183—200页。

复杂的法律制度，以致人们常常错误地将奥斯丁的法律命令说同法律实证主义混为一谈。他认为法律制度的中心或法理学的关键问题在于主要规则和次要规则（primary and secondary rules）的结合，主要规则设定义务，即要求人们从事或不从事某种行为而不管他们愿意与否；次要规则授予权力，即公权力或私权力。在某种意义上，次要规则依附或辅助主要规则，因为根据次要规则，人们可以引进新的主要规则，或修改、取消原有的主要规则，或决定主要规则的范围或控制其实施。他认为任何法律都会受到一定社会集团或个人的道德观念的影响，但不能据此说一个法律制度必须符合某种道德或正义，或一个法律制度必须依靠服从法律的道德义务，或一定法律制度的法律效力的根据必须包括某种道德或正义原则，法律和道德虽有联系但不是必然的联系。① 今天分析实证主义法学仍旧坚持哈特的基本思想，认为法律反映道德要求是事实但并非必然真理，法律系统本身可以自洽，可以自证存在的合理性。

分析实证主义法学理论的生成与传承，大致可归结为两方面的原因。首先，法律的形式正义事实是分析法学存在的社会基础。进入近代以来，法律在社会生活中发挥越来越大的作用，逐步超越道德和宗教成为社会主要控制手段。② 经过 14 至 15 世纪的文艺复兴、16 世纪的宗教改革、17 至 18 世纪的启蒙运动以及贯穿其中的资产阶级革命，西方资本主义国家相继进入法治社会，法律在国家中具有至高地位。韦伯在考察西方历史后认为，资本主义法治是一个高度形式合理化和富有效率的进步制度，体现的是形式正义。③ 法律针对抽象行为而非具体行为，类似情况类似处理，不同情况不同对待。法律不考虑处理问题的实际后果，法律面前一律平等。法律适用可以不受政治、经

---

① 参见［英］哈特《法律的概念》，张文显等译，中国大百科全书出版社 1996 年版，第 27、83、181—195 页。
② 参见［美］庞德《通过法律的社会控制》，沈宗灵译，商务印书馆 1984 年版，第 55 页。
③ 参见［德］韦伯《经济与社会》（上），林荣远译，商务印书馆 1997 年版，第 241—251 页。

济、文化、道德、宗教、舆论等其他社会因素的干扰，即使考虑这些因素也得以法律的名义，法律成了法律人的专有事业和一个相对独立的共同体。法律不但是处理社会问题的最终依据，而且似乎一切问题都可以纳入法律管辖。法律的这种形式正义是一种规则性的正义，相对而言道德上的实质正义因不能法典化为一种规则体系而难以掌握，即使所有关于实质正义的道德评判都是广泛共享的，它还是主观的。① 或者说形式正义是客观存在的事实，实质正义因取决于价值判断而是纯粹主观的行为。②

其次，实证主义思想渗透到法律科学，导致法理学研究方法上的革命。19世纪中叶出现的实证主义作为一种科学态度，否弃了哲学、社会科学和自然科学中一切假设性建构，仅仅关注经验性的考察与事实的联系。它反对先验思辨和玄虚精神，主张通过自然科学使用的观察经验事实与感觉材料的实证方法分析问题，并把学术工作限制在分析"给定事实"的范围之内，拒绝超出认知现象的范围，否认理解事物"本质"的可能性。因此，一些法学家期望用自然科学的实证方法取代先验假设，尽量准确地描绘作为社会事实存在的法律规范的客观图景。为了强调法律的形式正义，分析实证主义法学人为地把法律当作封闭的东西，将所有的评价标准和意识形态因素、一切外部因素和非法律因素从法律中排除出去，建立区别于哲学与其他社会科学的法律科学。

如果"科学"意味着法律可以通过试验来证实，通过归纳而发现，或像几何学或生物学那样互相推断出来，显然法学不是科学。③ 首先，作为客观事实，法律的确是科学的研究对象。但不同于自然现象的精确和可重复性，法律是一种复杂多样的社会现象，涉及诸多难

---

① 参见〔美〕昂格尔《现代社会中的法律》，吴玉章等译，译林出版社2001年版，第198页。
② 参见〔英〕莱斯诺夫《二十世纪的政治哲学家》，冯克利译，商务印书馆2001年版，第22页。
③ 参见〔美〕弗里德曼《法律制度——从社会科学角度观察》，李琼英等译，中国政法大学出版社1994年版，第12—13页。

以确定的社会因素,不可能精确也更不可能被重复,因此法律不适合作为科学的研究对象。

其次,虽然法律特定的语言和形式符合科学要求,但作为经验性命题,它总是要反映一定条件下的社会现象,对法律命题逻辑结构的分析实际上离不开对给定条件下社会事实的认识。哈特的同事奥斯丁认为,我们"不是仅仅看到词……而且看到这些词所讲的现实。我们正在用加深对词的认识来加深我们对现象的认识"。① 伯尔曼认为,法律不是作为一种规则体而是作为一个过程和一种事业,它只有在制度、程序、价值和思想方式的具体关系中才具有意义。② 拉兹认为,法官对法律义务的陈述必然也是对道德义务的陈述,即使宣称一些法律义务是由不承认道德义务约束力的人所制定的那些法官也是如此,因为他在说二者没有关联时已经思考了二者的联系,因此他在断言关于法律义务的命题时实际上也是在断言关于顺从的道德义务。③

再次,正义越是屈从于法律的形式逻辑,法律与一般公民的正义感之间的差距也就越大。在他们看来,法律不过是国家或一部分人的工具而已,并不能保护自己的权益,于是法律也就失去了合法性并背离了实质正义的目标。法律的形式正义固然重要,但同时也是立法者和统治者绝对权威的体现,不能排除他们通过法律形式把自己的意志强加给社会大众,其实这样"强奸民意"的现象在现实生活中比比皆是。正是由于分析实证主义法学有益于当权者的统治和社会治理,加之法治社会中法律权威高于道德正义、法律工作更多地表现为技术性职业以及法律人享有一般公民不具备的法律知识特权是一个普遍事实,分析实证主义法学在当代是有着广阔市场的主流法律理论。

---

① [英]哈特:《法律的概念》,英国 Clarendon 出版社 1972 年版,前言和第 14 页,转引自沈宗灵《现代西方法理学》,北京大学出版社 1992 年版,第 185 页。
② 参见[美]伯尔曼《法律与革命——西方法律传统的形成》,贺卫方等译,中国大百科全书出版社 1993 年版,第 13、665 页。
③ Matthew H. Kramer, Requirements, Reasons, and Raz: Legal Positivism and Legal Duties, *Ethics*, Vol. 109, No. 2 (Jan., 1999), The University of Chicago Press, p. 375.

（三）交叉

虽然道德是社会规范的基础，但人类社会发展至今，社会规范已经生成为一个复杂的规范体系，道德只是其中的一种而已。如果把其他社会规范都简化为道德不但不符合社会实际而且违背了社会规范演变的历史规律，因此不能低估或否定其他形式社会规范的作用。自从社会发展到国家状态后，道德和法律就是一个国家的基本规范。道德和法律虽然各自有着相对独立的体系，但二者有重合也有分歧。譬如，道德和法律都反对偷盗、抢劫、投毒等犯罪行为，有些国家法律规定在公共场所随地吐痰要罚款比人们的道德谴责要严厉得多，通奸在许多国家被道德所反对法律却不禁止，扶危救困是道德义务却并非法律义务，等等。由此可知，经验世界中的道德与法律既不包容也不无涉，而是交叉在一起，有同有异，相辅相成。交叉说就是基于道德与法律关系的社会事实而作出的一种事实判断。

迄今为止国家秩序可分为人治和法治两种基本形态。人治是统治者的统治，统治者的权力和意志可以超越或凌驾于法律之上，统治者在国家中具有至高地位。而法治是法律的统治，法律具有至高地位，人人应当遵守法律，统治者必须依法活动。虽然法治的思想同国家和法律一样源远流长，但法治成为现实是近代以后的事，之前国家则以人治的社会秩序形态存在。统治者的意志并非个别意志而是整体意志，在社会中表现为主流意识形态的道德观和法律观，也可能以道德规范或法律规范的形式出现，对被统治者和统治者都有约束力。由于有着人类共同的需要，统治阶级的意志也要反映被统治阶级的相同意志。但在传统社会，统治者是特权阶层，主导道德和法律更多体现了他们的利益，被统治阶级的基本利益有时都得不到保障。由于统治阶级控制社会话语权，统治者随时随地都可能践踏道德或法律，侵犯被统治者利益。即使存在着关乎社会解体和国家政权更替的基本制度，并且个别地方或社会部分领域道德或法律的作用还非常明显，道德和法律也都没有权威，更不应说它们之间的地位高低，解决不同道德、不同法律以及道德与法律之间冲突最终都取决于统治者的决断。

人类进入文明社会以后，在任何一个国家中，人们的利益和价值之间既有共同性又有差异性，这种差异性不但涵盖经济、政治、文化、信仰、习俗等各个方面，而且还处在相互竞争的状态之中。① 这种状况表明，任何国家都存在理性多元的社会成分，只是在人治国家由于统治者享有特权而得不到尊重。而在法治国家，法律赋予人们平等的公民资格和基本权利，不存在一部分人高于另一部分人，每种利益或价值只要不危害其他利益或价值的存在都能得到法律的尊重。因此，法治不过是对这种理性多元事实的认可，其核心思想是法律对公共权力的控制。② 理性多元并非简单指任何国家都存在的多个利益群体，而是指不同利益群体之间平等包容性、结构开放性以及价值评价非单一性。在该意义上，理性多元国家是一个完全不同于过去的现代国家概念，"历史地看，单纯的多元主义（指这个观念，而不是最近才出现的这个词），是在16和17世纪蹂躏欧洲的宗教战争之后，随着对宽容的逐渐接受而出现的。……多元主义以宽容为前提，……多元主义坚持这样的信念：多样性和异见都是价值，它们使个人以及他们的政体和社会变得丰富多彩"。③ 法治首先在西方资本主义国家产生，随着经济、政治、军事和文化等往来，西方法治的思想和制度相继传播到了世界各地，带动了全世界走向现代社会。

无论国家处在人治阶段还是法治阶段，都存在着宗教、道德、习俗、法律等多种制度形式，它们对社会都有一定的整合作用。但法治国家是一个理性多元的政治社会，这就内在设定了：第一，社会中存在多元合理的价值体系，它们之间无高低优劣之分，所有存在者都是平等的；第二，人们以一种理性的态度在经验生活中彼此商谈、交流，构建起主体间的平等的公民关系，拥有平等的基本权利，并且对

---

① Richard C. Sinopoli, Liberalism and Contested Conceptions of the Good: The Limits of Neutrality, *The Journal of Politics*, Vol. 55, No. 3 (Aug., 1993), Southern Political Science Association, pp. 644–645.
② 参见吴玉章《法治的层次》，清华大学出版社2002年版，第4页。
③ [美]萨托利：《民主：多元与宽容》，冯克利译，《直接民主与间接民主》，三联书店1998年版，第53页。

社会的基本制度和基本问题能达成共识;① 第三，法律是公民在经验世界中通过商谈达成共识的基础上形成的社会行为准则。法律在本质上是一种自律共识，却以客观的他律方式出现，受国家权力保护，每个公民都必须遵守。因此，法治国家社会的整合首先应是法律整合，它关注公民的行为合法性而不是他们的思想道德，法律将社会统一协调为一个有序存在的结构形态。

法律有基本制度和非基本制度之分。表现为宪法或宪法性法律的基本制度是法律的核心部分，具有质的规定性，决定了国家结构类型和公民基本权利。基本制度并不是先在于人的，但它一经形成之后却先在于每个具体公民，它是每个公民的现实生活世界。这里并不是没有冲突，只是因为有被大家认同的解决冲突的规则，冲突不再像以前那样成为社会破坏力量，而是彼此双方在冲突中共存共长，推动社会良性发展。法律对社会的整合首先是基本制度的整合，正是基本制度决定了一个国家的总体特征，从根本上保障公民的基本权利，保持社会行为方式的一贯性与社会秩序的稳定性。表现为各种具体法律的非基本制度则是依据基本制度和特定程序在一定条件下衍生出来的，具有更多的技术性和工具性特征。一方面，作为基本制度的具体形式，非基本制度使基本制度可实证化、可操作化。另一方面，作为各种事实的行为规范，非基本制度在行为层面整合复杂多样的社会生活。基本制度与非基本制度统一对社会整合，就构成了法治秩序。

法律即使未得到绝大多数公民认可，依靠国家权力仍旧可以实现法律整合。由于法律是公民在经验世界中通过理性商谈达成的共识，法律整合就隐含着对法律的道德认同或接受。认同是一种基于内在价值肯定基础之上的主动肯认，而接受则是一种消极接纳，接受可以不认同，但出于理性思考后循法而为。

公民对基本制度大多是道德认同，使得公民在整个生活中保持一种人格上的完整性和行为上的一贯性。但不能误以为这是公民对一种

---

① 参见［德］哈贝马斯《在事实与规范之间》，童世骏译，三联书店 2003 年版，第 144—159 页。

价值体系的认同，也不能否定公民与自己既有终极价值的渊源。甚至可能会出现这样的情形，现实生活中的公民不断修正乃至改变既有的价值观念，譬如宗教信仰的变化，即便如此他也不会改变自己对基本制度的道德认同，因为对基本制度的认同是建构社会秩序的思想基础，是一切公民生存和发展的必要条件。公民对非基本制度大多是接受而非认同，这种态度在逻辑与实践两个层面上均与公民在经验世界中学习积累相一致，是公民出于尊重法律的自觉理性行为。

法治秩序的形成，外在表现为法律整合，内在表现为道德整合，二者密不可分。但这并不意味着道德优先于法律、道德整合优先于法律整合。由于历史上总是充满"没有尽头的"或"无法解决的"道德理论的争执，[①] 如果简单地直接将道德规范作为社会生活的准则，就会陷入道德政治的泥坑。唯有通过法律整合，一个基本公正的法治社会秩序才能最终形成。

任何法律都存在形式正义与实质正义冲突的可能，这是因为：第一，法律和道德的发展不一定同步。任何法律都是对道德价值的反映，是否反映道德价值是法律具有实质合理性的依据。由于道德价值总在不断变化之中，法律的形成有法定程序的要求，因此难以及时反映道德价值的变化。另外，法律一旦形成后就不能朝令夕改，这是对法律形式的基本要求，否则人们将无所适从，同样法律不能随道德价值的变化而变化。第二，法律相对于现实的抽象性。现实生活丰富多彩，法律无论怎样具体都只能是原则性的，即使采取枚举方式也不可能穷尽一切社会现象，它的具体实践有待于具体情况具体对待，这是法律无法克服的内在缺陷。第三，法律系统的纠偏功能有限。法律自身就是一个有机结合的系统，该系统可以自我调整和克服缺陷，如法律的制定、修改、废除、终止等，但这种制度设置的功能是有限的，不可能避免所有的非实质正义，即使能避免也不可能及时，也就是日常所说的"迟来的正义就是非正义"。

---

① 参见［美］霍尔姆斯《反自由主义剖析》，曦中等译，中国社会科学出版社2002年版，第150页。

在法治国家，人们在基本制度上存在着共识，或者说基本制度就是人们共识的体现，法律缺陷主要表现在调整日常生活的非基本制度方面。针对非基本制度方面的缺陷，不应采取价值预设的包容说或无涉说，而是要以道德与法律交叉的事实为出发点，首先在法律体制内纠正这些缺陷。如果合法方式穷尽仍旧无效，公民还可以通过非暴力不服从形式迫使国家纠正。但这是在忠诚法律范围内对法律的不服从，这种忠诚通过公开、和平以及自愿承担违法的后果来体现，以区别于革命和违法犯罪行为。西方国家的实践证明，公民不服从非但不会影响法律的至高地位，而且还是克服法律缺陷的有益方式和有效途径。[1] 当然也不排除社会基本价值的变化导致某些基本制度的缺陷。如果出现该情形，在未修正前，任何组织或个人不得以任何理由违背它们。不遵守有缺陷的基本制度在理论上说得通，但实践中不可行，因为这将动摇法治的根基，法律将没有任何尊严和权威可言。一旦法治的底线被打破，法律最终就会沦为权力的婢女，公民的基本权利就难以逃脱被权力践踏的悲惨境地。遵守有缺陷的基本制度非但不会阻碍法治的发展，反而是法治社会能够真正生成的内在要求。

综上所述，包容说过分强调道德上的实质正义，无涉说过分注重法律上的形式正义，虽然各自言之有理但均没能全面反映社会现实，片面性显而易见。而交叉说则从道德与法律关系的本体出发，针对实质正义与形式正义的冲突不预设立场，只是基于实践理性进行逻辑分析，所作判断更切实际。因此，关于道德与法律的关系，交叉说具有更强的合理性，反映了经验世界中道德与法律的真实关系。

---

[1] Rex Martin, Civil disobedience, *Ethics*, Vol. 80, No. 2 (Jan., 1970), The University of Chicago Press, pp. 123-126.

第三章　制度中的人性

社会制度是国家权力的形式渊源。确立合理的制度是人们的共同追求。合理的制度是指制度本身的合理性，它既不是指制度产生的原因也不是指制度的合理结果。制度产生的原因来自社会，而制度的合理性虽与此相关但不仅于此。制度的合理结果是合理制度的应有功能但不是制度合理性本身，人们往往能在历史和现实中发现一些不合理的制度，但它们产生的社会后果却具有某些合理性。制度是社会对社会行为作出的价值判断，是关于社会行为应该如何的规范。[①] 制度合理性是指规范内容合乎道理，它们为什么是这样而不是那样的规定具有令人信服的理由。制度与社会其他部分相互关联，自身又是一个庞大体系，影响制度合理性的因素很多。

人类社会的一切存在都是人的社会行为的产物。社会行为是人为满足自身需要对社会作出具有利害效用的活动，涵盖所有的社会生活。对社会行为的认识，主要有两种视角。一种是从外在的后果或者社会功利的角度，通过社会行为对社会的利害效用来评判社会行为的合理性，如社会分析、经济分析、历史分析等。另一种是从内在的原因或者人性的角度，通过社会行为的发生机理来认识社会行为的本质，如哲学分析、伦理分析、心理分析等。它们之间不是截然分开的，而是你中有我，我中有你。一般而言，前者往往着重社会对人的

---

① 制度是各种社会规范的总和，可分为成文制度和非成文制度。成文制度是指由各种社会组织制定或认可并有明确表现形式的文字规范，如法律、规章、政策、章程等。非成文制度是指在社会发展中自发形成且无明确表现形式的非文字规范，如风俗、习惯、惯例、宗教、道德等。非文字规范可以被某些社会组织转变为文字规范。道德是一切形式社会规范的基础，因为所有社会规范都是社会对社会行为的价值判断，在本质上都属于道德范畴，只是由于其他因素而具有道德规范没有的特性就叫作其他社会规范。

价值，会更多地强调社会的意义，倾向"以社会为本"。后者着重的是人对社会的价值，更多地强调人是目的，倾向"以人为本"。但这也不是绝对的，有时正好相反，因此要具体情况具体分析。

人类社会的所有现象都是人性的反映，人性是影响制度合理性的重要因素。休谟说："一切科学对于人性总是或多或少地有些关系，任何学科不论似乎与人性离得多远，它们总是会通过这样或那样的途径回到人性"，①"一旦被掌握了人性以后，我们在其他各方面就有希望轻而易举地取得胜利了"。② 当一个制度符合人性时，人们就会认同或遵守它；而不符合人性时，人们要么违背人性顺从外在的强制，要么按照符合人性的潜规则作为或不作为。人性的意义不言而喻。人性，顾名思义，是指人的属性，即依附人身的各种性质与关系，可分为自然的和社会的、精神的和物质的、内向的和外向的、善的和恶的等属性，既有人特有的也有与他者共有的属性。人性内容丰富、层次众多，历史上出现过诸多学说观点，③ 至今仍旧意见纷呈。

社会行为的利害效用，既有单向的利己、利他、害己或害他，也有双向的利己害他、利他害己、己他两利或己他两害，它们都是人性的外化。对社会行为中人性的研究，由于标准不一虽有各种分类，但大致可归为利己主义、利他主义或己他两利主义三大基本类型。只有坏的制度可以罔顾人性随意制定，好的制度应当因势利导，彰显人性善的一面，抑制人性恶的一面，协调人的身与心、人与社会、人与自然的关系，促进人的全面发展、社会进步和生态优化。制度规定是对社会行为中人性认识的反映，不同的人性认识就有不同的制度规定。何种人性认识最符合人性实际，何种制度规定就最具合理性。

---

① ［英］休谟：《人性论》（上），关文运译，商务印书馆1980年版，第6页。
② 同上书，第7页。
③ 参见李寿初《我国古代人性思想渊源考》，《中国社会科学院研究生院学报》2008年第6期。

一 利己主义

俗语"人不为己，天诛地灭"经常遭到批评却不无道理，因为存在总有存在的理由，否则它就不会存在。至少它表明利己是人的本性。自私是利己的一般表现，一个人只顾自己利益，甚至为了自己利益不惜损害他人利益，于是有人认为利己就是自私。但利己远非自私这么简单，它是人性的基础和根本。人们主要从心理或伦理道德角度谈论利己人性。① 心理利己主义认为，人既有只为自己的内在欲望，也有帮助他人的外在欲望，其中内在欲望就是利己欲望，满足内在欲望的行为就是利己行为。这是对利己人性事实的一种客观描述。规范利己主义（或伦理利己主义）认为，如果人的行为目的最终是为了增进自身各种精神或物质的利益，那么该行为就是利己行为。这是社会对利己人性事实的道德价值判断。现实生活中利己行为样式错综复杂，有些会以损害他人利益为代价，有些会与他人利益有冲突，有些则与他人利益无关，有些并非能增加自身利益，可谓不一而足。

利己是人的生存发展本能的真实反映，人只有首先满足生物学意义上的基本需求，才可能实现其他更高形式的愿望，利己是应该的而且是正当的。包尔生说："个人利益是行为的唯一目的，不仅是允许的，而且在道德上是必须的。"② 彼彻姆说："一切选择都以或应该以利己为唯一目的，利己是每个人行为的唯一目的而且也是唯一的道德义务。"③ 其实，任何一种利己行为都存在心理和道德问题。因此，任何一种利己主义同时是关于利己行为的心理学说或道德理论，正如贝

---

① Jan Österberg, Self and Others: *A study of Ethical Egoism*, Kluwer Academic Publishers, Norwell, MA, 1988, pp.2-5.

② Friedrich Paulsen, *A System of Ethics*, Translated by Frank Thilly, Charles Scribner's Sons, New York, 1899, p.379.

③ Tom L. Beauchamp, *Philosophical Ethics-- An Introduction to Moral Philosophy*, McGraw-Hill Book Company, New York, 1982, p.86.

克所说："利己主义表现为心理或规范形式。心理利己主义认为人的本性是利己的，也就是从本性上而言人只追求自己的利益。规范利己主义认为从道德上而言人应该追求自己的利益。"① 心理利己主义和规范利己主义是对利己行为结构中不同方面的反映，心理利己主义只描述人性事实，而规范利己主义要对人性作出道德评价。

行为目的和行为手段是行为构成要件，也是道德评价对象。行为目的和行为手段有利己、利他、害己、害他、己他两利或己他两害等类型。规范利己主义认为，一切行为无论如何表现目的皆是利己，"一般地只须稍加留意那些表现为大公无私的行为和情感，我们便可以看到，它们的基础依然是那种关于个人利益、个人快乐、个人福利的思想。"② 这是混淆了行为原动力和行为目的。一切行为都受主体意识支配，都是主体权衡利害得失后的决定，在该意义上而言一切行为原动力都是利己。行为目的是每个具体行为的直接目标，可以利己、利他、害己、害他、己他两利或己他两害，存在多种选择，利己非唯一选项。一切行为目的利己是不符合人性事实的错误判断，但这是所有宣称规范利己主义的共同观点。规范利己主义内部的分歧主要在于行为手段，根据行为手段的不同又可分为合理利己主义和个人主义两个分支。如果主张依靠社会而反对通过个人，提倡为己利他，就是合理利己主义；如果主张依靠个人而反对通过社会，提倡个人自由或自我实现，就叫作个人主义。③

首先合理利己主义误将行为原动力当作行为目的。车尔尼雪夫斯基举例说："分析一下下面这种情况：为了侍候需要照顾的另一个人而放弃一切享乐、放弃支配自己时间的自由的那种人的忠诚。整整几个星期周旋在病友床前的朋友所做的牺牲，比他把自己的全部钱财都给了这位病友还要大得多。他为什么会作出这样巨大的牺牲呢？是因为什么感情他才这样做的呢？他是为了自己的友情才牺牲自己的时间

---

① Lawrence C. Becker, *Encyclopedia of Ethics Volume II*, Garland Publishing Inc., New York, 1992, p.296.
② 北京大学哲学系编译《十八——十九世纪俄国哲学》，商务印书馆1987年版，第366页。
③ 参见王海明《人性论》，商务印书馆2005年版，第399—400页。

和自己的自由。我们特别提出,是为了自己的感情。这种感情在他身上发展到了很强烈的程度,这种感情一旦得到满足,他便得到比从任何别的欢乐和自由中所得到的更大的快乐;如果这种感情遭到破坏,如果这种感情得不到满足,他所感到的不快将甚于其他一切需要得不到满足而招致的不快。……怎样做更愉快,人就怎样做,他的出发点是放弃较小的利益或较小的满足,以获得较大的利益或较大的满足。"① 车尔尼雪夫斯基的举例,只是表明行为原动力利己,这是一切行为发生的根本原因。行为目的是行为的直接原因,可以利己也可以利他。二者相互关联但不可等而视之。

其次合理利己主义误信行为手段只能利他。爱尔维修说:"社会使全体公民拥有使自己成为自己力所能及的那样幸福的人所必需的手段。"② 霍尔巴赫说:"社会对于人的幸福是有益的和必需的;人不能独自使自己幸福;一个软弱而又充满各种需要的生物,在任何时刻都需要它自己所不能提供的援助。只有靠它的同类的帮助,它才能抵御命运的打击,才能减轻它不得不尝到的肉体上的苦难。依靠别人的鼓励和支持,人的技巧才能得以发挥,人的理性才能得以发扬……总之,像人们说过的那样,人乃是自然中对人最有益的东西。"③ 费尔巴哈说:"人就是人的上帝。在他看来,他之所以能够存在着,应归功于自然,而他之所以能够是人,却应归功于人。没有了别的人,正如他在形体上一无所能一样,在精神上也是一无所能的。"④ 人是社会动物,和他人群居在一起,但他人对自己并非一直助益,有时也会伤害。人人都是善恶结合体,只是有些人善多有些人恶多,现实中不存在纯粹的善人或恶人。人类社会更是从来不完美,人人得到过社会的好处,也得到过坏处。

合理利己主义不但对人性认识片面,而且对道德认识也不全面。它认为道德与个人无关,只是社会的产物。霍尔巴赫说:"公益乃是

---

① 北京大学哲学系编译《十八——十九世纪俄国哲学》,商务印书馆1987年版,第366页。
② 《普列汉诺夫哲学著作选》第2卷,刘若水译,三联书店1960年版,第95页。
③ 北京大学哲学系编译《十八世纪法国哲学》,商务印书馆1957年版,第537页。
④ 《费尔巴哈哲学著作选》上卷,上海三联书店1962年版,第573页。

美德的目的。"① 它认为个人需要只是道德的基础和前提而不是道德目的。费尔巴哈说:"自己的幸福自然不是道德的目的和终结,但它是道德的基础及其前提条件。"② 它认为只有有利于社会的才是道德的,也只有损害社会的才是不道德的。爱尔维修说:"公共的好处是人类行为的善的标准。"③ 社会需要才产生道德无可非议,但社会不是抽象的形式,而是由个人组成的各种层次的共同体,社会需要就是诸多共同体的需要,最终都源于每个人的需要,社会需要和个人需要是统一的。道德目的是保障社会的存在和发展,而社会的存在和发展的目的是保障每个人的存在和发展,前者是道德的直接目的,后者是道德的间接目的也是终极目的。合理利己主义只承认直接目的而否认终极目的是错误的,因为它割裂了二者的必然联系,抹杀了人和社会的真实关系。

社会行为是人和社会联系的纽带。不同行为目的和手段的组合导致多种类型社会行为,人的社会生活才显得丰富多彩。合理利己主义然不顾人性多样和行为多种的基本事实,错误认为一切行为目的利己和唯有利他手段合理。社会行为对人和社会产生利害效应,需要制度调整以满足人和社会的需要,这是一切制度产生的根源。道德是社会的基本制度,伴随社会发展始终,社会其他制度最终来源或派生于道德。合理利己主义又错误地以为道德只与社会相关而与个人无关,既否定纯粹利他的道德原则,又否定纯粹利己的道德原则,仅将为己利他当作唯一道德原则,导致道德既不能保护正当的个人利益也不能引导正确的社会行为。由此看来,合理利己主义是一种不符社会实际的片面的人性思想和道德理论。

个人主义不但认为利己是行为的唯一目的,而且认为人的行为决定人的存在。海德格尔说:"人从事什么,人就是什么。"④ 人通过自

---

① 北京大学哲学系编译《十八世纪法国哲学》,商务印书馆1957年版,第465页。
② 《费尔巴哈哲学著作选》上卷,上海三联书店1962年版,第432页。
③ 周辅成编:《西方伦理学名著选辑》下卷,商务印书馆1987年版,第54页。
④ [德] 海德格尔:《存在与时间》,陈嘉映等译,三联书店1987年版,第288页。

己的行为塑造了自己。尼采说人是一种"尚未定型的动物",① 因为人的行为会不断改变自己。萨特说:"人不外是由自己造成的东西。这就是存在主义第一原理",② 人的自由活动优先于人的本质,人的本质是人的自由活动不断创造的结果,"'存在先于本质'是什么意思?这句话的意思就是说……人之初,是空无所有的,只是后来,人要变成某种东西,于是,人就照自己的意志而造成他自身。"③ 因此,人的本质并不固定,而是永远处于变化之中,"我永远在进行自我选择,而且永远不能作为已被择定的存在。"④ 人的活动目的就是不断创造未来,不断否定现在,不断超越自我,"人之所以能存在乃是由于追求超越的目的。"⑤ 不过要达到不断超越的目的,还要求人有活动的自由,因为自由是成就自我的前提和条件,"在每一具体环境下自由不外是以自己的要求为目的。"⑥ 按照每个人的目的仅在于自我的逻辑,自然就不会存在利他的行为。因此,尼采说:"忘我的行为根本没有。"⑦ 萨特说:"给予就是奴役,给予就是以毁灭划归己有,同时利用这毁灭来奴役别人。"⑧

　　人是一种社会存在,是各种社会关系的联结点。人通过行为成就自我的同时,也在接受社会的塑造。只要承认人生活在社会中,就不得不承认道德权威的存在,人有义务帮助那些需要帮助的人,人不能仅为私利自由任意地行为;只要对人性进行形而上学分析,就会发现人性是多重的,利己目的并非人性全部,利己是行为重要目的但不应

---

① [德] 尼采:《快乐的科学》,余鸿荣译,中国和平出版社1986年版,第56页。
② [法] 萨特:《存在主义是一种人道主义》,周煦良等译,上海译文出版社1988年版,第9页。
③ 同上书,第18页。
④ [法] 萨特:《存在与虚无》,陈宣良等译,三联书店1987年版,第616页。
⑤ [法] 萨特:《存在主义是一种人道主义》,周煦良等译,上海译文出版社1988年版,第21页。
⑥ 同上书,第22页。
⑦ 周辅成编:《西方伦理学名著选辑》下卷,商务印书馆1987年版,第815页。
⑧ [法] 萨特:《存在主义是一种人道主义》,周煦良等译,上海译文出版社1988年版,第20页。

是唯一目的。① 依据常理，任何一个具有道德观念的人，都会按照自己对道德的理解去行为。这就意味着，他不会把利己当作行为的唯一目的，即使在利己行为中也可能作出一些非利己举动。个人主义过分强调自我，缺乏对人性的全面审视，忽视了不以人的意志为转移的客观外在因素对人的制约，误以为人可以按照自己的意志为所欲为，并将利己当作行为的唯一目的。其实稍微观察经验世界就会发现，利己和利他都不可或缺，如果一切行为利己，人根本无法立足于社会。

与合理利己主义相反，个人主义认为自我实现手段仅是个人，社会对个人害多利少，社会将异化人的本性。尼采的异化理论可称为"末人"理论。他认为，人若生活在社会中，就不能不听凭社会的摆布，就会丧失选择的自由，从而异化为不完全的人即"末人"："在许多人中间，我像许多人一样生活，不像我自己那样来思考问题。一段时间以后，我总觉得人们想把我从我心中驱赶出去，夺走我的灵魂。"② 海德格尔的异化理论可称为"常人"理论。他认为人与人之间的关系本质是消除差别，从而成为彼此相同的"常人"："常人怎样享乐，我们就怎样享乐；常人对文学艺术怎样阅读怎样判断，我们就怎样阅读怎样判断；竟至常人怎样从大众中抽身，我们也就怎样抽身；常人对什么东西愤怒，我们就对什么东西愤怒。"③ 萨特的异化理论可称为"注视"理论。按照该理论，我若生活在社会中，那么在他人的注视下，我就成为一个他人的存在，一个具有他人赋予的固定本质的、失去选择自由的、失去超越性的自在存在，而不是一个自我存在，他人对自我就是地狱，"地狱，就是别人。"④ 人的自我实现或者说人的利己目的就不能依靠会导致异化的社会，唯一依靠的就是自己。因此，尼采甚至荒谬地呼吁："隐居起来吧，那样你才能过真正

---

① Alison Hills, *The Beloved Self, Morality and the Challenge from Egoism*, Oxford University Press, New York, 2010, p. 250.
② [德] 尼采：《朝霞》第491节，《尼采全集》第3卷，杨恒达等译，中国人民大学出版社2016年版，第199页。
③ [德] 海德格尔：《存在与时间》，陈嘉映等译，三联书店1987年版，第155页。
④ 柳鸣九编选：《萨特研究》，中国社会科学出版社1981年版，第303页。

属于自己的生活。"①

　　人是社会人，人的社会性注定人无法离开社会。无论社会怎样人都要坦然面对，回避不了也无法回避。社会不可避免地会对一些自由造成威胁，但也会对另一些自由提供方便。有些人捞足了社会的好处，有些人受尽了社会的伤害，社会不公平时有发生。但同等情况同等对待的社会公平也是存在的，并且越往前发展公平的可能性越大。人又是独立的个体，世界上没有相同个性的两个人，人的个性注定人与人之间千差万别。同样的社会环境，每个人的反应是不一样的，这是人的个性使然。人是社会主体，不必非得被动接受社会给予的角色，无论社会如何约束都不排除有一定的选择机会，人可以根据自己的兴趣有所作为。个人与社会是对立统一的关系，个人主义将二者纯粹对立起来，既不合逻辑又有违现实。

　　个人主义与合理利己主义一样主张道德他律，但它误认为道德目的是个人需要而与社会无关。尼采说："我迄今还没有见过这样的人，他看来是本着这个见解来信奉道德，即把道德看作一个问题，而这个问题是他自己的个人需要、苦恼、快乐和热情所在……我还没有看到一个人敢于对道德价值的估计进行批判"，②"善恶、富贫、高低和一切道德的名称：它们都应是武器，都是指示生命应当常常超越自己的信号"，③"我的道德应当如此：夺去个人的公共性格，使他成为独特的"，④"每一种健康的道德，都是受生命本能支配的——生命的任何要求都用'应该'和'不应该'的一定规范来贯彻"，⑤萨特也说："现在我们能够更加明确地规定何为自我：它就是价值。"⑥这种纯粹的个人主义只是他们理想的表达，与社会事实格格不入。

　　个人主义不但将人和社会对立，抹杀道德直接目的（社会秩序）

---

① ［德］尼采：《快乐的科学》，余鸿荣译，中国和平出版社1986年版，第280页。
② 同上书，第260页。
③ ［德］尼采：《查拉斯图拉如是说》，尹溟译，文化艺术出版社1987年版，第125页。
④ 同上书，第121页。
⑤ ［德］尼采：《偶像的黄昏》，周国平译，湖南人民出版社1987年版，第35页。
⑥ ［法］萨特：《存在与虚无》，陈宣良等译，三联书店1987年版，第139页。

和间接目的（每个人需要）的区别，而且将所有的个人对立，将每个人的需要看作每个人完全不同的需要，否定他们的共同需要，反复强调个体或自我的重要性。尼采说："这个自我，这个能创造能意愿能评价的自我，是一切事物的标准和价值的源泉。"① 萨特说："本体论和存在的精神分析法应该向道德主体揭示，他就是各种价值赖以存在的那个存在。这样，他的自由就会进而……发现自己是价值的唯一源泉。"② 个人利益或自我是衡量一切行为善恶的最终标准，也是道德的终极标准。卢克斯在总结个人主义关于道德本性的理论时说："在个人主义看来，道德、道德价值和道德原则的源泉以及道德标准的创造者都是个人，在根本意义上说，个人就是道德价值的最高裁判，是道德的最终权威。"③ 个人主义不但否定无私利他原则，而且否定为己利他原则，只有单纯利己才是正确的。尼采说："你也需要救助……但是，我的朋友，真正的救助还是自助"，④ "我生活在自己的光里，我吸收从我爆发出来的火焰。"⑤ 萨特也说："我是孤零零地活着，完全孤零零一个人。我永远也不和任何人谈话。我不收受什么，也不给予什么。"⑥ 个人主义体现的是一种人道情怀，是对传统社会专制独裁主义的反叛。它通过将个人利益推向极端来引起人们重视淹没在公共利益中的个人利益，但毕竟是片面的。如果按照个人主义道德原则行为将会带来灾难，社会要么一盘散沙要么不复存在。

无论合理利己主义还是个人主义，都是以个人为中心，重塑个人和社会的关系。利己主义一些绝对化或片面化的观点，虽然不符人性事实，但无非是为了集聚更大威力来冲破传统社会的藩篱，为个人利益正名，使人成为真正的社会主人。利己思想古已有之，但作为一种社会思潮广为流布还是近代以来的事。正是有了利己主义的思想和道

---

① ［德］尼采：《查拉斯图拉如是说》，尹溟译，文化艺术出版社 1987 年版，第 19 页。
② ［法］萨特：《存在与虚无》，陈宣良等译，三联书店 1987 年版，第 798 页。
③ Steven Lukes, *Individualism*, Basil Blackwell Publisher Limited, Oxford, 1973, p. 101.
④ ［德］尼采：《快乐的科学》，余鸿荣译，中国和平出版社 1986 年版，第 262 页。
⑤ ［德］尼采：《查拉斯图拉如是说》，尹溟译，文化艺术出版社 1987 年版，第 29 页。
⑥ ［法］萨特：《厌恶及其它》，郑永慧译，上海译文出版社 1986 年版，第 36 页。

德的普及，人的个性才得以彻底解放，人的主体性才得以全面凸显，人的创造性释放的巨大能量推动了传统社会向现代社会顺利转型并飞速发展。这是利己主义对人类社会的历史贡献，可谓功不可没。但利己主义想方设法将人从社会束缚下解放出来时，无意中走向了另一个极端，将社会贬低得一无是处，有时不惜以牺牲社会的正当利益为代价来达到个人的至高无上。由于没能正确对待人和社会的客观联系，利己主义的人性思想和道德原则有着致命的缺陷。

二 利他主义

利他主义源于19世纪法国家思想家孔德。"法语 altruisme 由孔德在《实证主义》中所创制，它结合了拉丁文 alter 和 ui，字面含义是'为了他人'。英语 altruism 由孔德著作推广者刘易斯第一次介绍到英国。正如孔德所强调的，利他主义是一个道德概念，看来这的确是它的主要含义。"[1] 孔德是实证主义哲学创始人，他用"利他主义"来表达他的道德思想，由于"在实证系统中，利己则被视为吾人天性上之一大病痛"，[2] 因此实证主义的"再生之政制，其最重要之目的，在于以义务代替权利，如是则能将为个人着想代之以为社会着想。权利字样应从政治之术语内削去，如原因字样应从哲学术语中削去。二者皆代表神学及形而上学之概念，前者之不道德而带破坏性，如后者之无意义及带诡辩意味然"。[3] 孔德认为抑制利己人性而强调利他人性是社会的要求，所以主张利他主义的道德。

利他主义的本质是促进他人福利。[4] 启蒙运动以来利己主义成为

---

[1] Niall Scott and Jonathan Seglow, *Altruism*, New York: Open University Press, 2007, pp.1-2.

[2] [法]孔德：《实证主义概观》，萧赣译，商务印书馆1938年版，第32页。

[3] 同上书，第282页。

[4] Matthieu Ricard, *Altruism: The Power of Compassion to Change Yourself and the World*, New York: Little, Brown and Company, 2015, pp.15-23.

西方社会主流道德观，由于人的权利意识彰显，人对社会的义务重视不够。为了弥补利己主义的不足，利他主义主张重新回到传统社会的美德传统，以人的义务为中心构建社会秩序。因此，利他主义认为，一切行为的动机和目的只有无私利他才是善的或道德的，反之如果不把无私利他作为唯一的行为动机和目的就是恶的或不道德的。包尔生说："纯粹利他主义的道德原则是：只有动机纯粹是为了他人时行为才具有道德价值。"① 利他主义称谓产生虽晚，但利他主义的道德思想早已存在于社会，主要代表有儒家、墨家、基督教和康德主义者。

无私利他道德原则在儒家那里就是"仁"，孔子在《论语》中有详细论述。② 大家对"仁"的看法意见不一，但对其理解最为确切的当属冯友兰先生。他说："对于个人的品德，孔子强调仁和义，尤其是仁。义者宜也，即一个事物应有的样子。它是一种绝对的道德律。社会的每个成员必须做某些事情，这些事情本身就是目的，而不是达到其他目的的手段。如果一个人遵守某些道德，是为了不属于道德的其他考虑，即便他所做的客观上符合道德的要求，也仍然是不义。用孔子和后来的儒家常用的一个贬词来形容，这是图'利'。儒家认为'义'和'利'是截然相反的。孔子说：'君子喻于义，小人喻于利。'（《论语·里仁》）后来的儒家常常强调'义利之辨'，认为这是道德学说中最重要的一点。'义'是一种观念形式的规范，'仁'的观念则具体得多。一个人在社会里行事为人，有他应循的义务，那是他应该做的。但是这些义务的本质应当是'爱人'，即'仁'。为父之道就是由爱子之心出发去对待儿子，为子之道就是由爱父之心出发去对待父亲。《论语·颜渊》篇中记载：樊迟问仁，孔子回答说：'爱人'。一个人必须对别人有仁爱之心，才能完成他的社会责任。因

---

① Friedrich Paulsen, *A System of Ethics*, Translated by Frank Thilly, Charles Scribner's Sons, New York, 1899, p.379.
② 孔子生于"礼崩乐坏"的春秋时代，为此倡导很多道德准则来拯救社会，其中"仁"是道德的最高原则。孔子认为"仁"的核心对内（在家里）是"孝悌"，对外（在社会）是"爱人"。孔子在《论语》中109次提及"仁"，却从未有明确定义，只是不同场合谈论"仁"的不同方面，这表明"仁"的博大精深。

此，在《论语》里，孔子用'仁'这个字时，有时不是仅指一种特定的道德，而是泛指人的所有德性，这便是'仁人'一词的含义。在这场合下，'仁'的含义是'品德完美'。"①

无私利他道德原则在墨家那里就是"兼爱"，墨子曰："既以非之，以兼相爱、交相利之法易之。视人之国若视其国，视人之家若视其家，视人之身若视其身。"② 墨家思想来自西周文王，"文王之兼爱天下之博大也，譬之日月，兼照天下无有私也。即此文王兼也。虽子墨子之所谓兼者，于文王取法焉。"③ 文王思想同是儒墨两家来源，但儒家反映的是上层社会统治阶级利益，墨家反映的是底层社会被统治阶级利益。不同阶级的道德诉求不同，但统治阶级的道德往往是国家主导道德，要求全社会遵循。自汉武帝始历代统治阶级奉行儒家为社会正统意识形态，以致儒家道德观念在当下中国依然根深蒂固。

基督教道德原则"爱"也是无私利他，正如路德所言："爱的本质，是如保罗在哥林多前书十三章所说，不求自己的益处，反求别人的益处。"④ 基督教是一种信仰一神和天国的宗教。基督教认为人类具有原罪，耶稣奉上帝旨意成为人类救主。人类唯有信奉基督教义，按上帝的爱去从事一切活动，才能救赎自己的罪身，死后灵魂才能升入天国。基督教与佛教、伊斯兰教并列世界三大宗教，在欧美国家被普遍信仰。宗教是人类社会一种特殊的意识现象，是人类精神需要的产物，与科学有张力却能并行。宗教能为不完美的物质世界提供终极解释，能为苦难无助的人们提供心灵慰藉，能为尘世无处安放的心灵提供精神家园。无论社会前进到何种阶段，总有人类理性不及和科学无解的问题，总有个人能力无法克服的困难和恐惧，只有信仰宗教求得解脱才是到达人生彼岸的正途，或许这是宗教长盛不衰的根源。

无私利他道德原则就是康德说的"责任"或"义务"。"责任就

---

① 冯友兰：《中国哲学简史》，新世界出版社2004年版，第37—38页。
② 《墨子·兼爱中》。
③ 《墨子·兼爱下》。
④ 《路德选集》下册，基督教辅侨出版社1957年版，第76页。

是由于尊重规律而产生的行为必要性",① 并且"尊重是使利己之心无地自容的价值觉察",② 因此"义务的公式就是为别人谋福利"。③ 康德的绝对命令即道德行动的基本原则包含三个方面：A. 仿佛你在为每个人立法；B. 人是目的而不仅仅是手段；C. 你是目的王国的一员。A 关注形式，避免偏倚。当考虑一个行动是否道德时，想象自己的决定如同上帝的决定影响到每个人，应该将自己的决定看作它是每个人遵循的法律。B 关注内容，提供了正确行动的道德标准。将一个人同时当作目的和手段没有错，错误是仅将他当作达到自己目的的手段。C 联结 A 和 B，告诉自己应该像作出道德决策的共同体的一员而行动。共同体内所有成员平等，每个人的决策都是其他人的决策，利己就是利他，利他就是利己。④ 但是，康德的绝对命令只是理想状态，并不能消弭现实生活中个人和社会无处无时不在的张力。

人之所以无私利他，首先在于人是有智慧的高等动物。人有感情，既有爱人之心的自发本能，也有做一个品德高尚之人的自觉愿望。人有同情心，能够理解他人处境，这种朴素情感使人产生利他动机。⑤ 本能的爱是人和其他动物共有的，来自遗传无须教化。除了本能的爱，人还有道德需要的道德感情，康德将其叫做"对道德法则的敬重心"，儒家将其叫做"成圣成贤之心"，也就是完善自我品德之心。⑥ 人有理性，有独立思考的能力。人能进行有目的的活动，能不断反思行为后果，能接受社会教育成为一个有道德的人。亚里士多德说："自然馈赠我们的所有能力都是先以潜能形式为我们所获得，然后才表现在我们的活动中（我们的感觉就是这样，我们不是通过反复看、反复听而获得视觉和听觉的。相反，我们是先有了感觉而后才用感觉，而不是先用感觉而后才有感觉）。但是德性却不同：我们先运

---

① ［德］康德：《道德形而上学原理》，苗力田译，上海人民出版社 1986 年版，第 50 页。
② 同上书，第 51 页。
③ ［苏］古留加：《康德传》，贾泽林译，中国社会科学出版社 1981 年版，第 300 页。
④ 参见［英］拉斐尔《道德哲学》，邱仁宗译，辽宁出版社 1998 年版，第 70—75 页。
⑤ C. Daniel Batson, *Altruism in Humans*, New York: Oxford University Press, 2011, pp. 11-32.
⑥ 王海明：《人性论》，商务印书馆 2005 年版，第 68 页。

用它们而后才获得它们。这就像技艺的情形一样。对于要学习才能会做的事情，我们是通过做那些学会后所应当做的事来学的。比如，我们通过造房子而成为建筑师，通过弹奏竖琴而成为竖琴手。同样，我们通过做公正的事成为公正的人，通过节制成为节制的人，通过做事勇敢成为勇敢的人。"①

孔子的"古之学者为己，今之学者为人"可能是无私利他行为源自完善自我品德之心的最早表述。王阳明解释道，这里的"己"是道德自我之"真吾"而不是名利自我之"私吾"，"为己"不是自私利己而是无私利他；②但为己必须克己才能达致无己无私，"君子之学，为己之学也。为己故必克己，克己则无己。"③孔子的这种思想被后人概括为著名的"内圣外王"："内圣"即"为己"，"外王"即"无私利他"。张灏解释道："孔子'内圣外王'之生命理想……根据这理想，每个人有两项待践履的理分。首要的是，人格的道德的完美……道德生命的完美成就圣贤人格——每个人的人生目标。……另一项深奥的睿识是任何人的道德修养都不能是独善其身的。这个睿识乃涵蕴于'仁'的意义中……在'仁'的这项性格之下，道德生命的实现乃决定于'己立立人、己达达人'的奉献，这种对他人'道德福祉'的奉献。"④儒家认为只有无私利他才能达到道德最高境界。冯友兰说："求自己的利，可以说是出于人的动物倾向，与人之所以为人者无干……为实现人之所以为人者无干……为实现人之所以为人者，我们可以说，人应该求别人的利。"⑤利他主义认为通过道德教育或个人道德修养就能达致无私利他其实是不切实际的幻想。人只求别人的利而不图自己的利在世俗社会无法存活，永远无私利他谁也做不到，如果真有也可能是"伪君子"。

---

① ［古希腊］亚里士多德：《尼各马可伦理学》，廖申白译注，商务印书馆2003年版，第36页。
② 《王阳明全书·一》，上海古籍出版社1992年版，第50页。
③ 《王阳明全书·八》，上海古籍出版社1992年版，第139页。
④ 罗义俊编：《评新儒家》，上海人民出版社1989年版，第61页。
⑤ 冯友兰：《三松堂全集》第1卷，河南人民出版社1985年版，第556页。

基督教和康德主义认为道德的起源和目的在于自律，是自我完善品德的需要，是实现人之所以为人者，这是他们主张利他主义的另一个重要原因。《圣经》认为上帝耶和华与人立约、创立道德的目的在于使人成为道德高尚的人："亚伯兰年99岁的时候，耶和华向他显现，对他说：'我是全能的上帝，你当在我面前做完全人，我就与你立约。'"① 康德说："意志的自律是一切道德法则所依据的惟一原理，是与这些法则相符合的义务所依据的惟一原理。反之，任意选择一切的他律不但不是任何义务的基础，反而与义务原理，与意志的道德性，互相反对"，② "道德法则……开始于我的无形的自我，我的人格……借我的人格，把作为一个灵物看的我的价值无限提高了。在这个人格中，道德法则就给我呈现出一个独立于动物性、甚至独立于全部感性世界以外的一种生命来。"③ "它的真正使命，并不是产生完成其他意图的工具，而是去产生在其自身就是善良的意志"，④ 要求"只从人们的大公无私，只从赋予人们以尊严的理念来评价那些有理性的东西的行为"⑤。既然道德目的在于自我品德之完善，那么无私利他是品德最高层次，是理应遵循的道德根本原则。任何利己，不论带给社会多大益处，因不符合道德目的而不具有正当性，都不能成为道德根本原则。

儒家认为道德的起源和目的是自律他律兼之。孔子曰："道之以政，齐之以刑，民免而无耻；道之以德，齐之以礼，有耻且格。"⑥ 这是道德自律的思想。孟子曰："人之有道也。饱食、暖衣、逸居而无教，则近于禽兽。圣人乃忧之，使契为司徒，教以人伦——父子有亲、君臣有义、夫妇有别、长幼有序、朋友有信。"⑦ 这是道德他律的

---

① 《新约·撒罗尼迦前书·第5章》。
② ［德］康德：《实践理性批判》，蓝公武译，商务印书馆1960年版，第33页。
③ 同上书，第164页。
④ ［德］康德：《道德形而上学原理》，苗力田译，上海人民出版社1986年版，第45页。
⑤ 同上书，第93页。
⑥ 《论语·为政》。
⑦ 《孟子·滕文公上》。

思想，人要有道德并非个人自愿，而是源自社会需要。儒家非常重视个人道德修养，认为自我品德是否完善是人生的根本。因此，儒家虽主张他律但还是以自律为主，认为利己行为不合道德，将无私利他作为道德根本原则。墨家以为道德的起源和目的是他律："天下兼相爱则治，交相恶则乱，故子墨子曰：'不可不劝爱人者，此也。'"① 墨家同样认为利己行为不具有道德正当性，人应该求他人的利，因此也将无私利他作为道德根本原则。

将无私利他作为评价行为善恶的根本原则是利他主义的宗旨。利他主义内部虽有差别，但都信奉无私利他。利他主义内部分歧可以归结为：儒家和康德主义是差等利他主义，墨家和基督教是同等利他主义。② 差等就是爱有差等，根据与自己关系的亲疏相应有差别地无私利他。同等就是爱无差等，对任何人都无差别地无私利他。

儒家主张"仁"，但实施仁时亲疏有别。孟子问："夫夷子信以为人之亲其兄之子，为若亲其邻之赤子乎？"③ 孟子答："杨氏为我，是无君也；墨子兼爱，是无父也。无父无君，是禽兽也。"④ 儒家维护的是传统社会亲亲尊尊等级分明的宗法秩序，爱以血缘为基点由亲至疏逐渐递减。在血亲关系中，爱有差等是人之常情，无可厚非。试想一个人同等地爱自己的亲人和别人是否道德，弗洛伊德答道："我这样做是错误的。因为我的爱被我自己的亲友珍视为一种我偏爱他们的表示。如果我把一个陌生人和他们同等对待，这对他们来说是不公平的。"⑤ 在私人范围，每个人喜好标准不一样，爱因人而异是现实的也是合理的。但爱有差等只应适应于私人领域，在社会领域实施则是不道德的。人人都是社会一员，不以出身论高低而是赋予每个人生存与发展的平等机会，这是现代社会起码的道义所在。

康德认为人基于完善自我品德之心无私利他的真实动因不是同情

---

① 《墨子·兼爱上》。
② 王海明：《人性论》，商务印书馆2005年版，第394页。
③ 《孟子·滕文公上》。
④ 同上。
⑤ [奥] 弗洛伊德：《文明及其缺憾》，傅雅芳等译，安徽文艺出版社1987年版，第54页。

心、报恩心、爱人心等各种情感（康德将其统称为"爱好"），而是出于对道德的敬重心或道德责任感。他将道德责任或道德规范视作一切场合下都应当遵循的客观规律："责任应该是一切行为的实践必然性。……正是由于这样的缘故，它才成为对一切人类意志都有效的规律。"① 而人的情感都是靠不住的，"因人因时因地而异"，② "从某种情感和嗜好……并不能引申出规律"。③ 他认为能够引申出行为规律的只能是对道德的敬重心或责任感："对于法则的敬重心乃是被理智原因所产生的一种感情，而且我们所能够完全先天地认识到并洞明其必然性的唯一感情，也只有这种感情"，④ 因此，"对于道德法则的敬重心乃是唯一的而且同时又是无可怀疑的道德动机。"⑤ 康德没有进一步论及无私利他是否应有差等，不过应有差等是它的必然之义。只是这种差等与儒家恰恰相反，与我较远者我应较多地无私利他，与我较近者我应较少地无私利他，这样我的品德便愈加完善。⑥ 康德的主张虽逻辑自洽但不合事实。人既有感性也有理性，依感性行为不一定错，依理性行为也不一定对，理性并非绝对的道德标尺。

墨家主张爱无差等，要以无差别的兼相爱来代替儒家的有分别之仁。墨子曰："兼以易别。……别非而兼是者。……以兼为正，是故以聪耳明目相为视听乎，是以股肱毕强，相为动宰乎，而有道肆相教诲。是以老而无妻子者，有所侍养以终其寿；幼弱孤童之无父母者，有所放依以长其身。"⑦ 基督教也主张平等地对待一切人，因为上帝是平等地爱一切人的："神的恩典是不加区别地赐给全人类的。"⑧ 爱无差等是乌托邦设想，与人性事实格格不入。人类社会的爱从来都是有别的，亲情、友情、爱情或其他形式的爱均不一样，每个人对爱的理解也不一样。如果一味推行无差别

---

① ［德］康德：《道德形而上学原理》，苗力田译，上海人民出版社 1986 年版，第 77 页。
② ［德］康德：《实践理性批判》，蓝公武译，商务印书馆 1960 年版，第 27 页。
③ ［德］康德：《道德形而上学原理》，苗力田译，上海人民出版社 1986 年版，第 77 页。
④ ［德］康德：《实践理性批判》，蓝公武译，商务印书馆 1960 年版，第 75 页。
⑤ 同上书，第 80 页。
⑥ 王海明：《人性论》，商务印书馆 2005 年版，第 396 页。
⑦ 《墨子·兼爱下》。
⑧ 《基督教要义》上册，香港基督教辅侨出版社 1957 年版，第 343 页。

之爱，只会徒增虚伪，反而使得人情更加冷漠。

人之利他既有先天遗传的原因也有后天习得的缘故，个人、社会、自然或宗教的因素都能使人产生利他动机。① 具体的利他行为样式众多，数不胜数。社会提倡利他行为是应该的，但不宜将其视作唯一道德的行为。其中，无私利他行为虽道德高尚但毕竟是少数人的行为和行为的少数，难以普遍推行。利己是人的本性，否认利己无异否认人在社会中的独立存在和正当价值。利他和利己虽有矛盾但并非一直势不两立，并非利他行为都对自己不利而利己行为都对社会有害，有时二者可以兼容，社会中存在太多的利己利他并存的行为。人不利己无法存活于社会，利己合理性不容置疑。利他主义表面上站在道德制高点，具有极强的迷惑性，但实质上则扭曲了个人和社会的正常关系，违背了人性的基本事实。

三　己他两利主义

利他主义和利己主义相互对立，各执一词，都有一定片面性。为了克服二者的张力，自然就会出现中和的己他两利主义。该理论主要代表有斯宾诺莎、狄德罗、休谟、卢梭、边沁、密尔、西季威克、马克思、恩格斯等。但是，作为完备的理论形态，则要归功于弗洛伊德和其追随者弗洛姆以及达尔文和其追随者赫胥黎、海克尔、道金斯、威尔逊等。② 己他两利主义作为一种人性和道德的理论形态虽出现较晚，但这样的思想存在于社会发展的各个阶段。

己他两利主义认为人的行为目的既会单纯利己也会无私利他，但利己和利他不能等量齐观，人经常的目的是利己，只会偶尔利他。弗洛伊德说：

---

① Andrew Michael Flescher and Daniel L. Worthen, *The Altruistic Species: Scientific, Philosophical, and Religious Perspectives of Human Benevolence*, London: Templeton Foundation Press, 2007, pp. 238-240.

② 王海明：《人性论》，商务印书馆2005年版，第425页。

"可以肯定地说，心理器官活动的一个主要目的，那就是追求快乐。"① "我想人生目的主要还是由享乐原则所决定。"② "在个人发展的过程中，遵循快乐原则追求幸福是恒久的目的。但要实现该目的，就必须适应人类集体，这几乎是一个不可避免的前提条件……在人们看来，个人的发展是两种冲动相互作用的结果：一种是追求幸福的冲动，通常称之为'利己的'；另一种是与社会融为一体的冲动，通常称之为'利他的'。总体而言，主要的、多数的行为是为了满足利己的冲动；相反，另一种冲动可以说是'文明的'，通常作为约束利己冲动的角色。"③ 经常利他偶尔利己是少数人所为，经常利己偶尔利他是社会绝大多数人的选择，这是不争的社会事实。

己他两利主义认为道德的起源和目的是社会秩序和每个人的利益。赫胥黎说："法律和道德训诫的目的是遏制宇宙过程，提醒每个人对社会应尽的责任，并且由于社会的保护和影响，即使不是得以维持本身良好生存，至少也得以过着某种比野蛮人要好的生活。"④ 弗洛伊德说："人类这一动物被认为在其本能的天赋中具有很强的进攻性……由于人类的这一原始的互相敌视的缘故，文明社会永远存在崩溃的危险……文明必须尽其最大的努力来对人类的进攻本能加以限制，并且运用心理的反作用结构来控制它们的显现。从此就产生了目的在于促使人们进入自居作用和目标被控制的爱的关系的方法，就有了对性生活的限制，进而有了爱邻如己的理想圣训，这一圣训的合理性实际上在于这样一个事实：没有其他东西像它这样强烈地反对人类原始的进攻天性。"⑤ 道德、法律等制度能抑制人性恶发扬人性善、保障社会有序发展和促进每个人利益，其产生是社会和个人的共同需

---

① Sigmund Freud, *Introductory Lectures On Psycho-Analysis*, Translated by James Strachey, W. W. Norton & Company, New York, 1966, p. 443.
② [奥] 弗洛伊德：《精神分析引论》，高觉敷译，商务印书馆1984年版，第285页。
③ Sigmund Freud, *Civilization and Its Discontents*, W. W. Norton & Company, New York, 1961, p. 105.
④ [英] 赫胥黎：《进化论与伦理学》，关德锋等译，科学出版社1971年版，第58页。
⑤ [奥] 弗洛伊德：《文明及其缺憾》，傅雅芳等译，安徽文艺出版社1987年版，第57页。

要。弗洛姆说:"将爱人利人和自爱利己对立是错误的。如果爱别人是一种美德,那么自爱必定是美德而非罪恶,因为我也是人。"① 海克尔说:"利他主义与利己主义的等值,这两种自然本能的并重,自爱和博爱的道德平衡,是我们道德最重要的基本原则。"② 己他两利主义把无私利他和为己利他一起作为道德原则,真实反映了人性事实和社会实际。

己他两利主义兼顾了个人和他人的利益,但对个人利益与他人利益发生冲突如何抉择的问题并没有给出明确答案。他人利益包括具体的他人利益和集体利益。具体的他人利益一般是指一个人或一些人的个人利益。集体利益是个人所属共同体的利益,或叫公共利益。个人利益与具体的他人利益发生冲突,以个人利益为主就是利己主义,以他人利益为主就是利他主义,兼顾二者就是己他两利主义,这是个人能够决定的事情。个人利益与集体利益发生冲突,个人或集体虽然会考虑对方利益,但以个人利益为主是个人主义,以集体利益为主就是集体主义。希克斯说:"集体主义是与个人主义相反的理论,它认为社会集体比组成它们的个人成员更重要,个人有义务为了集体利益自我牺牲,无论该集体是阶级、种族、部落、家庭还是民族。"③ 每个人都是集体的一分子,集体利益独立于个人利益,但由谁决定集体利益或由谁代表集体执行利益是一个难题,因为集体决定都是集体代表的决定。即使有公认的集体代表,也无法保证他尽职尽责。代表出自私心还是公心有时难以辨别,社会生活中冠冕堂皇的做法背后往往窝藏祸心的现象不是没有,并且假公济私的事例也随处可见。

集体主义不同于利己主义、利他主义和一般己他两利主义,前者的重心是集体或社会整体,后三者的重心都是个人。人既是集体的对立面,又是集体的组成部分。作为客观的社会存在,集体具有不以人

---

① Frich Fromm, *Man For Himself*, Routledge & Kegan Paul, Ltd., London, 1948, p. 128.
② [德] 海克尔:《宇宙之谜》,上海外国自然科学哲学著作编译组译,上海人民出版社1974年版,第332页。
③ John K. Roth, *International Encyclopedia of Ethics*, Routledge & Kegan Paul, Ltd., London, 1995, p. 432.

的主观意志为转移的自身运行与发展规律。这就决定了生活在集体中的人的社会行为选择,不仅是人自己的事情,还要受到行为对象集体的限制。无论承认与否,集体都制约着人的作为空间,在该意义上而言集体主义是一种客观主义。而对利己主义、利他主义或一般己他两利主义主义而言,无论利己、利他或己他两利都是人自己能够决定的事情,与外在的集体无关,人性可以不受集体限制,它们属于主观主义。

集体主义以集体利益为中心但兼顾个人利益。首先,它把集体放在第一位,强调个人从属集体、集体利益高于个人利益。当二者发生冲突时主张牺牲个人利益以保全集体利益。其次,它重视正当的个人利益。集体主义并不排斥个人利益。只要不损害集体利益,个人通过正当手段得到的利益都是合理的。再次,它强调集体利益与个人利益的辩证统一。个人利益的不断实现需要集体利益作为基础和保障,集体利益的不断积累也需要个人利益的支持和奉献,二者相辅相成。如果光有集体利益而没有个人利益社会将是一潭死水,如果光有个人利益而没有集体利益社会也将是一盘散沙,而这些都不利于社会进步和人的全面发展。集体主义是对己他两利主义的发展和超越,因为它在考虑己他两利人性的同时顾及了外部的客观因素。集体主义不是人性理论而是道德理论,它仅表明人性不是影响制度合理性的唯一因素但并不否定人性的作用,是否符合己他两利人性一直是判断集体主义合理性的渊源。

集体主义思想存在于社会每个时期,但直至18、19世纪英语的政治哲学才第一次使用"集体主义"这个词汇。[1] 集体主义是一个复杂的理论,有多种表现形态,如原始共产主义的集体主义、整合化的集体主义、个人化的集体主义、人为化的集体主义等,[2] 从不同角度还有更多分类。每种形态划分并非恰到好处,但含有一定合理的成分。如同对待其他科学理论一样,对待集体主义也要坚持唯物辩证

---

[1] Harry C. Triandis, *Individualism & Collectivism*, Oxford: Westview Press, 1995, p. 19.
[2] Gene Yoon, *Psychology of The Korean People: Collectivism and Individualism*, Dong-A Publishing &Printing Co., Ltd., 1994, pp. 47-59.

法。任何一种正确理论都受一定条件限制，如果不具体情况具体分析而是先入为主断章取义，该理论就会走向反面成为谬论。好的集体主义，应当符合人性，能兼顾个人和集体的利益，并且能正确处理二者冲突。而坏的集体主义，则是违背人性借公共利益之名淹没或掠夺个人利益，或者社会中占据强势地位的人利用集体利益的幌子去剥夺弱势者利益，这些现象在任何社会都是常见的。如何遵循人性规律正确对待个人利益与公共利益的关系是集体主义的关键。以此为标准，可以将集体主义划分为偏向公共利益的集体主义、偏向个人利益的集体主义和二者并重的集体主义三种类型。

偏向公共利益的集体主义又叫作整体主义或有机体主义。它认为社会是一个有机的整体，人只是其中的一部分，公共利益高于个人利益、社会秩序高于个人权利，正如博纳尔德说："人只是为社会而存在，社会之为自身而培养人。"① 这种集体主义盛行于古代的原始社会、奴隶社会和封建社会，依旧存在于近代以来的资本主义社会和社会主义社会。原始社会生产力低下，个人只有依赖集体才能生存下来，无太多的个人利益可言。在奴隶社会和封建社会，统治阶级控制社会的一切，不但人分为三六九等，而且存在广泛的人身依附关系。广大被统治阶级依附于形形色色的集体，他们的行动受到严格限制。随着现代文明兴起这种集体主义进入近代后式微但从未消亡，在现代文明不够发达的国家和地区尤甚。

偏向个人利益的集体主义就是合理利己集体主义。它认为行为目的虽然利己但必须通过集体才能实现。集体比个人的价值更高，当个人利益与集体利益发生冲突不能两全时应当牺牲个人利益而保全集体利益。爱尔维修说："公共的福利——最高的法律。"② 车尔尼雪夫斯基说："全人类的利益高于个别民族的利益，全民族的利益高于个别等级的利益，多数等级的利益高于少数等级的利益。在理论上，这一次序是毋庸置疑的。它只是把几何公理——'整体大于部分'、'大数

---

① Steven Lukes, *Individualism*, Basil Blackwell Publisher Limited, Oxford, 1973, p. 5.
② 周辅成编：《西方伦理学名著选辑》下卷，商务印书馆1987年版，第68页。

大于小数'——运用到社会问题上来罢了。"① 合理利己集体主义之所以重视集体利益，是因为后者是保障前者的必要手段，没有后者也就不可能达到前者。集体主义的合理利己主义与前面讨论的利己主义的合理利己主义其实是一回事，只是看问题的视角不同，前者站在集体的立场，后者处在个人的角度，都是人们选择的结果。

　　但合理利己集体主义自身存在不可克服的矛盾。首先，它既认为无私利他、自我牺牲不存在，又认为自我牺牲是解决个人利益与集体利益冲突的根本原则。② 其次，它没有区分利益的性质与等级。利益不是单个而是一个体系，社会存在各种层次的利益，它们的价值是不一样的。个人利益让位集体利益只能是同一性质利益之间而不能扩大到不同类别利益之间，否则就会扩大社会不公平。德沃金认为，社会中每个成员都享有一种作为同类而受到其他人最低限度尊重的基本权利，社会的普遍利益不能成为剥夺这些权利的正当理由，即使讨论中的利益是对法律的高度尊重。③ 罗尔斯也认为，每个人对与其他人所拥有的最广泛的基本自由体系相容的类似自由体系都应有一种平等的权利，这些权利不容侵犯和剥夺；为了一些人更大利益而剥夺另一些人的利益是不公平的，不承认大多数人享有的较大利益能补偿强加于少数人的牺牲，人们忍受一种不公平只能是在必须用它来避免另一种更大不公平的情况下才有可能。④ 人人都是集体社会的成员，都应当得到集体尊重，不断消除集体成员之间的不平等是人类文明进步的表现。合理利己集体主义一直流行于西方资本主义社会。

　　兼顾个人利益和社会利益的集体主义就是己他两利集体主义。这种集体主义的基本思想是提倡个人利益与集体利益的辩证统一，它是社会主义国家的基本道德原则。马克思说："共产主义者既不拿利己主义来反对自我牺牲，也不拿自我牺牲来反对利己主义……他们清楚

---

① 北京大学哲学系编译：《十八——十九世纪俄国哲学》，商务印书馆 1987 年版，第 357 页。
② 王海明：《人性论》，商务印书馆 2005 年版，第 433 页。
③ 参见 [美] 德沃金《认真看待权利》，信春鹰、吴玉章译，中国大百科全书出版社 1998 年版，第 135、266 页。
④ 参见 [美] 罗尔斯《正义论》，何怀宏等译，中国社会科学出版社 1988 年版，第 61 页。

地知道，无论利己主义还是自我牺牲，都是一定条件下自我实现的一种必要形式。"① 己他两利集体主义理论上无懈可击，但在社会主义国家的实践中表现并不佳，因为力量不均衡，个人利益无法抗衡集体利益，个人利益被侵犯时有发生。随着社会发展社会主义国家开始重视个人利益，并通过宪法法律保护基本的个人利益，但仍旧强调个人利益对集体利益的依赖与服从，个人利益的基础地位还没有被全社会所认识和认可。个人是社会基本主体，个人利益是社会基本利益，各种集体利益其实最终都可归为相关领域一定数量的个人利益。不能无缘无故损害个人利益，假借集体利益之名侵犯个人利益是不正义的。只有通过牺牲个人利益才能换取集体利益的行为必须严格规范，对受损的个人利益应该等价补偿。主张合理的个人利益并不是要将其绝对化或不受限制，而是要正确对待个人利益与集体利益的关系。

世界上没有相同的两个事物，但所有的事物都有着有机的联系。人人都是不一样的，但每个人都生活在集体中。施瓦茨认为，集体主义在家庭、单位这些小规模社会组织中有着明显优点，这些群体的人们很长时间面对面生活在一起，个人成就不是中心目的，大家共同幸福才最重要；相反，个人主义在国家、世界这些大的社会组织中有着很大优势，人们面对如此大的集体，个人成就是中心目的；简之，对个人而言，小集体适合集体主义，大集体适合个人主义。② 集体主义道德原则在小型集体比大型集体的优势明显，这并不表明它只适合小型集体而不适合大型集体。在小型集体中相互关心的义务有时会成为一些人的负担，而在大型集体中奉献大家也并非不是个人成就。因此，要正确对待集体主义的优缺点。

集体主义的优点在于它平衡了个人利益与集体利益，既考虑了人的个性要求，又考虑了社会公平正义，使人与社会的关系处于相对合理的状态。③ 在社会发展正常时期，集体主义者首先想到的是自己对

---

① 《德意志意识形态》，《马克思恩格斯全集》第 3 卷，人民出版社 1960 年版，第 275 页。
② Schwart, B, *The battle for human nature: Science, morality and modern life*, New York: Norton & Company, 1987, pp. 1-25.
③ Harry C. Triandis, *Individualism & Collectivism*, Oxford: Westview Press, 1995, pp. 172-174.

集体的义务，不会去损害同集体有关的利益，更不应说损害其他人的个人利益了。由于集体是一个立体结构，上层集体成员的集体观念和无私奉献精神尤其重要。任何一个集体，如果每个成员都发扬集体观念，或者集体主义蔚然成风，人们相互之间就不会有过多防备，人与人之间的关系就会比较简单，人们就会有更多时间和精力去实现自己的个人爱好。虽然个性极强的人会感受到来自集体的压迫，但集体为绝大多数成员的生存与发展提供了必要条件，这是集体主义的最大优势。在社会发展非常时期，集体主义优势更加表现无遗。在战争年代，当一个集体面临生死存亡的时候，集体主义者往往会挺身而出挽救整个集体。在水灾、火灾等自然灾害面前，集体主义者会牺牲自己的生命或家园来保住大家的生命或家园。正是因为集体主义的张扬，无论遇到多大危险集体都能一直存在。同样，正是因为集体的强大力量，绝大多数集体成员都能感受到集体的安全而无所畏惧。

集体主义的缺点表现在私人和公共两个层面：在私人层面，当需要出去学习或工作时，对家庭、熟人小圈子等集体依赖感很强的人很不情愿离开它们，适应外部环境的能力很差；在公共层面，存在一些极端集体主义的社会组织，譬如纳粹、黑社会、极端宗教团体等，它们要求成员对集体的绝对服从，对外来群体则是绝对排斥。[1] 在集体主义氛围中长大的人，一般对个人成就缺乏强烈的欲望。他们迷恋过去，沉醉于集体的温暖，不太关注新生事物，不能充分发挥自己的主动性或创造性，有些人甚至寄生在集体之上成为负担。集体对成员的要求尤其那些极端集体规定的义务，有些是违背人性的。集体主义的弊端还表现在不同集体之间。集体之间的利益冲突不可避免，一旦冲突到了不可调和的程度就可能发生战争或社会动乱，譬如国家或地区之间的战争、不同利益群体的对抗等。一部分集体尤其那些封闭集体大多不愿接纳对外来成员，例如本国人对外国人的歧视、本地人对外地人的刁难、城里人对乡下人的蔑视、富人对穷人的欺侮等等，不胜枚举。只要不属于本集体成员，就不能分享本集体同等待遇，这样就

---

[1] Harry C. Triandis, *Individualism & Collectivism*, Oxford: Westview Press, 1995, pp. 175-176.

阻碍了不同集体的成员之间的正常交流和社会进步。

　　人与社会的关系，也就是人与集体的关系。社会由各种集体构成，社会本身就是一个大集体。集体主义兼顾个人利益和集体利益，强调集体利益的基础性，符合社会大多数人的需要。不同于利己主义和利他主义的个人角度，集体主义从社会整体出发考虑社会行为的合理性，结合了人的主观因素和社会客观因素，更为科学全面。集体主义作为道德原则，相比利己主义或利他主义的片面性，更加符合人性事实，更加有利于人和社会的良性互动。如同任何道德原则都不可能十全十美，集体主义也不例外，但它不失为一个次优的选择。

　　总之，作为社会行为规范，制度的形成离不开人的主观作用，它是由人制定或在自发形成中得到人认可的。对社会行为中人性的不同认识直接影响到制度实质内容，人性观不同制度规定也就不同。无论制度怎样变化，是否正确反映人性都是制度合理性的根本所在。

　　利己是人的本能，为了生存人必须利己，利己主义的合理性显而易见。但人是社会人，离开社会人就无法存活，人必须对社会承担一定义务，这些义务是人生存的必要条件。利己主义从个人本位出发，就有可能忽视或损害正常的社会利益。人既有爱人之心的自发本能，也有做一个品德高尚之人的自觉愿望。社会大力提倡利他行为是应该的，但不宜将其视作唯一道德的行为，但这恰是利他主义的核心。利他主义从社会本位出发，完全忽视了正当的个人利益，扭曲了个人和社会的正常关系。为了克服利己主义与利他主义之间的张力，就出现了兼顾二者的己他两利主义。己他两利主义的主要类型是集体主义。集体主义也有缺点，但相对利己主义和利他主义，符合社会大多数人的利益，有利于社会公平。因此，以集体主义作为人的社会行为的评判标准，更加符合人性事实及其规律，更加有益于构建人和社会的和谐关系，更加有助于确立科学合理的国家权力制度。

第四章 合法性基础

统治合法性的基础，在这里是指统治者行使国家权力的活动被社会接受或认可的思想基础。统治合法性的思想基础并非个人认为的正当理由，而是指已经达成社会共识的观念。虽然社会发展的每个阶段存在着不同甚至冲突的统治合法性观念，但一定时期内总会有一种观念占据主导地位或者不同观念在关于统治的基本问题上存在共识。非共识观念可能是共识不断修正和发展的动力，也可能是后面某个时期共识的渊源，但只有共识才能为统治提供适时合法性证明。

观念的作用不可小视，不论何种类型，也不论正确与否，观念往往是社会事务演化的先导和重要动力。休谟认为，人们尽管在很大程度上受着利益支配，但即使利益本身以及所有的人类事务几乎完全是由观念支配的。[1] 社会发展的历史在不断证明，正是由于共识的不复存在，才会不断有国家政权的更替或国家性质的变化。

从政治思想的角度看，自由主义成为西方主流意识形态之前为传统社会，之后为现代社会。[2] 西方古希腊罗马和中世纪时期属于传统社会，专制人治是传统社会的主要特征，社会公共利益和义务本位是传统政治思想的重心，统治者的意志高于一切，统治者的道德是治理国家的主要手段，国家权力作为统治者的特权几乎与被统治者无关，统治者通过共同体论、血统论或神权论这些专制人治思想来阐释统治合法性。进入近代资本主义社会后，自由主义逐渐成为西方政治思想的主流。自由主义唤醒了人们的主体意识，社会发展成了人们自由选择的过程，于是开启了一个完全不同于传统的现代社会。自由主义提

---

[1] 参见 David Hume, Essays, in Works Ⅲ, p.125。转引自［英］哈耶克《法律、立法与自由》第 1 卷，邓正来等译，中国大百科全书出版社 2000 年版，第 107 页。

[2] ［德］曼海姆：《意识形态与乌托邦》，黎鸣等译，商务印书馆 2000 年版，第 14—16 页。

倡的自由、平等、人权、民主、法治等基本理念经各种途径传播到世界各地，成为现代文明区别于传统文明的思想标志。民主法治是现代社会的主要特征，自由平等和权利本位是现代政治思想的重心，法律具有至高地位，行使国家权力不但要得到被统治者同意而且要有明确的法律依据，民主和法治成了统治合法性的思想基础。

一　民主

民主是阶级和国家中特有的政治现象，随着阶级和国家的产生而产生，又随着阶级和国家的发展而发展。民主一词起源于古希腊语δημοκρατια，其本意就是"人民统治"或"多数人统治"。δημος，意思是人民大众，κρατια，意思是决定、作主，二者结合在一起就是人民大众自己决定自己的事务。

西方史称"历史之父"的古希腊历史学家希罗多德在《历史》一书中最早把雅典的政治制度叫做民主政治。雅典著名政治家伯里克利说："我们的制度之所以被称为民主政治，因为政权是在全体公民手中，而不是在少数人手中。"① 古希腊思想家亚里士多德依据城邦统治者为一人、少数人或多数人，将古希腊政治制度分为君主、贵族和共和三种正宗政体，以及僭主、寡头和民主三种变态政体。② 可以发现，他们对民主的理解基本一致，这是目前所知的人类思想史上最早的民主概念。不过他们讲的"人民"或"多数人"并不包括奴隶而是指奴隶主，③ 民主实质上是少数奴隶主民主，跟广大奴隶无关。

---

① ［古希腊］修昔底德：《伯罗奔尼撒战争史》，谢德风译，商务印书馆1960年版，第130页。
② ［古希腊］亚里士多德：《政治学》，吴寿彭译，商务印书馆1965年版，第132—134页。
③ 在古希腊等级制度和不平等是合理的，不但所有人有优劣高低之分，而且城邦中人被分为自由人和奴隶两部分，只有自由人才有可能成为一个城邦的公民，奴隶只是活的工具而不具有公民资格。在古希腊城邦雅典的全盛时期境内人口约40万左右，其中奴隶20万，外邦侨民3.2万，公民及其家属16.8万，有权参加议事和审判的公民约4万人，仅占总人口的1/10。参见［英］杰弗里·巴勒克拉夫《世界史便览》，三联书店1983年版，第160页。

在中国古代典籍中，民主一词最早见于《尚书》。《尚书·多方》中有"乃惟成汤，克以尔多方，简代夏作民主"①的记载。不过这里的民主是做人民之主的意思，与西方关于民主是人民统治的含义迥然不同。不过，民本思想在中国源远流长。先秦典籍中表达民本思想的记载很多。《尚书·五子之歌》云："民为邦本，本固邦宁"，意即老百姓是国家的根本，老百姓稳定则国家就太平了。《尚书·泰誓》又云："天视自我民视，天听自我民听。"意即天在看就是老百姓在看，天在听就是老百姓在听，天意就是民意。《孟子·尽心下》说得更清楚："民为贵，社稷次之，君为轻。"《老子》曰："圣人无常心，以百姓心为心。"《管子·牧民》曰："政之所兴，在顺民心；政之所废，在逆民心。"《韩诗外传》（成书于西汉）卷四记载，齐桓公问管仲："'王者何贵？'曰：'贵天。'桓公仰而视天。管仲曰：'所谓天者，非苍莽之天也；王者以百姓为天。百姓与之则安，辅之则强，非之则危，倍（背）之则亡。'"《荀子·大略》曰："天之生民，非为君也。天之立君，以为民也。"《荀子·王制》又曰："君者，舟也；庶人者，水也。水则载舟，水则覆舟。"后来的统治者一直沿袭先秦的民本思想。

中国古代的民本思想，虽有重民、贵民的思想内涵，甚至可由民本思想推出反对君主专制的大胆结论，但它始终没有赋予人民当家作主的主体资格和政治权利的思想内涵，因此没有、也不可能发展为民主思想。这是因为民本思想在根本上是作为统治阶级的统治经验提出来的。民本思想的理想政治就是统治者成为"民之父母"并"为民做主"，从而使君民关系由统治和被统治的政治关系变为父慈子孝的伦理关系。儒家经典《大学》就这样说："民之所好，好之；民之所恶，恶之。此之谓民之父母。"中国古代的民本思想已经深深打上了宗法制度的烙印。在中国把民主理解为人民统治是从近代开始的，清末鸦片战争失败后中国被迫开放，于是西方民主思想得以传入。

从欧洲中世纪末期起，资本主义生产关系迅猛发展，资产阶级逐

---

① 大意是：夏桀无道，大失四方人心；惟有成汤，能用四方之贤，深得民心，因此消灭夏朝，取而代之，作天下人民之主。

渐成为社会的重要力量。但国家政权仍由封建统治阶级掌握，君权神授论是封建制国家权力起源和合法的正统思想，阻碍着资本主义的发展。于是，欧洲历史上先后发生了文艺复兴、宗教改革和启蒙运动，资产阶级思想家提倡自由、平等、民主和人权，批判神权、王权和等级特权，为资产阶级革命奠定了思想基础。其中，资产阶级学者洛克和卢梭提出了人民主权理论，这是资产阶级思想家对古代民主思想的继承和发展，对后世的国家秩序产生了深远影响。

民主产生以来历经发展，内容和形式发生了许多变化，人们更是在多种意义上使用它，这就使得民主本身成了一个很复杂的问题。① 马克思认为，虽然不存在抽象的超阶级的"全民"民主，但是作为一种制度，民主制相对君主制民主制进步巨大，"民主制是君主制的真理，君主制却不是民主制的真理。君主制必然是本身不彻底的民主制，而君主环节却不是民主制中的不彻底性。君主制不能从自身中得到理解，而民主制则可以从自身中得到理解。在民主制中，任何一个环节都不具有与它本身的意义不同的意义。每一个环节实际上都只是整体人民的环节。在君主制中，则是部分决定整体的性质。在这里，国家的整个制度构成必须适应一个固定不变的点。民主制是国家制度的类。君主制则只是国家制度的种，并且是坏的种。民主制是内容和形式，君主制似乎只是形式，然而它伪造内容。"② 马克思还说："在民主制中，不是人为法律而存在，而是法律为人而存在；在这里法律是人的存在，而在其他国家形式中，人是法定的存在。"③ 民主可以存在于一切类型的国家。民主的性质并不影响其实现形式的多样性，即

---

① 有人总结出民主的5种含义：①在政治制度层面上使用，把民主理解为一种国家形式和一种国家形态，即民主制度和民主政体；②在人民权利层面上使用，民主就是广义的民主权利；③在组织管理层面上使用，将民主称之为组织管理的民主原则；④在思想观念上使用，民主就是指民主观念和民主精神；⑤在工作作风和工作方法层面上，毛泽东主张用民主作风反对并克服独断专行的官僚主义作风，主张用民主的方法去解决人民内部的矛盾。参见李铁映《论民主》，人民出版社2001年版，第28—38页。
② 《黑格尔法哲学批判》，《马克思恩格斯全集》第3卷，人民出版社2002年版，第39页。
③ 同上书，第40页。

使阶级实质相同的民主也可能采取不同的实现形式。同样，即使阶级实质不同的民主也可能采取相同的实现形式。这是因为民主的具体实现形式对民主的阶级实质即享有民主的主体来说只是手段和工具而已。

民主的价值在于它保证了国家权力掌握在人民手中并按照人民的意志行使（主要通过民主选举的方式），使更多的人享有参与管理国家公共事务和发展自我的机会（由于人民享有选举和被选举的民主权利），民主成了现代社会统治合法性的思想基础。

民主也有缺陷。主要表现在：（1）多数人的意见不一定正确。民主和真理之间有可能存在矛盾，因为有时真理掌握在少数人手里，有时一部分人利用大众的无知和非理性将不正确的观点变成多数人的意见，结果导致不可弥补的损失甚至灾难。历史上不乏典型的事例，如苏格拉底被错判死刑就是雅典民主的结果。这正是所谓的社会精英怀疑甚至否定民主的重要理由。[①] 有鉴于此，西方国家很多和民主有关的制度都禁止多数的绝对决定权，如美国对立法进行司法审查的制度。[②] 但这并没有否定民主，而是克服民主缺陷的补救措施。（2）少数人的利益得不到保障，民主和个人利益之间可能有冲突。社会本身就是一个利益结合体，民主认同的是多数人的意见，多数人为了自己的利益可能牺牲少数人的利益，这样的事例不胜枚举。因此，民主易产生多数人暴政和压制社会多元性。[③] 虽然可以在国家法律中规定一些不容侵犯的个人基本权利来保护少数人的基本利益，防止多数人利用民主方式对其侵犯，但除此之外，少数人的非基本利益可能会淹没在多数人的利益之中。世界上没有完美无缺的制度，这或许是人民在享有民主的成果时不得不付出的代价。

---

① 参见［美］夏皮罗《政治的道德基础》，姚建华等译，上海三联书店 2006 年版，第 226—246 页。

② Menachem Marc Kellner, *Democracy and Civil Disobedience*, *The Journal of Politics*, Vol. 37, No. 4 (Nov., 1975), Southern Political Science Association, p. 911.

③ 参见［法］托克维尔《论美国的民主》，董果良译，商务印书馆 1988 年版，第 289、620—624、839 页。

综上所述，民主有三个基本含义：(1) 民主是人民自己替自己作主，是自己的真实意思表示。自己替别人作主或别人替自己作主都不是民主。无论直接民主或者间接的代议制民主，都是如此。(2) 少数服从多数是民主的基本规则。(3) 人权或宪法规定的基本权利神圣不可侵犯，它们是民主的基础和边界，不能通过民主剥夺。

二　人民主权

近代以来民主发展为人民主权。人民主权或主权在民，是指主权来自人民、人民掌握主权以及主权服务人民，也就是主权的起源、主体和归属都是人民。当今无论资本主义社会还是社会主义社会，都将人民主权作为国家政治制度的指导思想和基本原则。由于主权从产生起就充满争议，不同文化、不同时期的人们对其有不同理解。①

(一) 主权思想的生成

主权概念是西方社会近代历史发展的产物，但一旦形成就有着广泛影响。② 西方社会进入近代以前长期处在中世纪，神学思想支配了一切，"中世纪把意识形态的其他一切形式——哲学、政治、法学，都合并到神学中，使它们成为神学中的科目。因此，当时任何社会运动和政治运动都不得不采取神学的形式；对于完全由宗教培育起来的群众感情说来，要掀起巨大的风暴，就必须让群众的切身利益披上宗教的外衣出现"。③ 因此，世俗的一切事务都受到神学思想的影响。但是事实上，中世纪存在上帝和世俗、教会和国家、教皇和国王的二元对立。教会是建立在基督教教义之上的社会组织，教会认为一

---

① Alan James, *Sovereign Statehood*, Allen &Unwin, London, 1986, p. 3.
② [英] 斯金纳：《近代政治思想的基础》（下），奚瑞森等译，商务印书馆2002年版，第495—508页。
③ 《路德维希·费尔巴哈和德国古典哲学的终结》，《马克思恩格斯选集》第4卷，人民出版社1995年版，第255页。

切权力来自上帝，教皇是上帝在世俗的代表，教权高于君权，君权神授，教会可以管理包括国王在内的所有基督徒。国王主张自己在世俗事务中有最高权威和争取更多世俗方面的权力，因此常常与教会发生冲突，但却以失败告终，因为包括国王在内的大多数人都深信基督教真理。①

进入近代后，由于争取个人自由的文艺复兴和争取民族独立的宗教改革运动兴起，教会威信逐渐衰落，王权进一步巩固，民族国家逐步形成。面对这些运动带来社会秩序的混乱与重构，人们开始从现实而不是从基督教教义出发来看待世俗问题，解决世俗问题的方法也是现实的。这种思想的进一步发展，就是人们开始摆脱已有宗教道德观念的束缚，完全从实际出发，从经验世界中寻找社会事务的原因和解决社会问题的方法。用发展的眼光看，这种看问题的方法是人类认知方法的一个进步，这个进步在意大利政治家马基雅弗利那里表现得特别明显。马基雅弗利的"政治的理论观念摆脱了道德，所剩下的是独立地研究政治的主张"②，他的政治法律理论不是从宗教道德而是从社会现状出发，用历史和事实来解释政治和法律领域中的问题，主张为了国家目的可以不惜采取不正义的手段。③ 因此，既然基督教教义和教会的权威已不复存在，而社会又需要权威去结束混乱的状态，这种权威只会来自独立的民族国家及其统治者而不会是自由的个人，这就是世俗主权思想形成的历史逻辑。

1576年法国思想家博丹在《国家六论》中第一次提出主权概念，因此他被认为是主权理论之父。他认为主权是一个世俗国家绝对的和永恒的权力，主权不论在权力、责任或期限上都不受限制。他主张君主主权，君主享有人类的主权，他与人民是分开的且只对上帝负责，他已变成一个整体、一个分开的和超越的整体；君主主权来自人民的赠与，但君主一旦成为主权者后，他是最高生命的统治者，独立于人

---

① 参见[英]罗素《西方哲学史》（上），何兆武等译，商务印书馆1963年版，第377页。
② 《德意志意识形态》，《马克思恩格斯全集》第3卷，人民出版社1960年版，第368页。
③ 参见[意]马基雅弗利《君主论》，张志伟等译，陕西人民出版社2001年版，第105页。

民并且统治人民。① 绝对和最高是君主主权的两个基本属性：（1）主权是一种绝对的和不可分割的所有权，既不能被分享也不容有程度之分，是作为自身固有的、独立的、完整的权利；（2）主权者和他所统治的政治共同体——国家是分开的，主权者在国家之上因而不受国家的任何限制，主权产生和决定国家的一切权力，主权和主权者都是最高的。虽然是从中世纪神的最高权威走向了民族国家的最高权威，但就人类思想进步而言布丹主权思想具有积极意义。这意味着人类更加重视经验世界中自身的存在和意义，人的主体性显现，从而依靠自己而非外在来决定自身命运。

博丹的主权理论没能确证绝对主权的正当性，因此无论当时还是后来它都遭到非议。但这个缺陷在霍布斯的主权理论中得到了弥补。霍布斯认为，在国家产生以前人们处于自然状态之中，受理性的自然法支配，享有平等的自然权利即人权；但这种自然状态是"每一个人对每一个人的战争"状态，人们为了安宁，通过社会契约将自然状态下的所有权利转让给国家，国家拥有至高无上的、不可分割和不可转让的主权；个人结束了自然生活进入了政治社会，个人成为国家公民，个人失去了自然权利而得到了公民权利，公民权利来源于主权；这个主权国家就是伟大的"利维坦"，就是"尘世的上帝"。②

作为对后世影响深远的启蒙思想家，霍布斯是一位极富争议的人物。他开创了以个人权利为中心的自由主义时代并对后来的自由主义学者如洛克、孟德斯鸠、布莱克斯通、康德和密尔等产生了重大影响，因此有人认为他是"现代个人权利传统的奠基人"。③ 这是霍布斯对人类思想的最大贡献，近现代的许多政治法律理论及其制度都离不开他的自由主义。但霍布斯的自由主义思想终结在他的绝对主权理论中，后世关注更多的是他的主权理论而不是自由主义思想，并且他的主权理论多是负面的作用，因此他也就成了极权主义理论及其实践

---

① 参见［法］马里旦《人和国家》，霍宗彦译，商务印书馆1964年版，第31—34页。
② 参见［英］霍布斯《利维坦》，黎思复等译，商务印书馆1985年版，第92—142页。
③ ［美］杜兹纳：《人权的终结》，郭春发译，江苏人民出版社2002年版，第75页。

的代表。虽然有失公平，但这是基本的历史事实。①

在霍布斯看来，人们通过社会契约将自然权利全部转让给国家后，自然权利和个人在国家中就不存在了，在国家中只有公民和公民权利；公民权利来源于国家主权，公民成了国家的一部分，公民也就是臣民。于是，个人及其理性在国家中消失了，自然法在国家实在法中消失了，法律就是主权者的命令，主权者既不受原初契约也不受自己制定的法律的约束，国家作为主权者其意志决定一切。这些传统思想为专制的历史和现实辩护，贬低甚至忽略了个人的自由和权利，因此遭到了文艺复兴运动以来的自由主义思想家们的猛烈抨击。霍布斯认为人们服从国家权力是人们运用理性自由选择的结果，人们通过社会契约组建自己的国家并且赋予国家最高权威。自由、理性和契约是当时思想家们用来反抗专制统治的武器，但在霍布斯这里却成了专制统治的合法工具。霍布斯通过社会契约论的新方法复活了古希腊罗马、中世纪直至当时的专制主义传统，使传统的个人从属于社会的关系取得了新的合法性渊源，使人的个性重新淹没在社会整体和国家里有了新的可被接受的证明，霍布斯的绝对主权理论极具迷惑性。

一般而言，个人和国家的关系可分为三种情形，一是极端自由的无政府状态，二是个人自由和社会秩序相统一的合理状态，三是极端专制的极权状态。现实中的国家往往摇摆在第一、第三种状态之间，很难达到理想的第二种状态。霍布斯关注的就是这些政治现实的合理性和稳定性，关注社会秩序的价值。在他看来，稳定的社会秩序是个人拥有自由和权利的前提，即使是不完美的极权状态也比无政府状态好，因为无政府状态就是倒退到人人自危的自然状态，虽然在极权状态下国家权威有可能损害个人的自由权利，但人们会有更多的安全感。正是社会秩序的重要性，因此就需要一个保证秩序的力量，这个力量必须具有最高权威，这就是霍布斯所说的主权。因此，主权的产生实质上又是现实的需要，而不仅仅是人们理性思考的结果。这样，

---

① 罗素认为"《利维坦》中表达的政治见解是极端的王党政见"，参见［英］罗素《西方哲学史》（下），马元德译，商务印书馆1976年版，第67页。

霍布斯把国家主权的正当性最终建筑在外在的物质力量上，而不是建筑在人们的道德原则上。霍布斯的本意在于强调社会秩序的现实原因及其重要性，但忽视了社会秩序的道德合理性。他强调的是社会秩序的意义而忽视了个人的价值，高估了他律的作用而低估了自律的作用；强调了权力的善性而忽视了恶性。卢梭、黑格尔、尼采等近代学者以及麦金太尔、桑德尔等现代学者深受该思想的影响。霍布斯是站在统治者而不是被统治者角度论述国家主权的正当性。因此，凡是当权者和统治者都喜欢霍布斯的绝对主权理论。

（二）人民主权思想的内涵与本质

人民主权的思想在古代西方早已存在，不过当时叫做民主，因为没有主权概念也就没有人民主权的称谓。到了近代，君权神授论已成为西方国家权力起源和合法的正统思想。神权论主张，神把权力赋予某些人，这些人或他们的后代继承人构成合法政府，反抗它不仅大逆而且渎神。① 为了反抗封建专制和君权神授论，资产阶级学者洛克、卢梭等人提出了人民主权论，这是资产阶级思想家对民主思想的重大发展，洛克主张相对主权论而卢梭坚持绝对主权论。马克思吸收了卢梭的人民主权思想，揭示了人民主权的阶级性本质和发展规律。

洛克人民主权思想的主要观点是：（1）主权来自人权的部分让与。主权首先是一种国家权力，其次因来自人权而具有权威和合法性，因此称之为人民主权。实在的主权者是国家而不是人民，虽然国家可以看作是人民的集合体，但体现国家职能的既不是整体的也不是个体的人民，而是各种国家机构，国家和人民是分开的。人民主权只是对国家权力来源、使用和归属合法性的解释而已，而国家在行使权力的过程中有可能背离人民的利益。因此，洛克并不主张一种不受限制的最高权力作为主权，而是将国家权力看作人民主权的组成部分，立法权、执行权和对外权由不同国家机关独立行使，没有大小高低之分，并且相互制衡，反而能满足人民主权的要求，可以说这是一种相

---

① 参见［英］罗素《西方哲学史》（下），马元德译，商务印书馆1976年版，第162页。

对主权论。(2) 人权高于主权。国家权力不得以任何借口侵犯人权，因为人民保留的人权是不可让渡和不可剥夺的，其中部分被规定在社会契约中、部分仍旧在自然法中也就是人民的心中。(3) 主权有限。国家权力虽然以独立的形态存在和实施，但是不得违背自然法和社会契约，而且要受到它们的严格限制。(4) 以权力制约权力。立法权、执行权和对外权都是强力并有滥用的可能，预防的最好办法就是分权制衡、以暴制暴。①

洛克思想的出发点和归属是人，一切从人开始，一切为了人，并且人始终处在第一位。在他看来，人只要是人，就理所当然地拥有天赋的权利，人人都有平等的人格和同等的价值；人就是目的，其他的一切都是手段，个人成为国家公民后，仍具有独立身份，国家对待公民应该宽容。洛克的相对人民主权思想对近代孟德斯鸠、布莱克斯通、康德和密尔等思想家产生了直接的影响，他们的主权理论同洛克的一脉相承。孟德斯鸠第一次系统地提出了立法权、行政权、司法权"三权分立"学说。② 正是在该理论的指导下，西方资本主义社会建立了立法、行政和司法之间分权制衡的"分权"的国家权力结构。③ 相对主权思想体现了以个人为中心的自由主义，是一种符合广大被统治者要求和利益的主权理论。

卢梭人民主权思想的主要观点是：(1) 主权来自人权的全部让与。人民通过社会契约全部转让了自己的人权，不再保留任何权利。(2) 主权高于人权。人民在国家中的任何权利都来自主权、从属于主权，除此之外人民就不再有权利。(3) 主权无限。主权是绝对的、不受任何限制，即使是形成它的社会契约本身。(4) 主权是公意的运用。公意就是全体人民的共同意志，也就是国家意志，主权是公意的

---

① 参见［英］洛克《政府论》（下），叶启芳等译，商务印书馆1964年版，第5—6、12—16、54—95页。
② 参见［法］孟德斯鸠《论法的精神》（上），张雁深译，商务印书馆1961年版，第154、157页。
③ 参见［美］戈登《控制国家——西方宪政的历史》，应奇等译，江苏人民出版社2001年版，第17页。

运用并表现为立法权。公意永远是公正的且永远以公共利益为依归，因此体现公益的主权也永远是正确的。公意永远不能转让、不可分割和不可代表，所以主权也不能转让、不可分割和不可代表。①

如何处理个人与国家或者个人自由与国家权力的关系一直是困扰历代思想家和政治家的难题。卢梭借用"公意"的概念，来消解个人意志与国家意志、个人自由与国家权力之间固有的矛盾。在他看来，惟有公意治理人民，人类才能自由，人民服从公意"不过是在服从自己本人，并且仍然像以往一样自由"，而拒不服从公意的那些人必须"被强迫自由"。② 于是，在"公意"的指导下，个人意志与国家意志、个人自由与国家权力就不再有矛盾，而是和谐的统一。但是，这只是卢梭浪漫的想法，其错误在于以下几个方面：

第一，卢梭承认了公意的重要，但他没有解释如何实现公意，他只是相信公意永远正确。卢梭深受柏拉图以及其他理性主义哲学家的影响，相信人性本善，他说"公意永远正确"是指：是否正确是公意的真正基础，而不是说公意是正确与否的唯一准绳，正确是公意的本质属性，公意等于正确。这样，卢梭就排除了个人自由和个人自由选择的可能性，而公意就是主权者的意志表示，主权者的意志就是正确的，服从主权者的意志就是个人唯一的选择。如果个人不服从主权者的意志，主权者就可以强迫他服从，而这种不受约束的绝对的主权最后会走向公意的反面，成为极权。由此看来，卢梭人民主权思想的本质是国家中心主义，他是从统治者的角度看待主权的，其公意理论往往成为极权主义者镇压人民的有力借口。

第二，卢梭把人民主权建立在公意之上因此不受限制。但在自由主义思想家看来，主权在本质上必须是有限度的，这个限度就是个人的独立和存在，不管何种政府跨越它即非法。在这个关键问题上，卢梭犯了致命错误，其原因在于卢梭在讨论主权时忘记了一个最基本的道理：任何主权都必须由具体个人行使。不论主权者的概念多抽象，

---

① 参见［法］卢梭《社会契约论》，何兆武译，商务印书馆1980年版，第23—44、51—88、117—130、168页。

② ［法］卢梭：《社会契约论》，何兆武译，商务印书馆1980年版，第23—24页。

一旦主权者行使权力或一旦权威组织开始操作时，抽象的主权者本身无法行使这一权力，它必须将权力交给自己的代理人。这时卢梭赋予抽象主权者的那些属性便不复存在了。政治权力不论在抽象意义上如何代表人民和体现普遍意志，实际上必然由少数人行使，必然更多地反映少数人的意志，因此通过民主方式来保证主权不侵害个人自由只是幻想。抽象的权力也许是高尚、公正、无私的，而现实的权力必然伴随偏私、压迫和罪恶。追逐利润是资产阶级的最高目标，他们会不顾无产阶级的利益甚至起码的生存权。资产阶级那些冠冕堂皇的理论和思想，在现实面前不堪一击。资本主义的发展史，就是资产阶级无情剥夺无产阶级的历史，也是无产阶级反抗资产阶级的革命史。资产阶级的人民主权理论，不论以何种面目出现，都有虚伪性，它经不起实践的检验，也经不起历史的检验。

马克思吸收了卢梭的人民主权思想，认为一切权力应当来自人民。在《黑格尔法哲学批判》中，马克思运用人民主权思想批判了封建专制和君主立宪制。针对黑格尔美化普鲁士君主立宪制度，把君主规定为"人格化的主权"观点，马克思指出君主主权和人民主权完全对立，"在君主制中是国家制度的人民；在民主制中则是人民的国家制度。"①

为什么民主应是人民自己替自己做主，为什么国家权力的主体应是人民呢？马克思和恩格斯在《德意志意识形态》中对这些问题作了历史唯物主义的解释：全部社会生活在本质上是实践的，直接从生产和交换中发展起来的社会组织，在一切时代都构成国家的基础。② 国家权力和制度是从人们的社会实践，特别是从人们的社会生产和交换活动中产生出来的，是人们从事共同的社会生产活动、维护共同利益的需要。人民作为社会实践的主体，是社会历史的真正创造者，是推动历史前进的真正动力，他们应当是国家权力的真正主体。

---

① 《黑格尔法哲学批判》，《马克思恩格斯全集》第 3 卷，人民出版社 2002 年版，第 39 页。
② 参见《德意志意识形态》，《马克思恩格斯全集》第 3 卷，人民出版社 1960 年版，第 28—31 页。

不过，相对资产阶级思想家主张人民主权来源于一国的全体公民、来源于每一个具有普遍本质的抽象意义的人，马克思主义认为国家是统治阶级压迫被统治阶级的工具，人不是抽象的而是具体的，在社会发展的不同阶段人民分裂为不同阶级的前提下，不存在包括所有阶级在内的人民主权，存在的只是统治阶级主权，即奴隶主阶级主权、封建主阶级主权、资产阶级主权或无产阶级主权，人民作为整体就是统治阶级，作为个体就是统治阶级的成员，只有随着阶级消灭主权才最终来源于全体人民但同时主权也消亡了。

马克思揭示了人民主权的阶级本质，但这并不意味着国家就可以任意对待被统治者，相反，平等保障被统治者在内的所有公民的基本权利是一个国家的起码义务。正是在马克思主义人民主权理论的指导下，中国实行"主权"的国家权力结构，立法权作为主权是由人民行使的最高权力，行政权和司法权都来源和受制于立法权。

由于现代社会极其复杂多元，人民不可能通过人人参与的形式直接行使主权，主要通过选举代表以代议制形式间接行使主权，前者又叫直接民主而后者就是间接民主。无论哪种人民主权（民主）形式都有一定缺陷。尽管如此，但社会发展表明，没有比民主或人民主权更好的方式保证国家权力按照人民的意志行使（通过民主选举），并使更多的人享有参与管理国家公共事务和发展自我的机会（人民享有选举和被选举的权利）。因此，人民主权思想被大多数国家意识形态接受或认同，是现代社会统治合法性的正统思想。

（三）人权与主权的关系

人权是一种权利，是只要是人就应当具有的权利。人权的观念与制度是近代以来西方资本主义社会发展的产物，并通过政治、经济、军事、文化等国际交往逐步传播到了世界各地。

人权发展到现在，大致经历了"三代人权"。[①] 第一代人权表现为

[①] "三代人权"论由法国法学家卡雷尔·瓦萨克（KarelVasek）提出，参见《联合国教科文组织信使》（*The UNESCO Courier*）1977年，第29—32页。

以自由权为核心的公民"消极权利",公民通过法律规定的平等权、人身自由、财产自由、思想自由、政治权利来防止和对抗国家权力的干涉。该代人权始于资产阶级启蒙运动而鼎盛于自由资本主义时期。第二代人权是指以平等权为核心的公民"积极权利"即经济、社会和文化权利。尤为社会主义者所重视,要求国家在尊重个人自由的前提下积极作为,保障公民平等享有劳动权、物质帮助权、受教育权、参政权等一系列权利,促进人的全面发展。第三代人权是指以生存权为核心的国家或民族集体享有的独立、自决、生存和发展的权利,相对于第一、二代的"个体人权"这是一种"集体人权"。① 它尤为发展中国家所提倡,反映了曾长期处在西方殖民统治下独立出来的新兴国家和民族要求独立、维护和平、保护环境和寻求发展的呼声。

主权是一种权力,其意味着"在一种社会关系里哪怕是遇到反对也能贯彻自己意志的任何机会,……不管这种机会是建立在什么基础之上"。② 主权有内外之别。对一国而言主权有多种含义,有时指立法权,立法权处在权力系统的起点和最高位置,产生和决定行政权和司法权;有时立法权、行政权和司法权都是主权的表现;有时只是一种具有解释功能的理论形态而并不对应实在权力。但在国际上,主权是指国家的独立和完整不容他国侵犯。

目前世界上大多数国家按照人民主权理论建立了政治法律制度,人权是主权的基础,只有源自人权的主权才有合法性,同时人权的实现又受到主权制约,主权既能促进也能阻碍人权,如何处理人权和主权的关系是一个国家的基本问题。另外,人权作为人应有的权利,各国人权虽然殊异但存在共性。由于第二次世界大战中法西斯肆意践踏

---

① 虽然"集体人权"被社会广泛使用,但是该提法并不科学。人权主体只能是公民个人。国家或组织往往是权力主体,权力与权利总是对立的,权利是指以满足个人需要为目的的个人权利或私权利,权力是指以维护公共利益为目的的组织或责任人在职务上的权利或公权利,权力是权利的特殊变种。国家或组织在成为权利主体时已是在法律上被人格化的与公民平等的"个人",在该意义上就无所谓"集体人权"而仍旧是"个人人权"。参见徐显明主编《人权法原理》,中国政法大学出版社 2008 年版,第 134 页。
② [德] 韦伯:《经济与社会》(上),林荣远译,商务印书馆 1997 年版,第 81 页。

人权，国际社会开始高度关注人权问题。1945年《联合国宪章》将尊重全人类的人权及基本自由作为联合国的一项宗旨。以联合国大会和经社理事会为首的联合国机构主持缔结或通过了许多专门规定人权问题的国际公约和议定书，其中1948《世界人权宣言》、1965年《消除一切形式种族歧视国际公约》、1966年《公民权利和政治权利国际公约》和《经济、社会、文化权利国际公约》、1979年《消除对妇女一切形式歧视公约》、1984年《禁止酷刑和其他残忍、不人道或有辱人格的待遇或处罚公约》、1989年《儿童权利公约》、1990年《保护所有移徙工人及其家庭成员权利国际公约》、2006年《残疾人权利公约》和《保护所有人免遭强迫失踪国际公约》是联合国系统内核心的人权公约。在此基础上，大量与人权有关的国际条约相继缔结、通过并生效，一些与人权有关的国际习惯规则也逐渐形成。它们共同构成了人权国际保护的法律依据。

如何处理人权和主权的关系是一个复杂问题。由于人权的国际保护可能干涉国家主权，同样国家主权也可能侵犯人权。因此，就存在"人权高于主权"和"主权高于人权"这两种相互对立的观点。

在人类社会进程中，西方发达国家率先建立了比较完备的人权制度，它们一方面强调本国的独立主权，另一方面却将一些弱小民族和国家长期置于自己的统治下而不顾他们的主权。虽然他们已经独立为新兴主权的发展中国家，但发达国家仍不能以平等的态度去对待，总是有意无意地操控他们的发展进程，"人权高于主权"往往成了发达国家干预发展中国家内部事务以及推行强权政治和霸权主义的工具。而在经历长期殖民统治、主权遭受践踏的悲惨历史后，发展中国家深知主权的弥足珍贵，国家一旦丧失主权则该国的人权根本得不到尊重和保障。因此，发展中国家独立后，在不断改善国内人权的同时，对一切可能危及主权的言论和行动保持高度警惕，他们主张"主权高于人权"，用以对抗西方的强权和霸权。虽然西方发达国家主张"人权高于主权"而广大发展中国家主张"主权高于人权"有着深刻的历史根源，但这种将人权和主权绝对对立的观点显失偏颇。

首先，人权是主权的源泉和基础，主权是人权的体现和保障。依照人民主权理论，国家的一切权力来自人民让与的权利，人民通过直接民主或间接的代议制民主行使权力，没有人权就没有主权的合法性，绝不允许行使侵犯人权的主权。同时，人生活在国家中，人可以在不同国家之间流动但不能游离国家之外，人权不但是抽象的道德权利而且表现为具体的法定权利和现实权利，① 人权的实现和救济有赖于国家根据国情通过立法、司法和行政手段去逐步实施。当人权尤其是生存权和发展权遭到外来威胁时，还需要国家凝聚全国的力量去加以保卫。古今中外的事实充分证明：一个丧失了主权的国家的人民无人权可言，他们往往沦落为侵略国任意宰割的羔羊。可以这么说，人权与主权共存亡，当今世界并不存在超越或凌驾主权之上的人权，无论国内还是国家间，没有主权也就没有真正意义上的人权。

其次，主权在本质上是有限的和相对的，人权设定了主权的边界。主权有内外之分，因此对主权的制约也来自国内和国际两个方面。在国内，各国宪法和法律都规定了公民在政治、经济、文化、社会等方面的基本权利，国家不得以任何借口侵犯它们，凡法律没有规定对公民就是允许的而对国家则是禁止的。人类生活中存在着一部分属于个人的不可剥夺的内容，有权置身于任何社会权能的控制之外。这是个人自由的起点，也是主权管辖的终点。社会跨越这一界限，它就像手握屠刀的暴君一样邪恶。在国际上，国际条约为各国设立了保护人权的国际法律义务，它们构成了对国家主权的限制。一个国家在下列情形中不能用主权对抗国际社会的指责或制裁：(1) 大规模粗暴侵犯人权的行为及其影响超越一国范围，危及了国际和平与安全；(2) 大规模粗暴侵犯人权的行为构成了国际法认定的国际犯罪，如侵略罪、战争罪、反人类罪、种族灭绝罪、种族隔离罪等；(3) 国际条约明文规定可以进行国际干预的情况。但国际干预必须遵循国际法，否则要承担国际责任。一国因人权问题受到国际社会的指责或制裁，尽管主权的某个方面可能受到一定限制，但该国主权的其他方面仍应得到应有尊重和国际法的保护。

---

① 参见李步云《论人权的三种存在形态》，《法学研究》1991 年第 4 期。

人权与主权是对立统一的辩证关系，既有内在的和谐统一也有外在的对立冲突，"人权高于主权"或"主权高于人权"都是一定条件下的结论，不能进行非此即彼的简单取舍。由于人性的普遍要求以及全球化导致的人类相互依存度的不断提高，使得有效协调人权与主权的关系尤为紧迫。但当今国际社会大国与小国、强国与弱国、发达国家与发展中国家处于不平等地位是基本事实，大国、强国和发达国家有力量借口人权问题干涉他国主权，而小国、弱国和发展中国家不但不可能干涉比它强大的国家的主权而且对于后者的非法干涉都无法抗拒。因此，要坚持国家平等、人权和主权并重的基本原则，建立人权与主权的和谐关系。在国内，主要通过加强民主法治建设来保障人权和规范主权。人权和主权的作用是相互的。人权的实现和保障越好，人民就会拥护政府，主权也就越稳固。反之，主权越稳固，就越能实现和保障好人权。在国际上，一方面，每个国家享有独立处理国内外事务的权力，不受任何外来干涉；另一方面，每个国家行使主权时，应当尊重别国的主权，不得侵犯别国的主权或干涉别国内政，不得把自己的意志强加于人。任何国家以保护国际人权为借口，公然入侵别国或粗暴干涉别国内政，这本身就是破坏国家主权和侵犯国际人权。虽然人权问题已成为国际现象，人权的国际保护也为国际法所确认，但由于国际社会对人权的标准、人权的普遍性与特殊性、国际干预的限度和方式等具体问题一直存有不同意见，特别是当事国与其他国家之间的争议尤甚，以单方的理解很难解决这些问题，同样以强权来维护"人权"更是违反国际法基本原则。实践证明，通过对话、协商的方式，不但是解决国际人权问题的有效途径，而且能够积极促进各国人权状况的改善。

（四）如何看待西方人民主权

人民主权思想蕴涵了人人生而平等的基本理念，表明人是自己的主人并应当自己统治自己。虽然国家中人民主权的本质仅仅是统治阶级的统治权，但相对于各种带有专制性质的统治观念，人民主权思想的产生无疑是人类政治思想史上的重大进步。

当今人民主权主要有资本主义的和社会主义的两种形态。经过几百年的发展，西方资本主义人民主权在理论、制度和实践上都取得了长足进步。而社会主义人民主权虽在理论上比资本主义的先进，但在制度和实践上不仅没有达到该理论本身的要求，而且某些方面还不如资本主义人民主权。虽然马克思主义认为社会主义代替资本主义是人类社会进步的趋势，但这将是一个漫长的过程，具有不以人的意志为转移的客观规律性，毋庸置疑社会主义与资本主义会长期共存、对立和发展。因此，如何看待西方资本主义人民主权，防止海内外敌对势力妄图利用"人民主权牌"或"民主牌"对中国实施西化的政治图谋，防止颜色革命或和平演变，是目前不容回避的重要课题。

首先，要正确认识人民主权的性质与实现形式的关系。人民主权的性质取决于人民的阶级属性，人民属于哪个阶级就是哪个阶级的主权，事实上只有统治阶级才享有主权，因此人民主权的性质也就是统治阶级的性质。人民主权的实现形式就是人民或统治阶级采取何种制度安排来实现主权。从历史上已经出现的人民主权类型和不同国家人民主权的实现形式中发现，人民主权既有普遍性和社会性的一面也有特殊性和阶级性的一面，性质相同的人民主权可以采取不同的实现形式，性质不同的人民主权也可以采取相同的实现形式，人民主权的性质与实现形式没有必然联系。

一个国家的人民主权采取何种形式，主要在于是否适应该国人民的需要，但不论采取何种形式都不会改变该国人民主权的性质。因此可以说，如同市场经济不是资本主义固有的、社会主义也可以搞市场经济一样，多党制、议会两院制、三权分立等政治制度也不是资本主义固有的，只是西方资本主义国家先实行而已，社会主义国家同样可以继承和发展这样的政治制度。由于一段时期内意识形态上的绝对对立，人们曾将资本主义人民主权的实现形式错误地当作其根本属性而盲目排斥。其实，即使把西方资本主义国家的这些政治制度全面搬进中国，也改变不了中国人民主权的阶级性质。

有人担心借鉴西方的政治制度会使中国人民主权的性质变色是多余的，有人想通过实行西方的政治制度来改变中国人民主权的性质也是妄想。由于人民代表大会制度、一党执政多党参政的政治协商制度是符合中国国情和历史的人民主权的实现形式,因此,既要反对那些试图照搬西方政治制度来改变中国特色的人民主权制度的想法和做法,也要反对那些将马克思主义人民主权理论教条化而因循守旧不去借鉴资本主义人民主权理论的思想和行为。

其次,不能混淆人民主权的应然与实然。应然,指应当是怎样的,是一种主观理想的情形;而实然,指实际是怎样的,是一种客观真实的状态。二者可能一致也可能不一致,不可将二者混同。

从应然的角度,社会主义人民主权是在资本主义人民主权的基础上发展而来,应当比后者优越,人们应当对社会主义人民主权树立信心。但这种理论上的优越并不表明实践中就一定优越,实践受到各种因素的制约,不一定同理论设想的那样甚至还可能背道而驰。

人民主权,无论作为观念还是制度,其实最终都是由经济基础和生产力发展水平决定的。一般而言,一个经济落后、生产力不发达的国家不可能存在先进形态的人民主权,同样一个经济先进、生产力发达的国家也不可能存在相对落后的人民主权类型。当然,人民主权的观念和制度,也会对社会的发展产生积极或消极的影响。

从实然的角度,社会主义人民主权还有许多不尽如人意的地方,甚至在某些方面还不如资本主义人民主权,我们应当正视这些问题和认识到这种差距。有人对西方资本主义国家的成就视而不见,认为资本主义人民主权一无是处。① 这是错误的,因为既然一无是处它就没

---

① 20世纪西方最大的马克思主义流派法兰克福学派就持这种态度。1923年德国法兰克福大学成立了以研究马克思主义为宗旨的社会研究所,历史学家格律伯格任所长;1930年霍克海默接替患病的格律伯格担任社会研究所所长,从此开始了以社会批判理论而著称的法兰克福学派的历史,霍克海默、马尔库塞、阿多尔诺、弗洛姆等第一代代表人物成为十分有影响的社会思想家;从20世纪70年代起,随着第一代代表人物的相继去世,其继承者第二代代表人物哈贝马斯和施密特的思想产生严重分歧,法兰克福学派走向解体。其中马尔库塞的观点往往反映了法兰克福学派的共同特点,他把资本主义社会看作一个整体,从个人与整体完全对立的角度对其进行全方位批判,深刻揭示了现代人的异化和现代社会的物化结构,特别是技术理性、意识形态、大众文化等异化的力量对人性的压抑和束缚,个人消融在其中而使个人除了肉体之外不再成为个人;

有存在的必要或不可能存在，存在的在一定程度上就是合理的。有人对中国改革开放以来取得的成绩沾沾自喜，认为中国社会主义人民主权完美无缺。这也是错误的，因为既然完美无缺它就没有发展的必要，而今天中国社会主义人民主权的内容和形式却在不断发展。

要用辩证唯物主义的眼光来看待这两种不同性质的人民主权，中国的社会主义人民主权建设应当借鉴人类历史上各种类型人民主权尤其是资本主义人民主权的有益成分。

最后，要认真借鉴西方人民主权的法治经验。人民主权（或民主），从一开始就必然有一套或简或繁的制度。没有一定的制度，它只是一个空洞的想法或理论而已，有了一定的制度，"人民"或"多数人"才能把握和操作它，才能治理国家和社会。

作为一个有极强现实品格和极大价值的追求目标，任何时期、任何国家或地区的人民苦苦求索的，从来就不是人民主权的字面含义和理论，而是在于如何争取它，尤其是争取之后建立一套什么样的制度，并使这些制度得到切实遵守，以便人们充分地享有和行使它。①

虽然历史上存在各种形态的人民主权类型，但它们的主旨在基本方面是一致的，就是围绕人民或多数人的统治如何形成合理有效的制

强调辩证的否定性和革命性，指出资本主义社会是一个极权主义社会，是不可能出现有效内部反对派、不具有内在否定性、完全停止进步的一个绝对统一的整体，是对个人存在的绝对否定，只有通过外部的所有个人的"大拒绝"这样的彻底否定才能结束资本主义的统治，并制定了发达资本主义条件下的革命战略（参见 H. Marcuse, *One-Dimensional Man*, Beacon Press, Boston, 1966, p10、63、70、75、107、153）。法兰克福学派的批判理论经常被称为"新马克思主义"，但它从来没有成为正统学说，随着时间的推移甚至变成了明确的非马克思主义理论（参见［英］迈克尔·莱斯诺夫：《二十世纪的政治哲学家》，冯克利译，商务印书馆2001年版，第52页）。法兰克福学派忽视了资本主义存在合理的一面和资本主义带来的巨大成就。虽然20世纪三四十年代资本主义曾被法西斯主义和纳粹暴力统治所取代但人们很快推翻了后者，资本主义制度重新确立并一直向前发展；20世纪晚期苏联和东欧社会主义国家纷纷抛弃了社会主义制度，返回到了资本主义的发展道路上。实践表明资本主义的历史使命远未结束。法兰克福学派对资本主义采取极端敌视和否定的态度，其"大拒绝"思想仅是人道主义的乌托邦设计，这种违背客观现实的主观革命永远只是一种空想。

① 参见刘瀚《刘瀚文选》，法律出版社2004年版，第330页。

度安排。由于人们对它赋予太多的理想色彩或者实现它的条件太苛刻等一系列原因，不论古代、近代还是现代，不论直接民主制还是间接民主制，绝对符合原意的人民主权——人民是主人、人民作主或多数人统治，都还没有或很难真正实现，存在的只能是更加接近原意的人民主权形态。

在实行民主的国家中，国家权力的所有权和使用权是分离的。所有权属于人民，人民是国家主人，但人民不是直接行使国家权力而是授权国家官员行使。官员是公仆，它来自人民但又是一个独立于人民的官僚集团。官员应当代表但可能代替人民行使国家权力。

近代以来西方资本主义国家的最大贡献就是人民主权的法律化和法治化，人民把自己的意志上升为国家意志并用法律的形式表现出来，法律规范同人民主权有关的一切活动，法律被切实遵守并具有至高统治地位，任何组织（含执政党）和个人都没有超越或凌驾法律之上的特权，没有法律依据或不依法行使的行为都是无效的。因此可以说，法律就是人民意志、就是人民主权，法律能更好地体现人民主权；依法行为就是服从人民意志、就是服从人民主权，法治能更有效地实现人民主权。这样，人民主权的重心从思想理论或社会事实转向了法律制度的技术运作层面，一切同人民主权相关的问题也就变成了法律问题或者说能在法律体制内得到解决。

当然法律和法治并非十全十美，这是任何事物都无法消除的，何况人类事物还存在那么多不确定性。改革开放前，中国法律虚无主义盛行，主要通过一次接一次的群众运动来实现人民主权，只图目的不择手段。改革开放后，国家开始重视法制建设，人民主权才逐步走上健康发展的轨道。西方法治国家的实践业已证明，没有比法律更好的制度去保障人民主权，没有比法治更好的方式去实现人民主权，这些有益经验不是西方资本主义国家的专利，而是人类社会共有的宝贵财富。

总之，人民主权是中国现代民主政治体制改革的指导思想和基本原则。人们应当坚持历史唯物主义和辩证唯物主义，遵循和发展马克思主义人民主权思想，借鉴人类历史上一切人民主权类型尤其是西方资本主义人民主权理论和制度中的有益成分，结合社会转型中的实际国情，通过法制形式和创新具体制度的方式，积极稳妥地推进中国政治体制改革和社会主义人民主权建设。

三 法治

法治是法律的统治，法律具有至高地位，核心是统治者必须依法活动。不能将法制等同法治，法制只是法治的必要条件，没有法制就没有法治，但有法制不一定有法治。人类历史上所有的国家都是法制国家，但法治国家直至近代资本主义社会才出现。人治是统治者的统治，统治者的意志和权力可以超越或凌驾于法律之上，统治者的意志具有至高地位。法治思想源远流长，但直至近代资本主义社会才成为统治合法性的主导观念，之前则是人治思想为主。

在古希腊城邦的政治思想中，法治虽然不是思想家最高的政治理念——正义亦非主流政治观念——王权至上，但是一些思想家的政治理想，也是那个时代有教养和阅历的人们的共识。① 古希腊思想家柏拉图在《理想国》中构建了一个"哲学王统治"的乌托邦，但实验中以失败告终，因此晚年开始重视法律，认为法律统治的国家是仅次于理想国的第二等好的国家。② 柏拉图的学生亚里士多德主张法治，认为"法治应包含两重意义：已成立的法律获得普遍的服从，而大家所服从的法律又应该本身是制订得良好的法律"，③ 出于城邦的共同利益法治比人治会更加公正、理性和有效。④ 古罗马思想家没有任何创见，在文化和思想上他们是希腊的寄生虫。⑤ 虽然古罗马建立了统一

---

① ［英］罗素：《西方哲学史》（上），何兆武、李约瑟译，商务印书馆1963年版，第225页。
② ［古希腊］柏拉图：《法律篇》，张智仁等译，上海人民出版社2001年版，第113—133页。
③ ［古希腊］亚里士多德：《政治学》，吴寿彭译，商务印书馆1965年版，第199页。
④ 同上书，第163—171页。
⑤ ［英］罗素：《西方哲学史》（上），何兆武、李约瑟译，商务印书馆1963年版，第350—352页。

的帝国体制，法律制度发达完备，但法律规定国王位居法律之上，因此不能把古罗马社会称为法治社会。① 在皇权至上的社会里，人们只关心如何使用法律解决实际问题，而探讨用法律限制皇权是危险的，这是古罗马私法发达而公法甚少的主要原因，也是当时法治观念得不到发扬的主要原因。虽然统治者仍然凌驾于法律之上，但相对希腊罗马法律制度的权威已经大大强化。罗马法是一个世界性的法律，在世界法制史上有着不可替代的重要地位。罗马帝国灭亡后罗马法并没有消失，它对后世的法律制度尤其是民商法律制度方面的影响从未间断过。② 正如恩格斯所说，如果"没有希腊文化和罗马帝国所奠定的基础，也就没有现代的欧洲"。③

由于蛮族日耳曼人入侵和内部矛盾加剧，公元5世纪西罗马帝国灭亡，分裂成了许多互相独立的诸侯国与地区，日耳曼封建法、罗马法和教会法并存发展是中世纪法律制度的显著特征。日耳曼各民族把法律看作集体的财富和联系集体成员的纽带，④ 法律对其每一个成员包括部落首领都有约束力。日耳曼入侵西罗马后建立了许多封建领地，首领成了封建主而领地上的人们成了封臣，封建主与封臣都要遵守双方共同订立的契约（封建法律）。于是具有守法意识和封建法律意识的日耳曼人认为国王不过是一个大领主，他的权力必须受到他与臣民之间订立的契约的制约。日耳曼人的法律意识在中世纪初期伴随其足迹传遍西欧大陆。到12世纪前后，随着查士丁尼法典的重新发现，罗马法开始复兴。罗马法所包含的理论和原则被继承和发展，欧洲各国的大学先后兴起研究罗马法的热潮，各国将罗马法的一般原则确立为权威的法律原则并被各国大多数法院付诸实践。这时的罗马法学家虽然仍主张君主权力至上，但已承认君主有服从法律的义务，尤

---

① [美] 泰格、利维：《法律与资本主义的兴起》，纪琨译，学林出版社1996年版，第10页。
② 参见 [美] 斯密《欧陆法律发达史》，姚梅镇译，中国政法大学出版社1999年版，第256—257页。
③ 恩格斯：《反杜林论》，人民出版社1999年版，第188页。
④ [美] 萨拜因：《政治学说史》（上），盛葵阳等译，商务印书馆1986年版，第244页。

其要受到神法和自然法的制约。① 教会法学家更是主张教皇权力至上，国王权力要受到教会法的限制，由于大多数人们信奉基督教，该思想有着广泛的影响。② 由此可知，世俗权力必须受到限制，包括君主在内的所有人都应该遵守法律特别是那些体现神意和自然法要求的法律，已经是中世纪人们共同的法治观念。

大约14、15世纪西方国家开始进入近代资本主义社会。这是一个完全不同于古代的崭新时代，经过文艺复兴、宗教改革和启蒙运动，自由主义逐渐成为西方社会思想的主流，思想的重心由集体社会观和义务本位转向个人社会观和权利本位。自由主义没有公认的创始人，是文艺复兴以来不同时期自由主义思想家们共同创立和发展的，也没有形成并反对成为完备的理论体系，他们之间的观点有分歧，甚至在一些基本概念和原则上都未能达成共识。不论过去还是现在，这不但是自由主义内部产生争议而且是非自由主义理论进行批判的根源。即便如此，个人本位是一切自由主义理论共同的基本立场。

自由主义主张通过社会契约控制国家权力和保护个人自由和政治自由，社会契约的制度化就是宪法或具有宪法性质的法律，个人自由的制度化就是宪法规定的公民基本权利，个人参与公共事务的政治自由就是宪法规定的公民的民主权利，个人在国家中还享有其他权利，立法、行政、司法等权力必须在宪法规定的范围内行使，一切行为都必须在以宪法为基础的法律体系的控制之下。如果宪法在现实中被大家切实遵守就是宪政，宪法不等于宪政，世界上很多国家都有宪法但并没有推行宪政。同样，法治也不等于法制，虽然法治需要法制，但法制只是法治的一个必要条件而非充分条件。历史和现实中的许多人治国家甚至具有完备的法制，但它们位于统治者的意志之下而未能导向法治。宪政强调宪法是国家权力合法性的最终形式渊源，国家权力不得违宪。而法治的最大问题就是如何约束国家权力。因此，人们总

---

① Bums J, ed. *The Cambridge History of Medieval Political Thought*, Cambridge: Cambridge University Press, 1988, p. 438.
② ［美］弗里德里希：《超验正义——宪政的宗教之维》，周勇等译，三联书店1997年版，第19页。

是在同等意义上理解宪政与法治。

17至19世纪，资产阶级革命成功后的西方新兴资本主义国家相继建成了法治国家，国家权力在宪法和法律的控制之下。19世纪中叶到20世纪中叶，西方资本主义列强除继续巩固与发展本国法治外，还通过强力将其输出到亚洲、非洲等殖民地国家，殖民地国家被迫不同程度地实现了法治，其中印度和日本也先后建成了法治国家。

二战后，人们从反思法西斯的独裁统治中汲取了深刻教训，法治观念进一步增强。人们认为历史悠久的法律具有独立品格且自成体系，已超越政治在形式上具有至高权威，法律应当保障公民权利与控制国家权力已成为西方社会的共识，强调法律代表谁的意志已无必要，虽然这是古代、中世纪和近代法治思想的重点，关键是在价值日益多元的现代社会中法律如何被普遍遵守。

许多学者从不同角度提出了看法，其中美国学者富勒的观点最具代表性，他基于法律的道德性提出了现代法治的八个形式标准，即法律的一般性、法律的公布、法律只适用于将来而不能溯及既往、法律的明确性、法律自身不能有矛盾、法律不能要求不能实现的事情、法律的稳定性、官方行动与法律保持一致性。① 英国学者菲尼斯和拉兹的观点与富勒的有相似之处。② 因此，即使某些法律实质上不正义，前后一致实施也比反复无常好，因为人们至少知道它要求的是什么而可以尝试着保护自己，如果那些已经受害的公民在某些规范可能给予某种保障的特殊情况下还要受到国家权力任意专横的对待，反而是更大的不正义。这样，一切社会问题就转变成了法律问题，国家权力的合法性重心也就从价值争论转向了法律制度的技术运作层面，统治变成了一种规则之治，也就是"暴力加上同意"。③ 这些现代法治思想引导着西方法治实践，也传播到了世界各地。

国家统治由人治步入法治是不可逆转的社会发展趋势，不以人的

---

① ［美］富勒:《法律的道德性》，郑戈译. 商务印书馆2005年版，第55—107页。
② 沈宗灵:《现代西方法理学》，北京大学出版社1994年版，第87—89、214—217页。
③ ［美］里普森:《政治学的重大问题：政治学导论》，刘晓等译，华夏出版社2001年版，第56页。

意志为转移，中国亦不例外。在反思过去执政实践和借鉴西方先进国家执政经验的基础上，1978年中共十一届三中全会加深了对现代政治文明的认识，确立了法治思想。1982年宪法规定"一切国家机关和武装力量、各政党和各社会团体、各企业和事业组织都必须遵守宪法和法律。一切违反宪法和法律的行为，必须予以追究。任何组织或者个人都不得有超越宪法和法律的特权"。中共十一届三中全会以来每届党章都要求"党必须在宪法和法律的范围内活动"。1997年中共十五大提出"依法治国，建设社会主义法治国家"的基本方略，1999年九届全国人大二次会议将其作为宪法修正案载入宪法。2014年中共十八届四中全会通过《中共中央关于全面推进依法治国若干重大问题的决定》，建设法治国家是全党和全国人民共同奋斗的目标。

有人认为法治是否定党的领导，把党的领导同法治人为地对立起来。这是错误的，党的领导和法治二者实质上是统一的，党把自己的主张上升为国家意志并以权威的法律形式表现出来比单纯地以党的文件形式能更好地贯彻党的意志和更加有效地开展工作，这是加强了而不是否定了党的领导。党除了人民利益，没有自己的特殊利益，实行法治顺应了世界民主政治发展的总趋势和市场经济的客观要求，是党对执政方式艰辛探索后所确定的具有战略意义的治国方针，是新时期党在处理党政关系与党民关系方面正确的制度选择。

从人类社会的演进过程和国家权力运行看，执政党并非推动国家权力运行的唯一组织。虽然一切国家权力都在执政党的掌控之中，但是它毕竟不是立法机关、行政机关或司法机关，不能直接行使只能由这些政权机关行使的国家职权。如果党国不分、党政不分，执政党居于人民和法律之上，就完全背离了现代文明社会民主政治的本意。只有实行法治，依法执政，才能真正符合现代民主政治的原则精神，切实体现人类政治文明的进步规律。

党和国家政权机关是政治上的领导与被领导关系，不是国家权力系统中的上下级服从关系。党只是发挥总揽全局、协调各方的领导核心作用，积极支持、保证和监督国家政权机关在宪法和法律范围内活动。同级党组织不得干预同级国家政权机关的正常工作，国家政权机关内部党组织也不得代行国家政权机关职权。立法机关、行政机关和司法机关独立自主地行使各自职权受宪法和法律保护。党组织的决定不得直接作为国家政权机关决定，只能作为国家政权机关参考意见，国家政权机关的决定必须依据宪法和法律。

还有一种普遍存在于各级党和国家机关中的错误观点，就是认为法治仅仅是"作秀"，法律是党和政府的手段，党和政府把自己原有的权力和工作方法一律用法的形式规定下来，换汤不换药。他们认为，党和政府的领导方式和执政方式经历了从主要依靠政策到既依靠政策又依靠法律，再到主要依靠法律的演进。党和政府的领导，不是确立法律至上的法治观念，只是改变具体的工作方法，即善于运用法律手段来贯彻党和政府的意志，党和政府的权威在法律之外或在法律之上。毫不夸张地说，这种观点在目前官员队伍中普遍存在。他们的所作所为还是我行我素。在实际操作中，无关紧要的问题使用法律手段，"作秀"给老百姓看；重要问题还是沿袭过去的习惯和方法，同法治精神格格不入。在已经揭露的官员违纪违法案件中，很多官员嘴上说的是法治的一套，而实际做的是人治的一套，这种"作秀"的恶劣行径严重损害了党和政府的权威，导致广大人民似乎看不到实现法治国家的希望。这其实是一种权大于法的思想，不符合新的世情、国情、党情和民情。

其实，法治思想是统治合法性观念实质性的转变，它要求国家权力在法治思想指导下重新配置，最终使得法律不再是国家权力的工具而是能有效控制国家权力的工具。党和政府要打破过去的惯性思维与做法，适应新时期法治的思维和方式。既要遵循现代政治文明基本要求，认真借鉴先进国家有益经验，厘清政党与政权的关系，正视党和政权、人民利益与政党利益的区别，正面回应西方学者的诘难；又要一切从中国实际出发，尊重本国的历史与国情，反映广大人民群众的基本诉求，体现党的正确主张，积极推进全面依法治国进程。

第五章　合法性标准

统治合法性的标准是指判断被统治者接受统治者行使国家权力的过程和后果的依据是什么。众所周知，国家权力主要有三种形态。一是观念上的，即关于国家权力的各种意识形态。人的观念，对本人来说是主观的，在他人看来却是客观的，因为不管他人承认与否，它都是一种事实存在。二是制度中的，即国家权力的形式渊源。国家权力体现在社会制度当中，其来源、种类、分配、程序、功能取决于有关制度的规定，在现代社会主要是法律的规定，同时也受道德的约束。三是实践里的，即国家权力的实在力量。国家权力作为暴力是社会必不可少的恶，人们利益的调整和社会秩序的建构，最终离不开国家权力的强制和保障。因此，统治合法性的标准就是国家权力在意识形态、法律制度和现实利益三个形态方面合法性的有机结合和统一。

一　意识形态

一切人类行为，虽然受制于客观因素，但都离不开人的观念，部分是现实存在的观念，部分是应当适用的观念。分散的意见、观点和看法或者系统的理论、学说和思想体系，是观念的表现形式。不论何种类型，也不论正确与否，观念都是影响人的行为和社会运动的重要因素。"抽象观念之所以具有力量，在很大程度上是因为这样一个事实，即这些抽象观念并不是作为理论而为人们有意识持有的，而是被大多数人当成不证自明的且视作默会性前设的真理来接受的。"① 无论个人行为还是群体行为，无论温和的改革还是激进的革命，无论某些具体规则的改变还是整个社会制度的变迁，都深受观念影响。

意识形态是与社会存在相对应的观念形式，是对社会事务的认识，是思想、学说、观点、主义、理论或其他一切对社会存在反映表现的总称。② 由于受思维能力、价值取向、文化教育、生活环境等各种主客观因素影响，人的意识形态五花八门。意识形态内容丰富，涵盖政治、经济、文化、教育、科技、军事等社会各个方面，是由各种具体意识构成的一个有机思想体系。意识形态其实是观念的另一种表达方式，主要应用于政治领域，其他领域很少使用。意识形态非人头脑中固有，也非凭空捏造，而是来源且决定于社会存在。意识形态形成后有一定独立性，反过来又会影响社会发展。无论社会处在哪个阶段，观念如何变化多样，人们大体都会保留或回

---

① [英]哈耶克：《法律、立法与自由》第一卷，邓正来译，中国大百科全书出版社2000年版，第107页。
② 18世纪末法国哲学家特拉西第一次提出意识形态的概念。他认为人们通过将观念还原为感官知觉以提纯他们的观念，这门关于观念的新科学被称为意识形态。对这个术语的消极解释来自拿破仑。在他权力得到巩固后，他禁止在法国科学院讲授道德和政治科学，并宣布谈论意识形态是一些无耻的投机者，他们把道德与爱国主义混为一谈。马克思赋予意识形态截然不同的含义。他认为意识形态同哲学唯心主义有千丝万缕的联系，表现在：观念是自主的，具有独立揭示真理和意识的权力。马克思认为这是虚假的，因为各种意识形态声称是真理，却反映了特殊群体的各种需要，把实际上是阶级利益的东西声称为普遍有效的东西。但马克思的观点同样被一些人当作意识形态加以批判。在意识形态的通俗用法中，它是指社会集团对社会管理所持有的在常规情况下被证明为正确的世界观、信念或信条，但这种说法仍然模糊不清。从拿破仑到马克思，意识形态的内容有所变化，却一直保存了判断现实的政治标准。不同的阶级或集团都认为自己掌握了真理，相互攻击对方的意识形态，这就是意识形态之间的斗争，这种斗争不断推动着社会向前发展。参见 Howard Williams, *Concepts of Ideology*, New York: St. Martin's Press, 1988, pp. 1-39; Hans Barth, *Truth and Ideology*, translated by Frederic Lilge, Berkeley: University of California Press, 1976, pp. 1-16; [德]曼海姆：《意识形态与乌托邦》，黎鸣等译，商务印书馆2000年版，第74页；[美]贝尔：《意识形态的终结》，张国清译，江苏人民出版社2001年版，第452—458页。

应初始意识形态的一些基本理念。① 正是因为原初基本理念质的规定性，无论不同意识形态之间如何沟通，都难以消弭各自固有的差别或分歧。

意识形态的含义在不同时期侧重点是不一样的，当下主要指不同群体对社会经济基础和政治关系的反映，是对统治合法性的辩护或质疑。人生活在各种群体中，每个群体都有自己的意识形态，对同一事物的看法并不一样，阶级属性鲜明。② 意识形态所描绘的社会情形并非真实的世界，不可盲目接受，应经道德审视后再作决定。③ 实际上，意识形态包含着一些错误或片面的观点，有些事情不受它的影响效果反而会更好。④ 但无论在哪个社会，统治者意识形态总是占据社会主导地位，统治者经常以"价值中立"姿态把它宣传成科学和真理来为统治提供正当理由。虽然意识形态包含反映社会发展规律的客观内容和人民大众的合理诉求，但更多的是反映统治者的价值判断，由于外部条件的限制和统治者自身利益的局限，这些判断非但不能全面体现社会发展规律或社会大众的利益，而且还存在误判的可能。即使意识形态包含科学和真理的成分，也不能把它当作科学和真理，它要不断地接受社会实践的检验，按社会发展要求进行修正。

被统治者也就是人民大众，他们的意识形态往往是分散的意见、观点或看法，其中也有被提升为理论、学说或思想体系的。统治者的意识形态对被统治者有影响力，但不能由此否定人民大众对一切社会问题有自己独立的价值判断。统治者意识形态虽有强制性，但不能扭曲更不能代替民意，只有符合民意才能被他们接受或认可。

意识形态常被冠以某种主义称谓，如独裁主义、民族主义、民粹

---

① George Walford, Beyond Politics: *An Outline of Systematic Ideology*, London: Calabria Press, 1990, p.132.

② 这是所有马克思主义者关于意识形态的基本观点，参见 Jan Rehmann, *Theories of Ideology*: The Powers of Alienation and Subjection, Leiden . Boston: Brill, 2013, pp.21-75。

③ Robert Porter, Ideology: *Contemporary Social, Political and Cultural Theory*, Cardiff: University of Wales Press, 2006, p.117.

④ Ian Adams, *Political ideology today*, Manchester: Manchester University press, 1993, p.2.

主义、保守主义、自由主义、资本主义、社会主义、无政府主义、马克思主义之类。① 虽然不同主义会有共通的观点，但是每种主义都认为自己最合理，应当成为社会主导，对其他主义一概是排斥的。争夺国家意识形态主导权的斗争历来激烈，取得意识形态斗争的胜利是统治的必要条件。意识形态的合法性，统治者自己说了不算数，决定权始终在作为统治对象和国家主人的人民手里。人民接受什么主义的意识形态，虽有自己选择的权利，但又不得不受制于本国具体国情和历史文化，这也是各国意识形态有别的根本原因所在。不管何种主义，都是为了回应人民的利益关切，免除民众顾虑，取得社会信任。

　　统治合法性首先体现在观念或意识形态上。统治者要为行使权力提出正当理由，被统治者也要为服从权力找到合理依据。统治者意识形态反映的是统治者的整体意志而非个别意志，是统治者中领导者或政治家提出或认可的关于统治的理论体系。一个国家中存在许多甚至相互冲突的意识形态，但是总会有一种是社会主流意识形态，或者说统治者和被统治者在国家权力基本问题上能达成一定共识。② 共识是人们理性思考的智慧结晶，是人类繁衍生息的精神条件，是社会有序存在的知识基础。那些非共识观念，既是共识不断修正和发展的动力，也是未来某个时代共识的思想渊源，但只有共识才能成为评判当时统治合法性的观念标准。共识不复存在，是社会动乱和国家革命的前兆，会对统治者的更替或国家政权性质的变化产生深刻影响。

　　从近代资本主义社会开始，人类社会进入了一个完全不同于传统社会的现代社会，这是人类社会发展史上的一个重大进步。人的主体意识觉醒，人从被动地适应社会（接受社会给予的身份）转变为主动地塑造社会（通过各种契约去实现自己的意志），人是自己命运的主人（通过知识和实践活动去改变自己的命运）。人可以自由地选择自己的生活方式，用自己的眼光审视社会中存在的事物并作出价值判断，人类社会的发展实际上就是人们自由选择的过程。在统治合法性

---

① James M. Decker, *Ideology*, Hampshire: Palgrave Macmillan, 2004, pp. 73-111.
② Perruccio Rossi-Landi, *Marxism and Ideology*, Oxford: Clarendon Press, 1990, pp. 41-46.

观念上，民主法治思想成了统治者和被统治者的共识。民主和法治密不可分，民主是法治的重要内容，法治是民主的有力保障。民主和法治的思想前面已有详细分析，这里不再赘述。

二 法律制度

（一）观念与制度的关系

制度是解决任何社会中一些长期反复出现的基本问题或者使得社会行为有序行使的社会规范体系，是人们关于这些事情的观念的外在表现。在一个国家中，观念和制度独立存在但相互影响。不同的观念对应不同的制度，人治观念对应的是人治制度，法治观念对应的是法治制度。已有的制度是已有观念的体现，正在变迁的制度是正在变化的观念的反映。不同的观念有竞争，不同的制度同样存在竞争，这些都是社会发展的表现。由于制度具有理性、规范、稳定、权威等属性，体现在制度中的观念因为制度本身而得到强化，观念的软约束力变成制度的硬约束力。人们在遵循新制度的过程中会逐渐改变旧观念而形成新观念。反之亦然，只有得到人们观念认可的制度才具有合法性，虽然可以不顾人们的意愿强力实施某一制度，但结果不一定达到预期目标甚至会适得其反。观念可以改变制度，虽然制度的发展受到诸多因素的影响，但观念常常是制度演化的先导和重要动力。[1] 制度也可以改变观念，过时的观念由于得不到制度的支持将逐渐退出市场，符合制度的观念则进一步强化。但观念的变化和制度的发展不一定同步，有时观念超前制度落后，有时制度超前观念落后。

相比观念制度或许更为重要，它整合社会各个方面，维持正常的社会秩序。当然观念在社会整合中也发挥重要作用，但如果直接用观

---

[1] 参见［德］韦伯《新教伦理与资本主义精神》，于晓等译，陕西师范大学出版社2006年版，第11—32页。

念指导社会生活就会陷入没完没了的争议之中。制度虽是观念的体现却具有明确的形式，制度整合能使社会行为形成和谐秩序的现实能力，而观念整合未必具有该能力。因此，制度整合应当优先于观念整合。制度直接规定着该社会的整体价值取向，推动着整个社会有序地向前发展。亚当·斯密在对中世纪欧洲的土地和王位的"长男继承法"以及"限嗣继承法"、农奴制、分佃农制和长期租地权保护法的考察后指出，正是这样的制度而不是其他原因对英国的发展起了很大促进作用。[①] 制度规定了行为主体的权利边界和行为空间，遵循制度要求的行为可能给行为主体带来理想收益，违反制度要求的行为可能给行为主体带来利益损害，行为主体总是在权衡利弊得失后作出是否遵守制度的选择。通过给定的制度条件，人们在存在风险的社会环境中能形成稳定的利益预期和特定的认知模式，从而降低行为后果的不确定性，因此即使坏的制度也比没有制度要好。

人们经常在多种层次上使用制度一词。（1）从制度起源看，国家中的制度可分为正式制度和非正式制度，正式制度是指以书面形式存在的、由一定主体经过一定程序产生的制度，如国家法律和政策，正式制度的实施常常以国家或组织的强制力为后盾。在正式制度中，总是存在一些人人必须认同和遵守的基本制度，它是国家存在的基础和前提，如果没有它们国家就会解体。相对于基本制度的是非基本制度，它们是基本制度的具体化和补充，它们直接对各种各样的社会行为进行规范。非正式制度是指在社会进程中自发形成的制度，如惯例、风俗和习惯（含"潜规则"），它经过一定程序也可成为正式制度，其实施依靠人的道德自觉，不遵守将遭到舆论谴责。正式制度往往高于非正式制度，当二者发生冲突时以前者为准。（2）从制度类型看，国家中的制度不外乎道德与法两类。道德规范一切社会行为，而法规范部分社会行为。如果从广义上理解"法"，它不仅仅指法律，而是包含政策、社会组织章程、宗教教义等道德以外的所有制度，那

---

① 参见［英］亚当·斯密《国民财富的性质和原因的研究》（上），郭大力等译，商务印书馆1972年版，第357—358页。

么一切制度不是道德就是法。所谓的政治制度、经济制度、文化制度、宗教制度等，不过是道德或法对人们进行政治活动、经济活动、文化活动、宗教活动以及其他活动的社会规范。所谓惯例、风俗或习惯，也就是不成文的法或道德而已。道德和法、正式制度和非正式制度相辅相成，为社会的有序运转提供制度保障。

（二）法律权威的演进

法律是国家制度的重要组成部分，它是以国家名义创立或认可、规定权利和义务、以国家强制力保证实施、调整社会行为的社会规范，法律的内涵决定了它同道德、宗教、风俗和习惯等其他社会规范的本质区别。在进入近代资本主义社会以前的古希腊、古罗马和中世纪，西方社会总体上处在一个统治者的意志和权力高于法律的人治社会阶段，但在一些国家的个别地方或社会生活的局部领域法律的作用明显，并且西方人们包括统治者在内都有着按制度办事的优良传统，法治思想源远流长，这就隐含着法律制度权威形成的可能性。

古希腊的思想非常发达且对后世影响深远，但古希腊人在制度上并没有太多建树。在古希腊绝大多数城邦存在着法律，有些城邦还有宪法，公民也处理一些法律问题，但法律从属于政治，同法律有关的事务被当作政治问题，人们几乎没有法律意识，更不用说法治意识，恶法和违法现象比比皆是。但城邦雅典在梭伦改革后一段时期内成了一个民主的、依法治理的城邦，人们都必须遵守城邦法律，统治者也不例外。[①] 到了亚里士多德时代，法治已是雅典人民的共识，"在我们今日，谁都承认法律是最优良的统治者"，[②] 不过这只是一种理想而非现实，但说明当时人们已经认识到法律的重要性。

随着罗马征服希腊，希腊的城邦法律就渐渐消失了，代之而起的是罗马帝国的法律。罗马在思想上可以说没有任何创见，但罗马的法律在世界法制史上有着重要地位。罗马人有守法的传统，在公元前5

---

① 参见［古希腊］亚里士多德《雅典政制》，日知等译，商务印书馆1978年版，第15页。
② ［古希腊］亚里士多德：《政治学》，吴寿彭译，商务印书馆1965年版，第171页。

世纪就制定了著名的《十二铜表法》。罗马历代统治者都重视法律的作用。罗马有比较独立的法学家阶层，虽然他们大多是替统治者诠释法律，但他们的法律思想成了罗马法的重要渊源。通常把奴隶制时期罗马国家的法律制度总称为罗马法，它既包括自公元前 6 世纪罗马奴隶制国家产生至公元 476 年西罗马帝国灭亡时期的法律，也包括公元 7 世纪中叶以前还处于奴隶制阶段的东罗马帝国的法律。罗马法是一个世界性的法律。对当今影响最大的是查士丁尼罗马法，东罗马皇帝查士丁尼对罗马帝国的法学理论和法律进行了一次具有里程碑意义的编纂工作。① 查士丁尼罗马法包括《学说汇纂》、《查士丁尼法典》、《法学阶梯》（《法学总论》）和《新律》四个汇编，至公元 12 世纪这四部法律汇编统称为《民法大全》。②《民法大全》的问世，标志着罗马法已经发展到很完备的阶段。罗马的社会经济生活都受到罗马法的调整，虽然统治者仍然凌驾于法律之上，但相比古希腊罗马法律制度的权威已经大大强化。罗马帝国灭亡后罗马法并没有消失，罗马法所包含的理论和原则被继承和发展，欧洲各国的大学先后兴起研究罗马法的热潮，各国将罗马法的一般原则确立为权威的法律原则并被各国大多数法院付诸实践，罗马法对世界法律制度（尤其在民商法律制度方面）的影响从未间断过，正如恩格斯所说，如果"没有希腊文化和罗马帝国所奠定的基础，也就没有现代的欧洲"。③

当西罗马帝国灭亡后，原属西罗马帝国的欧洲大陆分裂成了许多互相独立的诸侯国与地区，从此欧洲进入了中世纪封建社会。中世纪具有各种形式的二元对立，有僧侣与世俗人、拉丁与条顿、天国与地上王国、灵魂与肉体的二元对立等，所有这一切都可以在罗马教皇与世俗皇帝的二元对立中表现出来。④ 这种二元对立使得中世纪社会内部呈现各种管辖权和各种法律体系共存与竞争的局面。无论教皇还是

---

① 参见 ［意］ 格罗索《罗马法史》，黄风译，中国政法大学出版社 1994 年版，第 439 页。
② 参见 ［意］ 彭梵得《罗马法教科书》，黄风译，中国政法大学出版社 1992 年版，第 2 页。
③《反杜林论》，《马克思恩格斯文集》第 9 卷，人民出版社 2009 年版，第 188 页。
④ 参见 ［英］ 罗素《西方哲学史》（上），何兆武、李约瑟译，商务印书馆 1963 年版，第 377 页。

皇帝，任何一方都不具备绝对的实力优势，虽有利益冲突但需要互相利用对方，因此谁要获胜谁就要有法律的依据，这就使得法律（不论是何种类型的法律）的最高权威性成为必要和可能。正是顺应这种社会形势，中世纪就出现了一群专职从事法律活动的人们，也出现了一种专门培训法律专家的学术机构，法律制度通过学术阐述变得形式化并由此得到改造，法律被设想为一个连贯的整体、一个包含了有机变化机制的系统。[①] 法律职业的形成和法学教育的开展，为法治国家的生成作了必要的准备。

（三）法治国家的生成

14、15世纪在地中海沿岸出现了以商品交换为特征的市场经济，由于法律能给交换者带来稳定的利益预期，法律的地位和作用凸显。相反如果没有法律的支撑市场经济就难以存在，更不用说它后来在欧洲、北美的迅猛发展与普及。同时一股人文主义思潮席卷欧洲，它在摧毁中世纪死板的经院哲学体系和复活希腊时代知识的过程中重现了人的主体性，这就是文艺复兴运动。接踵而来的16世纪宗教改革、17至18世纪启蒙运动以及贯穿其中的资产阶级革命沿袭发展了文艺复兴时期的人文思想，最终形成了自由主义的国家意识形态。

自由主义的统治合法性思想是人民主权。人民主权思想必然同制度关联。没有一定的制度，它只是一个空洞的理论而已，有了一定的制度，"人民"或"多数人"才能把握和操纵它，才能治理国家和社会。作为一个有极强现实品格和极大价值的追求目标，任何时期、任何国家或地区的人民苦苦求索的，从来就不是人民主权的口号或理论，而是在于如何争取它，尤其是争取之后建立一套什么样的制度，并使这些制度得到切实遵守，以便人们充分地享有和行使它。[②] 虽然历史上存在各种形态的人民主权类型，但它们的主旨在基本方面是一致的，就是围绕人民或多数人的统治如何形成合理有效的制度安排。

---

① 参见［美］昂格尔《现代社会中的法律》，吴玉章等译，译林出版社2001年版，第46—50页。
② 参见《刘瀚文选》，法律出版社2004年版，第330页。

由于人们对它赋予太多的理想色彩或者实现它的条件太苛刻等一系列原因，不论古代、近代还是现代，不论直接民主制还是间接民主制，绝对符合原意的人民主权——人民是主人、人民作主或多数人统治，都还没有或很难真正出现，存在的只能是更加接近原意的人民主权形态。在制度建设上，近代以来西方资本主义国家的最大贡献是人民主权的法律化和法治化。人民把自己的意志上升为国家意志并用法律的形式表现出来，法律规范同人民主权有关的一切活动，法律被切实遵守并具有至高统治地位，任何组织（含执政党）和个人都没有超越或凌驾法律之上的特权，没有法律依据或不依法行使的国家权力都是无效的。这是一种高度形式合理化的进步制度，国家权力最终来源于法律的规定，人民通过法律制度稳健地控制着国家权力。①

17 至 19 世纪，西方新兴资本主义国家顺应市场经济的要求在自由主义指导下先后建成法治国家，国家权力在宪法和法律的控制之下，公民在宪法和法律上享有广泛的民主和自由。19 世纪中叶到 20 世纪中叶，西方列强除继续巩固与发展本国的法治外，还用强力将其输出到亚洲、非洲等殖民地国家，殖民地国家被迫不同程度地实现了法治，其中印度和日本先后建成了法治国家。20 世纪中叶第二次世界大战后西方的法治观念及其制度更是体现在《联合国宪章》、《世界人权宣言》、《公民权利和政治权利国际公约》、《经济、社会、文化权利国际公约》等国际法中，对签订和加入这些国际法的成员国具有约束力，于是它被承认的范围由西方资本主义国家扩展到全球各地。20 世纪 50 年代前后各社会主义国家基本上把法治当作西方资本主义国家的专利而加以抛弃。这种错误认识的代价和教训是惨重的，20 世纪末期民主化浪潮导致了苏联和东欧社会主义国家的解体，他们纷纷抛弃了社会主义制度，返回到了资本主义的发展道路上。

法治国家的出现可以说是人类社会的重大进步，正如康德所言，"大自然给予人类的最高任务就必须是外界法律之下的自由与不可抗

---

① 参见 [德] 韦伯《经济与社会》（上），林荣远译，商务印书馆 1997 年版，第 241—251 页。

拒的权力这两者能以最大可能的限度结合在一起的社会，那也就是一个完全正义的公民宪法；因为唯有通过这一任务的解决和实现，大自然才能够成就她对我们人类的其他目标"。① 法治国家的生成，是客观外在条件、法律自身的优势和人们在历史经验的基础上理性选择共同作用的结果。这个过程虽充满艰辛曲折但值得不懈追求。

三　现实利益

（一）利益、观念和制度三者的关系

虽然每个人可以通过个人行为来实现自己的利益，但绝大部分利益要通过对社会具有利害效用的社会行为才能实现。社会中的一切都是社会行为的结果，没有社会行为就没有社会的存在和发展。不但财富、历史、文化、科技、组织、制度等一切社会存在是社会行为的结果，而且人本身也是其产物，这就是人类自身生产的社会行为。人们从事社会行为的动机和目的是为了满足自身的需要，这种需要在社会看来就是利益。马克思说："把人和社会连接起来的唯一纽带是天然必然性，是需要和私人利益，是对他们财产和利己主义个人的保护。"② 因此，人们的社会行为实质上是利益行为，人们在社会行为中所结成的社会关系也就是利益关系。

可以从不同角度对利益进行分类，从内容上分为物质利益和精神利益，按照不同领域分为政治利益、经济利益、文化利益，按照实现时间远近分为短期利益和长远利益，按照不同范围分为局部利益和整体利益，按照重要程度分为基本利益和非基本利益，按照和主体关联程度分为直接利益和间接利益，按照道德标准分为正当利益和不正当利益，按照法律标准分为合法利益和非法利益，等等。利益主体包括

---

① ［德］康德：《历史理性批判文集》，何兆武译，商务印书馆1997年版，第8页。
② 《论犹太人问题》，《马克思恩格斯全集》第1卷，人民出版社1956年版，第439页。

个人与群体。个人是利益主体的基本单元，个人利益在社会发展的任何阶段都是利益关系的基本构成要素。个人在社会行为中结成各种各样的利益关系，从而形成了不同的利益群体，如家庭、民族、阶级、阶层、集团、集体、政党、国家、国际组织等。这些利益群体是利益主体的发展，各种群体的利益是利益关系的重要构成方面。

在国家中，人们既有共同利益也有不同利益，既存在平等利益关系也存在不平等利益关系，既有利益和谐也有利益冲突。共同利益是处于同一社会中人们各自利益的相同部分。个人利益是共同利益的基础。人们在社会关系中结成群体后形成的群体利益就是共同利益的表现。个人与个人之间、个人与群体之间以及群体与群体之间都存在共同利益。

一个国家中全体成员的共同利益就是国家利益，也就是通常所说的社会利益或公共利益。国家利益虽然属于国家的全体成员，但其形成后是群体利益的一种独立形态，其行使主体不是全体成员而是代表全体成员的统治者。统治者经常把自己的利益或一部分人的利益说成国家利益，但历史上统治者为了自身利益出卖国家利益的行为并不罕见。因此，只有统治者和被统治者的共同利益才是国家利益。国家利益不但没有阶级属性，而且是国家有序存在的客观基础。

利益的实现受到许多主客观条件的制约。例如，构成利益内容的资源稀缺不能同时满足所有主张利益的主体，或者由于一些主体利益的实现会导致其他主体利益的损害，或者人们在合作中产生的利益具有不确定性以及其他诸多原因，因而导致个人与个人、个人与群体、群体与群体之间各种各样的利益冲突。既有同一层面上处于平等地位的主体之间的利益冲突，也有不同层面上处于不平等地位主体之间的利益冲突。利益冲突是社会发展的根本动力。不同利益冲突的解决导致新的利益格局的形成，同时产生新的共同利益和利益冲突，循环往复，推动个人、集体、国家乃至整个人类社会向前发展。

利益、观念和制度各自独立发展但又相互影响。利益是观念和制度合理性的社会基础。尽管基于不同的利益甚至相同的利益会有多种观念和制度形态，但最终只有同利益相符的观念和制度才能得到社会的真正认可。利益是观念和制度存在和变迁的决定性力量，人们在观念和制度上共识的不断变化与其说是不同利益主体相互博弈的产物，不如说是不同主体利益力量对比的结果。① 观念和制度对利益的实现提供正当性辩护和制度保障，但并非所有的利益都能得到观念和制度的支持。由于社会运行中各种主客观因素的影响，有时观念或制度中的利益也仅仅是观念或制度而已，而并不能转化为真实的利益存在。拥有某种利益意味着拥有支配某种利益的自由，人们既有物质利益的自由也有精神利益的自由。② 虽然利益和自由都是人的需要的表现形式，但人们总是把利益当作自由的基础，从客观层面看待利益而从主观层面理解自由。这是因为，利益是人的需要的外在表现，在与社会的联系中具有了客观内容因而人们更加强调它的客观性；而自由是需要的观念反应，主要是人的主观体验因而人们更加强调它的主观性。通过制度确认和保护的利益或自由就成了制度中的权利。

现代国家权力即使符合人们民主法治观念上的共识，并有法律的明确规定，但在实际运行中由于各种社会力量的影响，也有可能背离共识和法律而变化无常。甚至在某些方面国家权力还会出现极端异化的情形：在被统治者看来，民主法治仅仅是美妙的口号，法律制度也仅仅是一种摆设，国家权力不过是统治者侵犯被统治者利益的"合法"工具。因此，国家权力只有公平对待了人们的各种利益及其冲突，才会得到社会大众的真正接受或认可。

（二）国家权力不得侵犯公民的基本利益

在传统社会里，虽然人们之间结成的社会关系是利益关系，但国家本位或统治者本位（即通常所说的官本位）是社会的主流观念，个人作为基本的利益主体还没有得到全社会的认可，在制度上也是以国

---

① Randall L. Calvert, Mathew D. McCubbins, Barry R. Weingast, "A Theory of Political Control and Agency Discretion", *American Journal of Political Science*, Vol. 33, No. 3, August 1989, pp. 588-611.

② 参见王世杰、钱端升《比较宪法》，商务印书馆1999年版，第78页。

家利益为主，个人利益不被重视或被国家利益淹没。但国家利益也并非全是统治者和被统治者的共同利益，大多是统治者整体或部分的利益。进入近代资本主义社会后，个人本位逐渐代替国家本位成为西方社会的主流观念，国家被当作社会契约的产物，个人在国家中拥有平等的公民资格和不容国家干预的基本利益。

这些属于私人领域的基本利益在观念上的体现就是人们在社会中享有的个人自由或消极自由，表现在制度中就是宪法规定的基本权利和法律规定的非基本权利。立法、行政和司法等国家权力不得以任何名义侵犯公民权利，为了一些人更大利益而剥夺另一些人的利益是不公平的，不承认大多数人享有的较大利益能补偿强加于少数人的牺牲，人们忍受一种不公平只能是在必须用它来避免另一种更大不公平的情况下才有可能。当基本权利之间或基本权利与其他利益之间发生冲突时国家应是一个公正的裁判者，国家权力始终处于消极被动的地位，这就是国家权力的消极作用。但不能将国家权力的消极作用混同于国家权力的滥用和国家权力的不作为，后二者均是国家权力在运行中的不正常表现。

人人都是社会构成的一分子，国家权力要同等对待个人的基本利益或消极自由。密尔认为在社会中存在着个人消极自由的合理范围，它们是：第一，意识的内向境地，要求广义的良心自由，思想和感想的自由，在不论是实践的或思考的、是科学的、道德的或神学的等等一切题目上的意见和情操的绝对自由；第二，要求趣味和志趣的自由，要求有自由订定自己的生活计划以顺应自己的性格，要求有自由照自己所喜欢的去做，只要所作所为无害于其他公民，就不应遭到他们的妨碍，即使他们认为自己的行为是愚蠢、悖谬、或错误的；第三，个人之间相互联合的自由，人们有自由为着任何无害于他人的目的而彼此联合，只要参加联合的人们是成年，又不是出于被迫或受骗。这些包含物质利益和精神利益的个人自由是最基本的和绝对的自由，任何形式的政府都应当予以保障。国家权力以对个人有利为由去干预个人的这些自由则是根据臆断在行动，因为没有任何人比自己更关心自己，任何他人和社会对他的关切总是部分的甚至是肤浅的。①

20世纪中期随着资本主义国家由自由民主型向社会福利型②的转变，国家权力过多介入了私人领域，许多个人事情成了国家权力干预的对象。但是，个人自由的基础地位一直没有改变。德沃金认为，社会每个成员都享有作为同类而受到其他人最低限度尊重的基本权利，社会的普遍利益不能成为剥夺这些权利的正当理由，即使讨论中的利益是对法律的高度尊重。③ 罗尔斯认为，每个人对与其他人所拥有的最广泛的基本自由体系相容的类似自由体系都应有一种平等的权利，这些权利不容侵犯和剥夺。④ 现代资本主义国家认同个人本位，尊重开放多元社会中个人的价值选择，个人基本利益优先于其他利益，对体现为公民基本权利的个人基本利益有着严格的法律保障。

虽然以马克思主义为意识形态的社会主义国家一般不主张个人本位，但同样存在不容任何形式侵犯的个人基本利益，这是人之所以为人的根本所在。这些人人必备的基本利益同国家利益是一致的，它对国家的稳定和安全非但不构成威胁，反而是其必要条件。由于意识形态的原因社会主义国家强调国家和集体的利益，在很长一段时间内个人利益得不到足够的注意。随着经济社会的发展和法治建设的推进，社会主义国家开始重视个人利益，并在宪法和法律中规定了个人利益的部分内容，但仍旧强调个人利益对国家和集体利益的依赖与服从，个人利益的基础地位还没有被全社会所认识和认可，在社会发展中甚至个人的基本利益被侵犯时有发生。

个人是社会的基本主体，个人利益是社会的基本利益，国家利益以及各种集体利益最终都可归为相关领域一定数量的个人利益。不能

---

① 参见［英］密尔《论自由》，程崇华译，商务印书馆1959年版，第10—13、102页。
② 福利国家是指"国家并不是不干预个人的社会地位，而是通过保障功能为他们提供帮助"，帮助人们在国家中实现自己的经济、政治、社会和文化权利。见［德］哈贝马斯《公共领域的结构转型》，曹卫东等译，学林出版社1999年版，第258页。
③ 参见［美］德沃金《认真看待权利》，信春鹰、吴玉章译，中国大百科全书出版社1998年版，第135、266页。
④ 参见［美］罗尔斯《正义论》，何怀宏等译，中国社会科学出版社1988年版，第61页。

无缘无故损害个人利益，假借公共利益之名侵犯个人利益是不正义的。只有通过牺牲个人利益才能换取公共利益的行为必须严格规范，并且事后应当等价补偿。相比国家或社会个人永远是弱者，国家权力和社会势力侵犯个人利益的非法行为可谓屡见不鲜。主张个人利益并不是要将其绝对化或不受限制，而是要正确地对待它。国家利益、集体利益和个人利益得到法律的平等保护，是社会主义法治的必有之意。毋庸置疑，不论何种形态的利益最终都要落实到具体的个人。

（三）国家权力必须平等促进公民的全面发展

在国家中，个人除拥有不受国家干预的个人自由和私人领域外，还有在公共领域参与国家公共事务的自由和进行其他活动的自由，这是公民的积极自由或政治自由。

个人自由和政治自由对个人利益都是必要的，人们不仅需要独立存在，而且还有自我发展，政治自由则是公民最有力、最有效的自我发展手段。公民拥有平等的政治自由，这种平等构成了一个国家的真实力量。国家权力要保障公民的消极自由和积极自由，要创造各种条件提高全体公民的福利和平等参与公共事务的机会，要积极参与个人力量或社会其他力量所不及的事务。

国家对公民积极自由或消极自由的限制必须适度，要时刻清醒意识到国家权力的范围和效力是有限的，其目的是为了促进而不是限制公民利益的实现。[①] 政治自由和国家权力紧密相连，政治自由和消极自由常有冲突，如果国家为了公民的政治自由而牺牲所有个人自由，则必然会剥夺他们的个人自由，而一旦实现了这一结果，剥夺他们的政治自由也就轻而易举了。在这些方面，国家权力始终处于积极主动的地位，这就是国家权力的积极作用。国家权力自始至终与责任联系在一起，其积极作用并不意味着可以对其行为后果不负责任。

国家权力的积极作用在立法、行政和司法方面均有表现。立法机

---

① 参见［英］阿马蒂亚·森《以自由看待发展》，任颐等译，中国人民大学出版社2002年版，第295—297页。

关对各种利益关系和利益纠纷进行规范，为各种利益主体的社会行为提供依据，为社会的有序运行提供制度保障。由于制度缺失而造成的社会混乱立法机关应及时立法补救。行政机关依法行政，为人们的利益提供日常行政服务和创造有利条件，直接参与关乎国计民生和国家安全的公共建设，及时处置各种突发事件和紧急情况，保证社会秩序的良性运转。但行政机关不得运用行政权力干预正常的市场竞争。对于那些危害公民基本权利、国家安全和社会公共秩序等严重刑事犯罪行为，司法机关要依法予以严厉打击。对民事纠纷、行政纠纷和一般的刑事违法问题，司法机关应在法律范围内行使裁判权和自由裁量权，公平对待所有的利益主体。司法公正是保卫社会公平的最后一道防线，如果司法不公持续下去最终将导致国家政权的更替。

国家权力在发挥积极作用时，由于信息不对称，其被各种各样的利益集团非法挟持或被部分官员用以谋取私利的可能性就会增大，从而损害社会其他主体利益。为了社会公平和防止权力滥用，除法律规定保密情况外，一切国家权力都应公开透明，处在人们的有效监督之下。当个人利益与公共利益发生冲突而需要个人做出让步时，要在充分协商的前提下对受损的个人利益进行公正补偿，来不及协商的事后要做出说明并补偿，要重视程序和过程，而不能光看结果。由于人人能力不一样会产生事实上不平等，导致部分人基本利益得不到保障并失去自我发展机会，国家应当对这些弱势人群提供适当救济。

统治合法性是一个永恒的主题，只要国家存在它就一直存在。虽然不同国家和时期人们会有不同理解，但无论理由如何，关键是国家权力在意识形态、法律制度和现实利益三个形态方面能否得到当时社会大众的公认。现代社会统治合法性的观念基点是统治者与被统治者在民主法治观念上的共识，该共识是人类政治智慧历史发展的结晶。形式渊源主要是法律制度，国家权力没有法律依据或不依法行使都是非法的，同时也应受道德约束。现实生活中要公平对待各种利益及其冲突，否则统治就得不到社会大众内心的真正接受或认可。

国家权力的三种形态独立存在但又相互影响，三种形态的差别反映了一个国家的实际统治状况。理想图景是：共识的权力能通过立法规定下来，然后现实的权力真正依法实施，三种权力在形态上相等。如果立法远不及共识，现实又远不及立法，此时统治状况是令人忧虑的。如果现实权力严格依照法定权力，而二者同共识权力差距较大，则说明应当修改立法，不过这种统治状况仍是健康的。三种形态的差别越小，说明一国的统治状况越好。只有随着社会发展不断调整三者关系，才能始终保持统治合法性。

第六章　社会正义

　　统治应当促进自由和维护正义。自由是最高价值，是每个人的终极追求。现实生活中由于各种条件的限制，人要达到完全自由是不可能的，但获得越来越多的自由是可行的。相对最高价值自由，正义是社会最基础的价值，谁也否定不了正义价值的基础地位。① 亚里士多德说："公正常常被看作德性之首，'比星辰更让人崇敬'。"② 亚当·斯密也说："与其说仁慈是社会存在的基础，还不如说正义是这种基础。虽然没有仁慈之心，社会也可以存在于一种不很令人愉快的状态之中，但是不义行为的盛行却肯定会彻底毁掉它。"③ 罗尔斯更是认为一种公开的正义观"构成了一个组织良好的人类联合体的基本条件"。④ 统治一旦违背正义则无合法性可言。但正义是令人困惑的难题，涉及诸多领域，至今意见纷呈。判断统治是否正义，就要弄清楚与统治息息相关的正义概念、形式正义和实质正义等问题。

一　正义概念

　　人们对正义的认识都是依据一定标准对某些情形作出价值判断，

---

① 艾德勒说："正义有两大领域。一个是关于个人与他人，以及个人与有组织的社区（即国家）之间的正义。另一个领域则是关于国家与构成国家人口之间的正义。"前者叫做个人正义，后者叫做社会正义或国家正义。历代思想家探讨的主要是社会正义。参见［美］艾德勒《六大观念》，郗庆华译，上海三联书店1991年版，第197页。

② ［古希腊］亚里士多德：《尼各马可伦理学》，廖申白译，商务印书馆2003年版，第130页。

③ ［英］亚当·斯密：《道德情操论》，蒋自强等译，商务印书馆1997年版，第106页。

④ ［美］罗尔斯：《正义论》，何怀宏等译，中国社会科学出版社1988年版，第5页。

正义属于价值范畴。价值是客体对主体需要的效用，是客体事实满足主体需要事实时产生的关系属性。① 客体事实又叫实体，主体需要事实又叫标准。价值如何可以通过标准从实体中推导出来，实体符合标准的属性叫正价值、不符合标准的属性叫负价值、无关标准的属性叫无价值。价值能否由事实推出一直是备受争议的问题，但这是理解正义的前提和基础。因此，对正义的理解就涉及价值与事实的关系、正义实体如何、正义标准如何等三个方面。

(一) 价值与事实的关系

在道德哲学或伦理学领域，价值和事实是相互对立的概念。凡是有赖于主体需要而存在的事物就是价值，凡是不依赖主体需要而存在的事物就是事实。事实既可能是实体，也可能是不依赖主体需要的事实属性。② 事实往往通过"是"或"不是"为系词的判断反映出来，而价值以"应该"或"不应该"为系词的判断反映出来。"事实"与"是"常被当作同一概念使用。但是，相对应该而言的事实大都叫做是，相对价值而言的事实才叫做事实，于是就出现两个对子：事实与价值、是与应该。价值与事实或是与应该的关系是伦理学的中心问题，也可以说是一切道德问题的基础。③ 休谟认为价值不能由事实或

---

① 参见王海明《新伦理学》（修订版），商务印书馆2008年版，第175—183页。
② 事物有实体与属性之分，前者能独立存在，后者须依附前者才能存在。实体是属性的载体，属性是实体的特征。属性有固有属性、事实属性和关系属性等多种类型。固有属性，是指事物独自具有的属性，事物无论自身独处还是与他物发生关系均具固有属性，这是事物的本质。关系属性是指事物与他物发生关系时产生的属性，事物自身不具有关系属性，只有与他物发生关系才具有关系属性。事实属性，是客体不依赖主体需要的属性，但有可能依赖主体的其他方面便是关系属性而不是固有属性。固有属性与事实属性是种属关系，客体的一切固有属性都是客体的事实属性。关系属性与事实属性是交叉关系，客体的事实属性既可能是固有属性也可能是关系属性。客体的事实属性，有些（如颜色）是客体的关系属性，有些（如电磁波）则是客体的固有属性；客体的关系属性，有些（如颜色）是客体的事实属性，有些（如价值）不是客体的事实属性而仅仅是客体的关系属性。参见王海明《新伦理学》，商务印书馆2001年版，第54—56页。
③ W. D. Hudson, *The Is - Ought Question: A Collection of Papers on the Central Problems in Moral Philosophy*, ST. Martin's Press, New York, 1969, p. 11.

应该不能由是通过理性推导出来，二者之间存在逻辑断裂。① 这是价值领域著名的休谟问题。从此在对该问题的研究中形成了自然主义、直觉主义、描述主义、情感主义、规定主义等几大理论流派。

自然主义用自然的、事实的概念来定义非自然的、价值的概念，用自然的、事实的判断来确证非自然的、价值的判断。密尔是该理论的代表，他说："我们最后的目的乃是一种尽量免掉痛苦、尽量在质和量两方面多多享乐的生活……这种生活既然是人类行为的目的，必定也是道德的标准，"② 因为"可能提供的、证明一事物是可见的唯一证据，是人们实际看到了它。证明一种声音是可闻的唯一证据，是人们听到了它；并且，我们经验的其他来源也都是这样。同理，我觉得，可能提供的、证明一事物是值得想望的唯一证据，是人们确实想望它……幸福已经取得它是行为目的之一的资格，因而也取得作为德性标准之一的资格"③。杜威说："价值就是价值，它们是直接具有一定内在性质的东西。仅就它们本身作为价值来说，那是没有什么话可讲的，它们就是它们自己。凡是关于它们可以说的话都是有关于它们发生条件和它们所产生的后果的。这种把直接的价值认为是可以思考和可以谈论的概念，乃是由于把因果范畴跟直接性质混淆不清而产生的结果。"④

自然主义的谬误是把存在当作应该，仅看到客体事实是应该的来源和基础，没看到主体需要事实是应该的必要条件，把人的行为事实如何当作行为应该如何，从行为事实如何直接推导出行为应该如何。

直觉主义认为无须论证就能直接认知一些道德概念和判断的本性，但并不主张一切道德问题的本性都可以通过直觉感知。所谓直觉，就是西季威克所言："当我把一个关于行为的正当性或错误性的判断称为'直觉性'的时候，我不是在预先断定这一判断从哲学角度思考的终极效准问题；我仅仅是指它的真实性是被当下明显地认识到

---

① 参见 [英] 休谟《人性论》（下），关文运译，商务印书馆 1980 年版，第 509—510 页。
② [英] 穆勒：《功用主义》，唐钺译，商务印书馆 1957 年版，第 13 页。穆勒现译作密尔。
③ 同上书，第 28 页。
④ [美] 杜威：《经验与自然》，傅统先译，江苏教育出版社 2005 年版，第 251 页。

的，而不是作为推理的结果而被认识到的。"① 曼海姆说："哲学的证据只在思辨领域内有意义，而且只得到纯粹直觉的证实。"② 直觉主义认为关于善、应该、正当等这些道德概念和判断是自明的、不可定义的。摩尔说："'善的'是一个单纯的概念，正像'黄的'是一个单纯的概念一样。正像决不能向一个事先不知道它的人阐明什么是黄的一样，你不能向他阐明什么是善。"③ 罗斯进一步指出，价值与事实是因果关系，前者始终是作为结果而发生的属性，是行为事实通过直觉而引起的行为价值。④ 直觉主义与自然主义都认为价值源自事实，因此被称作客观主义。但直觉主义认为只有通过直觉中介才能由事实产生价值，把事实和价值区别开来，因此更接近真理。

作为主体的感受，直觉并不能排斥而是要经得起理性最终检验。虽然道德中存在可以直觉的而无须理性推理的常识，但不能由此认为直觉可以作为一些基本道德概念和判断的合理依据。如果这样就把道德问题简单化和表面化了，从而走向理性和科学的反面。

描述主义认为从描述或事实判断可以直接推导出评价或价值判断。贝克说："根据描述主义理论，诸如'善'和'不正当'等道德词与'红'和'长方形'等普通的描述词相似，二者的意义和使用条件密切相连。"⑤ 福特认为，道德证明与描述推理一样都是依赖事实、经验和想象，在评价与描述或价值与事实之间不存在逻辑鸿沟，他举例说，"某人好冒犯别人"是事实判断和描述，从中可以推出"此人无礼貌"的评价和价值判断，理由在于"判断某种行为是否无礼貌时必须运用公认的标准，如果这个标准是'冒犯'，那么肯定'冒犯'就不能否定'无礼貌'。它遵循的逻辑规则是，如果 P 是 Q 的充分条件，那么肯定 P 否定 Q 就是矛盾的。这就是一个从非评价前

---

① [英] 西季威克：《伦理学方法》，廖申白译，中国社会科学出版社 1993 年版，第 231 页。
② [德] 曼海姆：《意识形态与乌托邦》，黎鸣等译，商务印书馆 2000 年版，第 105 页。
③ [英] 摩尔：《伦理学原理》，长河译，商务印书馆 1983 年版，第 13 页。
④ W. D. Ross, *Foundation of Ethics*, The Clarendon Press, Oxford, 1939, p. 168.
⑤ [美] 斯蒂文森：《伦理学与语言》，姚新中等译，中国社会科学出版社 1991 年版，第 107 页。

提推导出评价结论的例子。"①

描述主义的谬误在于把事实判断和描述的逻辑等同价值判断和评价的逻辑,只看到客体事实判断或描述是价值判断或评价的源泉和实体,没有看到主体需要事实判断或描述是其产生的条件,割裂了主体与客体之间的必然联系,误以为从客体事实判断或描述中可以直接推导出价值判断或评价。

情感主义认为价值判断的本质在于表达主体情感而非客体事实。厄姆森说:"从否定方面讲,这些理论的共同点在于否定评价言辞的基本功能是传达关于世界任何方面的真或假的信息;从肯定方面看,尽管在细节上有所不同,它们都主张评价言辞的基本功能是表达说话者的情感或态度。"② 由于代表人物有休谟、罗素、维特根斯坦、卡尔纳普、艾耶尔、斯蒂文森等著名哲学家,情感主义在伦理学领域影响深远。休谟是情感主义的真正奠基人,③ 他认为:道德不是理性的对象,不在于知性所能发现的任何事实;不论你在哪个观点下观察,你只发现一些情感、动机、意志和思想,恶和德都不是客体的性质而是主体的知觉。④ 罗素说,关于价值的问题完全在知识的范围以外,"当我们断言这个或那个具有'价值'时,我们是在表达我们自己的感情,而不是在表达一个即使我们个人的感情各不相同但仍然是可靠的事实。"⑤ 艾耶尔认为,伦理词的功能纯粹是情感的,表达对某些客体的情感而不对其作出任何断定,伦理判断不能归入真假范畴。⑥ 卡尔纳普说,价值判断"既不是真的,也不是假的。它并没有断定什么,

---

① Philippa Foot, *Virtues and Vices and Other Essays in Moral Philosophy*, University of California Press, Berkeley and Los Angeles, 1978, p. 104.

② [美] 斯蒂文森:《伦理学与语言》,姚新中等译,中国社会科学出版社1991年版,第304—305页。

③ John K. Roth, *International Encyclopedia of Ethics*, Fitzroy Dearborn Publishers, London, 1995, p. 258.

④ [英] 休谟:《人性论》(下),关文运译,商务印书馆1980年版,第506—509页。

⑤ [英] 罗素:《宗教与科学》,徐奕春等译,商务印书馆1982年版,第12页。

⑥ Louis P. Pojman, *Ethical Theory, Classical and Contemporary Readings*, Wadsworth Publishing Company U. S. A, 1995, p. 415.

而是既不能被证明也不能反证的"①。斯蒂文森认为，价值判断虽然在某种程度上依赖知识而自身并不是知识，"伦理问题包含着个人和社会对于应该赞成什么所做的决定，这些决定虽然完全依赖知识，但自身并不构成知识"。②

情感主义的谬误在于过分强调价值结构中主体的意义而忽视了客体的意义以及二者的真实关系。表现在：（1）认为价值是主体属性，只能由主体而不是从事实中推导出来；（2）认为价值判断仅仅是主体的情感表达，抹杀了价值判断对客体的事实属性与价值属性的反映，抹杀了价值的客观性。莱尔德说："任何可以真正地被评价的事物都应面对理性法庭的审判——换言之，该事物可以根据原则来得到反思；而推理、比较和其他类似的进程都是与之相适宜的。因此，价值标准和价值原则和价值本身具有同样的客观性"。③（3）把价值判断是情感的表达片面理解为情感的非认知表达，并进一步主张价值判断完全或主要是非认知表达而无所谓真假。情感表达包括认知表达与非认知表达，前者属于认知范畴有真假之分，后者不属于认知范畴无真假之分。情感的认知表达是对客体的认知因而有真假之分，属于知识和科学的范畴。情感的非认知表达无关客体真假而仅仅是主体的情感流露，常常体现在文学作品里。在社会生活中，"情人眼里出西施"或"萝卜青菜各有所爱"，就是典型的情感非认知表达现象。

规定主义认为道德语言和道德判断的本性是规定性。黑尔是该理论的代表。他认为道德语言属于"规定语言"的种类；④道德判断在逻辑上同时具有规定性和普遍化性，规定性是指"应该"对一切当事人具有命令的意义（即使有些当事人实际上并不执行），普遍化性是指一个人说"我应该"意味着他同意同样处境下的任何人都应该。⑤

---

① [美] 卡尔纳普：《哲学和逻辑句法》，傅季重译，上海人民出版社1962年版，第9页。
② [美] 斯蒂文森：《伦理学与语言》，姚新中等译，中国社会科学出版社1991年版，第4页。
③ John Laird, *The Obejectivity of Values*, from *the Idea of Value*, 1929. 转引自冯平主编《现代西方价值哲学经典——语言分析路向》，北京师范大学出版社2009年版，第233页。
④ R. M. Hare, *The Language of Morals*, Oxford University Press, London, 1964, p. 2.
⑤ R. M. Hare, *Essays in Ethical Theory*, Clarendon Press, Oxford, 1989, p. 179.

因此，道德语言和道德判断是一种普遍化的规定性。沃赖特认为，规定属于无真假之分的非认知范畴。[①] 罗思认为，规定主义含有伦理知识不可能存在之意，因为与陈述不同的命令既不是真的也不是假的。[②] 波吉曼认为，规定主义仍属于情感主义，认为道德判断是主体的态度因而无真假之分，但是它改变了道德词表达的重点：从是否赞成的情感到包括普遍化特色和规定成分的判断类型。[③]

规定主义的谬误在于认为价值判断是主体的命令，把规定语言的命令形式等同价值判断的内容，把道德语言的普遍形式等同道德判断的具体内容，从而把规定语言和道德语言的无真假、非认知的本性当作价值判断和道德判断的有真假、是认知的本性。规定主义不但混淆了价值判断的内容和形式，而且抹杀了主体和客体的联系与区别。

总之，价值和事实的关系有本体论和认识论之分。作为客观存在，价值是客体事实与主体需要事实发生关系时产生的属性。事物作为客体还是主体都是相对的，没有绝对的客体或主体。客体事实是价值的来源和实体，主体需要事实是价值的标准，这是价值的本体结构。

对价值和事实关系的认识是主观活动，属于意识范畴。心理学研究表明，一切有脑动物都有意识活动。意识包含认知、情感和意志三部分，其中认知既有真假又有对错，感情和意志只有对错没有真假。真假与对错不可等同，真假是指主观是否符合客观，相符为真不符为假。对错是指客体对主体的效用，有利于主体为对、好或应该，有害于主体为错、坏或不应该。对事实的认识形成事实判断或描述，对价值的认识形成价值判断或评价，事实判断对应价值判断，评价对应描述。事实判断或描述以及价值判断是一种认知活动，有真假对错之分。而评价是整个意识活动，包含认知评价、情感评价和意志评价，

[①] M. C. Doeser and J. N. Kraay, *Facts and Values*, Martinus Nijhoff Publishers, Dordrecht, 1986, p.36.

[②] John K. Roth, *International Encyclopedia of Ethics*, Fitzroy Dearborn Publishers, London, 1995, p.693.

[③] Louis P. Pojman, *Ethical Theory, Classical and Contemporary Readings*, Wadsworth Publishing Company U. S. A, 1995, p.428.

认知评价既有真假又有对错,而情感评价和意志评价只有对错没有真假。评价是通过主体需要描述从客体描述中推导出来的。价值判断属于认知评价,是通过主体需要事实判断从客体事实判断中推导出来的。[1] 客体事实的判断或描述是价值判断或评价的来源和实体,主体需要事实的判断或描述是价值判断或评价的标准,这就是价值认识论。

价值形成有赖于主体需要,不同主体既有共同需要又有不同需要,不同需要以致价值标准多元,最终使得价值表现多样。价值有赖于主体需要才能显现,但其不是主体属性或主客关系而是客体属性,是客体事实满足主体需要事实时产生的关系属性。因此,价值是主观性与客观性的统一,价值和事实密不可分。

(二) 正义的实体

正义历来都是社会焦点。在古希腊,苏格拉底认为城邦正义是城邦的人各就其位,个人正义就是做自己本分的事情;[2] 亚里士多德认为正义包含事物和应该接受事物的人两个因素,并且相等的人就该分配相等的事物。[3] 在古罗马,西塞罗认为正义是"使每个人获得其应得的东西的人类精神意向"[4];乌尔庇安说"正义乃是使每个人获得其应得的东西的永恒不变的意志"[5]。乌氏定义得到了中世纪神学家托马斯·阿奎那的传承,他说"正义是一种习惯,依据这种习惯,一个人以一种永恒不变的意愿使每个人获得其应得的东西"[6]。在近代,密

---

[1] Stephen Edelston Toulmin, *The Place of Reaction in Ethics*, The University of Chicago Press, 1986, p. 137.

[2] 参见 [古希腊] 柏拉图《理想国》,郭斌和、张竹明译,商务印书馆1986年版,第169页。

[3] 参见 [古希腊] 亚里士多德《政治学》,吴寿彭译,商务印书馆1965年版,第148页。

[4] [古罗马] 西塞罗:《论共和国·论法律》,王焕生译,中国政法大学出版社1997年版,第216页。

[5] [美] 博登海默:《法理学:法律哲学与法律方法》,邓正来译,中国政法大学出版社1999年版,第264页。

[6] 同上书,第265页。

尔进一步认为"人公认每个人得到他应得的东西为公道；也公认每个人得到他不应得的福利或遭受他不应得的祸害为不公道"。① 在当代，麦金太尔同样认为"正义是给每个人——包括给予者本人——应得的本分"②；哈特指出正义被认为是维护或重建平衡或均衡，主要观点被格式化为同样情况同样对待，当然不同情况不同对待。③ 这些不同时期的代表性的正义定义表明，正义的实体是在人们长期的约定俗成中指向的一种社会行为。

首先，正义实体是主体的社会行为。单就人的行为领域，大致可分为三个部分。一是仅仅作为思维活动的思想领域。人的思维活动是个人行为，如果不借助说话、表情、写作、出版等其他方式，外界不可能知道一个人到底在想什么，即使他所说所做也不一定是其真实思想的反映。人只有在思想领域才有真正的自由，才是本真的自我，天马行空，漫无边际，无拘无束。二是社会领域。凡是两个人以上的共同体都可以叫做社会，因此人本身就是社会（父母）的产物。人离不开社会，人只有在社会中才能存在与发展。那些离群索居甚至逃避社会的人也不能真正离开社会，只是跟社会的联系没有其他人紧密而已。三是自然领域。自然界为人类社会的存在与发展提供了物质基础。自然界存在不以人的意志为转移的客观规律，人必须遵循这些客观规律，否则就要遭到自然的惩罚。但人在自然面前并非无能为力，人可以探索并顺应自然规律，化害为利，造福人类社会。

人的社会行为，是指人在意识支配下对社会具有利害效用的活动。活动对象既可以是自然界，又可以是人类社会；既可以是物质世界，又可以是精神世界。作为主体同时又是自然界的一分子，人对自然界的一切活动，都会引起自然界的反应，这些反应最终都会

---

① [英] 穆勒：《功用主义》，唐钺译，商务印书馆1957年版，第48页。
② [美] 麦金太尔：《谁之正义？何种理性？》，万俊人译，当代中国出版社1996年版，第56页。
③ 参见 [英] 哈特《法律的概念》，张文显等译，中国大百科全书出版社1996年版，第158页。

对人类社会产生利害效用。社会行为可分为对社会具有利害效用的行为、对他人具有利害效用的行为和对自己具有利害效用的行为三类，前类行为对社会具有直接利害效用，后两类行为对社会具有间接利害效用。社会是两个人以上的共同体，即自己和他人的共同体，直接对自己和他人具有的利害效用也就间接对社会具有利害效用。人的行为，无论组织行为还是个人活动，无论作为还是不作为，如果是仅同自己相关而不具有社会利害效用的本能，或者是不具有社会利害效用的纯粹个人行为，或者是虽具有社会利害效用但是意识不及的行为，[①] 都不是社会行为。由于社会发展导致私人空间越来越狭小，人在不同领域的行为或不同种类的行为之间的关联度也越来越高，因此几乎很难标识纯粹的个人行为，人一生大部分行为是社会行为。社会行为的过程和结果，无论合乎意识指向的手段和目标还是由于外在因素作用偏离原先意识产生其他后果，都会对社会产生利害效用。

其次，正义实体是具有正价值的社会行为。正价值又叫善或好，负价值又叫恶或坏。人的行为与主体发生关系时无疑具有善或恶的价值。[②] 行为对于主体的效用、行为的关系属性或者行为的价值就是行为善恶、应当（或应该）和不应当（或不应该）以及正当和不正当。行为对一切主体的有利效用，就是行为善、应当或应该，反之就是行为恶、不应当或不应该。行为仅对特定主体即社会的有利效用，就是道德善、道德应当、道德应该、社会应当或正当，反之就是道德恶、道德不应当、道德不应该、社会不应当或不正当。对社会具有利害效用的行为也就是社会行为。应当和正当不能等同，二者既会一致也会

[①] 这种情况在现实社会中并不多见，但肯定存在，如人在"梦游"中做出的对人已具有效用的行为；又如刑法中免于刑事追究的"意外事件"，即行为人的行为在客观上虽然造成了损害结果，但不是出于故意或者过失，而是由于不能抗拒或者不能预见的原因所引起的。这类行为可以叫作社会事件，以区别社会行为。

[②] Lawrence C. Becker, *Encyclopedia of Ethics*, Volume II, Garland Publishing, Inc. New York, 1992, p. 897.

不一致。① 对行为者应当的行为，对社会可能正当也可能不正当。例如，通过努力实现梦想的行为对行为者和社会都有利，既应当又正当；而偷盗满足了偷盗者的欲望却侵害了社会秩序，对行为者应当对社会不正当。对社会正当的行为，对行为者未必就是应当的。例如，牺牲生命救他人对行为者有害却对社会有利，对社会正当而对行为者不应当。社会的类型五花八门且处于不断发展之中，因此，在不同类型或不同时期的社会人们对行为价值的看法是有所变化的。

应当是行为的属性，行为只能是主体的行为，于是有人认为应当是主体的而非客体的属性，"应当是一种纯然的主体活动"，②"'应当'是主体之应当，而不是客体之应当。严格地讲，客体本身没有应当不应当的问题，它永远按照客观规律运动、变化和发展，只存在'是'或'将是'的问题。"③ 由于应当只存在于行为领域，"主体之应当"实质上就是"主体行为之应当"。之所以得出这种似是而非并广为传布的结论，是因为忽视了行为特有的"主客二重性"。一方面，行为离不开主体，是主体的属性，属于主体范畴；另一方面，主体的行为与主体是两个不同的事物，主体的行为同时又是主体的活动对象，属于客体范畴。主体在从事某种行为的前后，都会对该行为进行价值分析：当该行为有利于满足主体需要时，主体就会选择该行为，就是行为之应当；反之，主体就不会选择该行为，就是行为之不应当。④ 虽然"应当"或"不应当"的行为者只能是主体，但是在价值层面它不是主体的活动而是主体的活动对象，是作为客体的主体行为对主体的效用，是客体和主体需要发生关系时才产生的属性。因此，

---

① 应当的外延比正当宽，但也有人将它们等同起来。例如伯顿·波是特说："正当的都是应当的，反之应当的都是正当的。"参见 Burton F. Porter, *The Good Life: Alternatives in Ethics*, Macmillan Publishing Co. Inc., New York, 1980, p. 33。伊温也说："正当的行为与应该的行为是同义的。"参见 A. C. Ewing, *The Definition of Good*, Hyperion Press, Inc. Westport, 1979, p. 123。如果按照该逻辑，"犯罪嫌疑人作案不留痕迹是应当的"也就等于"犯罪嫌疑人作案不留痕迹是正当的"，这显然是荒谬的。
② 陈华兴：《应当：真理性和目的性的统一》，《哲学研究》1993年第8期。
③ 袁贵仁：《价值学引论》，北京师范大学出版社1991年版，第395页。
④ 参见王海明《新伦理学》，商务印书馆2002年版，第45—46页。

行为"应当"或"不应当"作为价值是客体的属性而不是主体的属性。

最后，正义实体是应得的社会行为。应得是正当的一部分，应得的社会行为都是正当的社会行为，正当的社会行为却不一定都是应得的社会行为。正义的实体都是正当的、善的、道德的社会行为，不正义的实体也都是不正当的、恶的、不道德的社会行为。反之，正当的、善的、道德的社会行为不都是正义的实体，不正当的、恶的、不道德的社会行为也不都是不正义的实体。弗兰克纳说："并非凡是正当的都是公正的，凡是错误的都是不公正的。乱伦虽是错误的，却不能说是不公正的。……使别人快乐可能是正当的，但绝不能严格地说成是公正的。公正的领域是道德的一部分而不是全部。"① 哈特也认为，"正义和不正义，与好坏或正确和错误比较，是更具体的道德批评形式。"② 一切社会行为都存在正当或不正当属性，其中只有一部分社会行为即应得的社会行为才具有正义或不正义属性。亚里士多德认为，公正的就是平等的，不公正的也就是不平等的；分配的公正在于成比例，不公正则在于违反比例；公正在某种意义上就是非自愿交易中得与失之间的适度，交易以前与交易以后所得相等；回报和公正紧密地联系在一起。③ 托马斯·阿奎那进一步说："正义全在于某一内在活动与另一内在活动之间按照某种平等关系能有适当的比例。"④ 由此可知，正义的实体涉及具有手段目的或因果关系的两个相互交换的社会行为，作为目的或结果的社会行为与作为手段或原因的社会行为意义相等时就成了应得的社会行为即正义的实体。

文艺复兴运动以来，由于个人中心地位的确立，人类成了世界万物的主宰。科技成就使得人们过分自信，甚至产生无所不能的错觉。

---

① [美] 弗兰克纳：《善的求索：道德哲学导论》，黄伟合等译，辽宁人民出版社1987年版，第98页。
② [英] 哈特：《法律的概念》，张文显等译，中国大百科全书出版社1996年版，第156页。
③ 参见 [古希腊] 亚里士多德《尼各马可伦理学》，廖申白译注，商务印书馆2003年版，第128—146页。
④ [美] 艾德勒、范多伦主编：《西方思想宝库》，吉林人民出版社1988年版，第951页。

虽然存在各种质疑人类中心地位的思想学说，但人类中心主义思想成了社会主流，人将人以外的一切因素都当成了客体。① 有学者就说："毫无疑问，在任何意义上说，主体都只能是广义的人（包括人的各种社会集合形式），而不是神、'客观规律'、其他生命形式或物，因为只有人才是实践者、认识者。"② 没有更多的人会敬畏神灵和自然，大多数人只关心当下现实社会，即便人类社会过去的历史和今后的延续发展也不足为虑。人类力量的强大使人误以为可以无视其他非人物体的存在意义，人们很少关心宗教正义、自然正义、历史正义、代际正义以及其他正义，更多关注当下的人类社会正义了。人类社会，静态是人与人结合的群体，动态则是人与人之间相互交换利益的场所，交换的主体包括个人与个人、个人与群体（组织）以及群体与群体。虽然各种交换都要遵守一定准则，但"善有善报、恶有恶报"则是利益交换行为中最古老、最基本的交换原则。善有善报就是：甲给乙好处，乙应该给甲好处；甲给乙多少好处，乙也应该还甲相等的好处。当然，好处的内容是可以不一样的。恶有恶报就是：甲给乙损害，乙应该给甲损害；甲给乙多少损害，乙应该还甲相等的损害，同样，损害的内容也可能是不同的。

简而言之，在价值领域只有社会行为才涉及正义。正义实体是相等或平等或同等的利害交换的社会行为，即等利害交换的社会行为，是应该的、善的、正当的、应得的。③ 并不能简单以为不等利害交换的社会行为就是不正义的实体，因为其中有些有利于社会，有些有害于社会。小利换取大利和大害报复小害的不等利害交换显然有害于社

---

① 人类中心主义思想在古希腊已存在，苏格拉底提出"认识你自己"的命题就意味着人类中心主义思想的出现，但其成为社会的主流观念还是文艺复兴运动以后的事情。
② 李德顺：《价值论》，中国人民大学出版社1987年版，第59页。
③ 交换可分为经济交换与社会交换两类。经济交换是目的手段关系，双方交换的手段和目的都是于己有利的物质财富，等价交换就是等利交换原则在经济交换中的具体表现。社会交换是非经济交换，交换的东西未必是对双方有利的物质财富，有时是有害的东西，但谁也不会把有害的东西作为交换目的，因此社会交换只能是因果关系而非手段目的关系，社会交换遵循等利害交换原则同样是正义的。参见［美］罗洛夫：《人际传播：社会交换论》，王江龙译，上海译文出版社1997年版，第7—11页。

会，是不应该的、恶的、不正当的社会行为，不正义的实体就是这种恶的不等利害交换的社会行为。大利换取小利和小害报复大害的不等利害交换行为无疑有利于社会，是应该的、善的、正当的。这种善行与正义无关，它是高于正义的价值——仁爱或宽恕——的实体。

（三）正义的标准

主体和客体是对应关系，没有对应事物就无所谓主体或客体。客体是主体的活动对象，一切实体及其属性都可以是客体，主体自身也可以是客体，因为主体活动能指向自身，作为认识者或改造者的自我是主体，作为认识对象或改造对象的自我是客体。① 主体只能是实体不能是属性，主体是自主的活动者，主体的活动有目的性。

人是唯一的价值主体是社会的普遍看法，"价值关系实质上是一种属人的关系。"② 但质疑者反问道："人吃饭与牛吃草，就它们都是生存需要，都是有机体从外界摄取物质和能量的过程而言，两者并无什么区别，为什么前者可称为'价值关系'而后者则不能称为'价值关系'？人类与动物一样，都必须同外界进行物质、能量和信息的交换并保持这种交换的相对平衡，既然阳光、空气、水等自然物对人的有用性可称为'价值'，为什么它对动物的有用性就不能称为'价值'？"③ "如果我们承认人都有主体性，那么我们就必须承认，猩猩和狗也有主体性，因为它们也具有感觉器官，并且也显示出有目的的行为的迹象。"④ 因此"不仅仅人是价值主体，其他生命形式也是价值主体，"⑤ 人作为唯一的价值主体是值得商榷的。

20世纪60年代兴起的生态伦理学认为，自然的一切构成都是价

---

① 参见王海明《新伦理学》（修订版），商务印书馆2008年版，第155页。
② 李德顺、龙旭：《关于价值和人的价值》，《中国社会科学》1994年第5期。
③ 王玉梁主编：《中日价值哲学新论》，陕西人民教育出版社1994年版，第43页。
④ ［美］拉兹洛：《用系统论的观点看世界》，闵家胤译，中国社会科学出版社1985年版，第78页。
⑤ 余谋昌：《生态人类中心主义是当代环保运动的唯一旗帜吗？》，《自然辩证法研究》1997年第9期。

值主体。这种观点可以追溯到怀特海那里。他将有机体和有机联系的物体混同，认为一切物体都是以一定规律的有序结构存在的机体或有机体，"机体是产生价值的单位。"① 拉兹洛的系统自组织理论更为该观点提供了理论依据。自组织就是系统在无外界干预条件下能够自己形成某种结构和功能的组织。系统的自组织过程普遍存在于自然之中。一切系统，从基本粒子、原子、分子到微生物、植物、动物、人类直至星球、星系团、超星系乃至宇宙，都存在不同程度的自组织过程。任何自组织系统，都能够在与外界进行物质、能量和信息的交换过程中，通过自动选择性的调节活动形成与维持某种稳定有序的结构。因此，不但"没有感觉的有机体是价值的所有者"，② 而且"我们最终必得承认，所有自然的系统，毫无例外，都具有主体性"。③

生态伦理学将自然的一切作为主体显然不对。对无机体而言，自动选择性的调节活动使得系统能形成和维持某种稳定有序的结构，只是机械作用的结果，并非该系统作为主体目的使然。经验的自然科学证明有机体是一个目的论系统：一切生物都是互为目的和手段、互相产生出来的，它们不以外在事物而以自身为目的，只是将外在事物当作维持自己生存与延续的手段，整个无机界均作为有机体产生的手段而被联结在以有机体为目的的系统之中，"全部有机体，不论有意识还是无意识，都是目的论为中心的生命，每个有机体都是一个完整的、统一、有序的'目的——定向'的活动系统，这些活动具有一个不变的趋向，就是保护和维持有机体的存在。"④ 目的又可分为合目的性和目的性。合目的性是无意识地为了达到一定结果而发生一定过程的属性，为一切生物所具有。例如，植物为了生长，茎朝着光往上

---

① ［英］怀特海：《科学与近代世界》，何钦译，商务印书馆1989年版，第104页。

② Holmes Rolston, *Environmental Ethics—Duties to and Values in the Natural World*, Temple University press, 1988, p. 112.

③ ［美］拉兹洛：《用系统论的观点看世界》，闵家胤译，中国社会科学出版社1985年版，第81页。

④ Paul W. Taylor, *Respect For Nature: A Theory of Environmental Ethics*, Princeton University Press, 1986, p. 122.

长，根背着光向下长；叶肉细胞中的叶绿体，在弱光作用下会发生沿叶细胞横壁平行排列而与光线垂直的反应，在强光作用下则发生沿叶细胞侧壁平行排列而与光线平行的反应，前者为了吸收有利的更大面积的光，后者为了避免吸收有害的过多的光；为了获取食物，变形虫在水中遇到载有食物的固体时就放射式地展开伪足爬向固体以便接触食物，当遇到小棒一类不可食物体时就把伪足撤向同不可食物体方向相反的一边。目的性是有意识地为了达到某种结果而进行某种过程的属性，是价值活动，为一切有脑动物所具有，现实中的例子比比皆是。因此，将人以外的有脑动物也作为价值主体有一定合理性，这便是生态伦理学的贡献。

  作为人类中心主义理论的代表，康德并不否认有机体目的论，但他认为有机体的目的却是道德命题"人是目的"在经验世界中的"副本"，是人的理性的产物。人是感性的存在（作为自然的有机体）也是理性的存在（作为道德主体）。如果没有人的理性，人和其他一切有机体并无根本区别，甚至也不高于无机体。而一旦有了人的理性，自然界便显现为以有机体为目的，由于人可以将其他一切有机体当作手段，人的理性存在也就成为终极目的。自然目的在时间上先于道德目的，但在逻辑上后者是前者的先天原理和前提。道德目的并非自然目的推演而来，相反，因为"既然这个世界的事物作为按照其实存来说都是依赖性的存在物，需要一个根据目的来行动的至上原因，所以人对于创造来说就是终极目的；因为没有这个终极目的，相互从属的目的链条就不会完整地建立起来；而只有在人之中，但也是在这个仅仅作为道德主体的人之中，才能找到在目的上无条件的立法，因而只有这种立法才使人有能力成为终极目的，全部自然都是在目的论上从属于这个终极目的的"。[①] 在康德看来，虽然人来到世界时它早已存在，但是有了人世界才有意义，只有人才能成为世界的价值主体。

  正义主体是价值主体，但并非所有价值主体都是正义主体。正义实体是有意识有目的的交换行为，做出该行为的只能是人和有脑动

[①] 参见［德］康德《判断力批判》，邓晓芒译，人民出版社2002年版，第291—292页。

物。人与人之间、人和有脑动物之间以及有脑动物之间都存在交换行为。有脑动物之间的交换行为是自然科学中动物行为领域的研究对象，只有人与人之间以及人与有脑动物之间的交换行为才是社会科学中价值和正义方面的研究对象。交换者的需要是判断交换行为正义与否的标准。人类中心主义论者认为只有人才是正义主体，有脑动物不能作为正义主体，而生态伦理学认为有脑动物可以作为正义主体。

康德反对动物是正义主体。他说："动物的天性类似人的天性，通过对动物应尽义务这种符合人性表现的行为，我们间接地尽了对人类的责任。因此，如果一条狗长期忠诚地服务于它的主人，当它老得无法继续提供服务时，它的主人应当供养它直至死亡。这样的行为有助于支持我们对人的责任，这是应尽的义务。如果动物的行为类似人类的行为，并有同样的起源，那么我们对动物负有责任，因为这样做培养了对人的相应责任。如果一个人因为他的狗不再能提供服务而杀死它，那么他对狗没有尽到责任。尽管狗无法给出评价，但他的行为是残忍的，而且有损于他相应对人的仁慈。如果他不打算扼杀自己的人性，他就必须对动物表现出仁慈，因为对一个动物残忍的人在处理人际关系时也会变得残忍。"[1] 当代著名动物权利论哲学家雷根（Tom Regan）认为康德的该理论"可以称作'间接义务论'。不妨这样理解：如果你的邻居踢了你的狗，那么他就做了一件错事，但不是对狗的错而是对你的错。使人难过是错误的，你的邻居踢你的狗使你难过，被伤害的是你而不是你的狗。换句话说，邻居踢你的狗损害了你的财产。既然损害他人的财产是错误的，那么你的邻居就做了错事，当然是对你而不是你的狗而言。就像你轿车的挡风玻璃破了而轿车没有受到伤害一样，你的邻居并没有使你的狗受到伤害。你的邻居牵涉到对狗的义务不过是对你的间接义务。广而言之，我们对动物的所有义务，都是人们彼此拥有的间接义务。"[2] 间接义务论认为动物只是给

---

[1] ［美］维西林、冈恩：《工程、伦理和环境》，吴晓东等译，清华大学出版社2003年版，第263—264页。

[2] Stevn M. Cahn and Peter Markie, *Ethics: History, Theory and Contemporary Issues*, Oxford University Press, 4th Revised Edition, 2008, p.822.

人带来利益的工具而已，人对动物的义务不过是间接地对他人和社会的义务。间接义务论的实质就是否认动物是价值和正义的主体，动物不应当享有和人一样的权利。

生态伦理学家诺兰认为动物拥有权利是当代富有挑战性的道德问题。他说："生态意识中所包含的道德问题属于我们时代中最新颖的、富于挑战性的道德困境。这些问题之所以最新颖，是因为它们要求我们考虑这样一种可能性，即承认动物、树木和其他非人的有机体也具有权利；这些问题之所以最富于挑战性，是因为它们可能会要求我们抛弃那些我们所长期珍视的一些理想，即我们的生活应达到一定的水准以及为了维持这种水准应该进行各种各样的经济活动。"① 英国是动物权利思想的发源地之一。1789年边沁就说过："或许有一天，动物可以取得原本属于它们但只因为人的残暴之力而遭到剥夺的权利。"② 1790年劳伦斯（John Lawrence）建议国家立法保护动物权利以免遭任意虐待，1867年缪尔（John Muir）谴责自私狭隘的人漠视动物权利的愚昧之举，1873年赫尔普斯（Arthur Helps）主张每个生物都拥有权利和适用最高形式的正义。③ 1892年英国社会改革家塞尔特（Henry Salt）出版《动物权利与社会进步》一书，影响甚广。20世纪西方思想界兴起了动物权利（或动物解放）运动思潮，引起了全世界关注和重视。在制度层面，英国最早制定了保护动物权利的法律，1641年的《自由法典》规定："任何人都不能虐待那些对人有用的动物。必须使那些拉车或耕地的家畜定期得到休息和恢复体力。"④ 现在，大多数国家都有保护动物的法律，那些濒危和珍稀动物更是引起了全世界的关注。动物和人类关系密切，在和人类的联系中带给了人类利益，人类也应该回报给它们相应的利益。因此，动物拥有权利有一定理据。

---

① ［美］诺兰等：《伦理学与现实生活》，姚新中等译，华夏出版社1988年版，第435页。
② ［澳］彼得·辛格：《动物解放》，何春蕤译，光明日报出版社1999年版，第9页。
③ Roderrick Frazier Nash, The Rights of Nature, A History of Environmental Ethics, The University of Wisconsin Press, London, pp. 24, 1, 26.
④ Ibid, p. 18.

概而言之，正义标准是主体存在与发展的需要。正义实体是有意识有目的的交换行为，能够作出该行为的主体只有人和有脑动物。长期以来人把自己当做这个世界的唯一主体而忽视了动物的应有地位。生态伦理学已经意识到动物对人类社会不可替代的意义，主张动物是价值和正义的主体。生态伦理学的观点正逐渐被社会接受和认可。

综上所述，正义是一种价值，实体和标准是正义价值不可或缺的两个要素。正义实体是等利害交换的社会行为。判断正义实体是否正义的标准是主体需要。人（包括人的各种组合）是正义首要的但不应当是唯一主体，一切有脑动物其实都可以是正义主体。人类中心主义者把人当作价值和正义的唯一主体，把人以外的一切因素都当作客体，这是狭隘和自私的人性反映。生态伦理学认为，人虽然成了这个世界万物的主宰，但是肆意的掠夺和破坏导致生态环境恶化已经殃及人类种族的繁衍。惨痛的教训告诉人们，这个世界属于人类，也属于其他生命，没有其他生命存在人类也不复存在。为了人类可持续发展，不但要考虑人与人之间交往的正义问题，而且要认真对待人和有脑动物之间交往是否存在正义的问题。

二　形式正义

制度的形式正义是指：无论制度的内容如何，制度都适用于它的所有成员，类似情况类似处理，不同情况不同对待，有关同异全由制度鉴别，制度面前一律平等。[①] 形式正义一般体现在制度实施的过程或程序中，但是不能将形式正义等同过程正义或程序正义，因为过程

---

① 参见［美］罗尔斯《正义论》，何怀宏等译，中国社会科学出版社1988年版，第58—60页。日常生活中正义的应用往往是交错含混的。例如，人们所言相对公平涉及实质正义但大多指形式正义，绝对公平也指向形式正义但主要是指实质正义，不能将相对公平与形式正义、绝对公平与实质正义等同起来。

和程序本身也有形式和实质的要求，同样涉及形式正义问题。① 制度是调整人们社会行为的规范，可分为正式制度与非正式制度两大类。正式制度是指由各类社会组织制定的成文规范，如法律、规章、政策、章程之类。非正式制度是指在社会演进中自发形成的非成文规范，如风俗、习惯、惯例、宗教、道德等。在制度经济学领域，通常用规则与习惯来指代正式制度与非正式制度，"制度的本质内涵不外乎两项，即习惯和规则，而其他特征或属性或附带说明均不过是它们的派生物。"② 正式制度与非正式制度相辅相成，为社会的有序运转提供制度保障。近代社会以来，正式制度更具基础地位，形式正义主要针对正式制度而言。

制度是社会正常运转的必要条件。制度的形式是否正义关乎社会秩序的建构和运行，也影响每个人的生存与发展。因此，如何实现制度的形式正义是制度建设的一个重要问题。制度的形式正义受制于多种因素。究其原委，主要有赖于制度的形式理性和社会地位的权威性。形式理性并不意味着形式正义，它只是形式正义的基础。没有形式理性，人们将对制度迷惑不解乃至无所适从。形式理性是实现形式正义的手段和前提，形式正义则是形式理性要达到的目的和结果，二者不可混为一谈。在现实生活中，如果制度没有权威的社会地位，人们就意识不到遵守制度与否的利害关系，就会缺乏对制度应有的敬畏

---

① 罗尔斯在不同语境和意义下使用了形式正义与程序正义的概念，形式正义对应实质正义，程序正义对应结果正义。参见［美］罗尔斯《正义论》，第84—90页。有学者混淆了罗尔斯对二者的区分，直接将形式正义等同程序正义（参见倪素襄《制度伦理研究》，人民出版社2008年版，第117—119页）；有学者认为与实质正义对应的形式正义有三种形态：与社会正义相对应的制度正义、与具体正义相对应的抽象正义、与实体正义相对应的程序正义（参见孙笑侠《法的形式正义与实质正义》，《浙江大学学报》（人文社会科学版）1999年第5期，第6页）；也有学者认为形式正义是指所有的正义需要通过规范的方式表现出来并且上升为法律，实质正义是人们内心可感受到的、社会道德评价可甄别的正义（参见江必新《论实质法治主义背景下的司法审查》，《法律科学》《西北政法大学学报》2011年第6期）。这些对形式正义的理解，部分背离了形式正义的本意。

② 张宇燕：《经济发展与制度选择》，中国人民大学出版社1992年版，第120页。

感，制度就不可能被社会大众普遍遵守。制度权威的社会地位则是实现制度形式正义的必要条件。

（一）制度的形式理性

制度的形式理性亦叫形式合理性，是指制度的内容如何布局和表现才是合理的。这是一个见仁见智的问题。[①] 不同于针对个别的人或事项的规定，凡是这类规定都不属于制度范畴，制度针对的总是具有共同行为方式的某类人，否则制度就失去了存在意义。制度是由若干个部分构成的统一体。一般而言，制度由总则、分则和附则三部分构成，总则主要是纲要性的规范即原则，分则是具体的规范即规则，附则是一些必要的说明或其他相关规定，这是通常的制度体例。名称、内容和符号是构成制度的要件。作为社会行为规范体系，制度的基本单位和核心内容是规范，制度的形式理性主要是规范的形式理性。只要规范的语言、要素、结构、公布等方面的安排合理了，就可以说制度的形式理性大致达到了。至于制度的名称、非规范性内容、符号以及其他方面的形式可以参照规范的形式要求加以改进和完善。

语言是"人类所特有的用来表达意思、交流思想的工具，是一种特殊的社会现象，由语音、词汇和语法构成一定的系统。'语言'一般包括它的书面形式，但在与'文字'并举时只指口语"。[②] 规范的语言，主要是规范的书面形式，是指通过词汇和语法构成来表达人们关于调整社会行为的思想体系。不同于宗教、文学、艺术的形象思维和写意表达的语言风格——采用描绘、象征、抒情、比喻、形容、夸张或其他带有感情色彩的方式组织的语言形式，也不同于学术研究中

[①] 当今社会没有比法律更重要的制度，人们对制度形式理性的关注，也就更多集中在法律制度上。代表性文献，参见［德］韦伯《经济与社会》（下），林荣远译，商务印书馆1997年版，第138—162页；黄金荣：《法的形式理性论——以法之确定性问题为中心》，《比较法研究》2000年第3期；刘瀚：《法律形式》，《刘瀚文选》，法律出版社2004年版，第105—114页；郑成良：《论法律形式合理性的十个问题》，《法制与社会发展》2005年第6期。

[②] 中国社会科学院语言研究所词典编辑室编：《现代汉语词典》，商务印书馆2005年版，第1665页。

探索的、讨论的、商榷的、争论的语言特征以及报告、纪要、口号、宣传提纲之类的语言基调,①规范的语言必须是符合逻辑、揭示真理和符合常理的理性语言。逻辑要求规范的内部连贯且没有矛盾,真理要求规范同事实符合并能接受人们的经验确证,合符常理就是要按实际生活中人们表达和交流的习惯方式来使用自然语言,不宜过多使用规范特有的同大众生活有一定隔离的专门语言。规范一般用陈述语气表达,特定情形下可使用祈使语气,但绝不可使用感叹和疑问的语气。规范的语言要尽可能做到"准确、明晰、严谨和前后一贯,不能含糊不清、模棱两可、晦涩难懂、前后矛盾"②。规范的语言只有最大限度地(因为不可能全面)达到清楚、明白、具体、通俗、简洁、严密周详、逻辑合理、语法正确并易于为人们所理解和掌握的要求,规范才能有益于所辖成员稳定的行为预期和特定的认知模式的形成,才能有助于所辖成员切身利益的保障以及规范普遍有效的实施。

虽然规范的语言同数学、物理、化学、生物等自然科学的语言一样属于理性语言,但是它不像自然科学的语言那样比较精确,它存在太多的不确定性。这主要是因为语言的开放灵活性和规范调整对象的复杂多样性。一切规范都要通过自然语言表达,自然语言中的字词在不同情境中其意义和指称的范围是变化的。虽然字词都有自己的中心意思,这是人们形成思想共识的语言基础,但是丝毫不影响它边界地带意思的模糊性,这是自然语言不可克服的内在缺陷,也是导致人们思想分歧和其意义不确定的语言因素。即使通过精心定义的方式也不可能根除不确定性,因为定义的字词同样有中心意思和边缘含义,边缘含义难以确定。规范指向的是丰富多彩且变化无常的社会生活,尽管其中有一定的规律可循,并且依据一定标准可将其归纳为不同类型,还可使用专门的具有特定内涵的概念、术语和词汇,但是规范的调整对象不像自然事物及其规律那样容易确定。由于社会生活总是掺杂人的主观因素,即使规范的调整对象有固定的范围也只是相对的,

---

① 参见周旺生《立法学教程》,北京大学出版社2006年版,第513—515页。
② 李步云主编:《法理学》,经济科学出版社2000年版,第37页。

它的边界总是模糊不清。这就决定了规范的语言总会出现词不达意或意犹未尽的情况。如果一味地追求规范语言的绝对确定性，就必然将很多不该排除在外的调整情形挡之门外，从而违背规范本来是用来调整它们的初衷。

规范的要素是指构成规范必不可少的因素。规范是调整人们社会行为的准则，由行为模式和行为后果两个要素构成。① 行为模式和行为后果可以规定在同一个规范、条文或制度中，也可以规定在不同的规范、条文或制度中。无论何种表现形式，规范的两个要素都缺一不可，缺少一个要素就不是完整的规范。行为模式是指规范规定的主体可以作为、应当作为、不得作为或禁止作为的行为方式，是对所属成员普遍有效并可重复适用的行为方式。行为后果是指遵守或违反相应行为模式所得到的结果。遵守规范规定的行为模式应当得到支持、保护、鼓励或奖励，这是肯定性行为后果；违反相应行为模式就应当受到制裁，这是否定性行为后果。行为后果应当平等地适用于规范所属的一切成员，绝不能因人而异，绝不允许有例外。社会中普遍存在的是遵守行为模式的行为，对肯定性行为后果逐一规定既重复又烦琐，除了对行为主体依行为模式行为予以一定鼓励或奖励需要明确规定外，规范一般都对肯定性行为后果做省略处理。否定性行为后果即制裁的具体内容，一般规范里都会有而且应该有明确的规定，否则就会损害规范的效力并影响其实施。

依据不同的标准可以将规范分为不同类型。其中，根据行为模式的内容可以将规范分为权利性规范、义务性规范与职权性规范。

权利性规范是指人们有作为或不作为的自由的规范，它赋予主体从事某种行为的权利和自由，通常采用"可以"、"有权"、"有……

---

① 对法律规范要素的研究，有假定、处理和制裁的三要素说，也有适用主体、适用条件、行为模式和行为后果的四要素说，还有其他一些提法。但是20世纪90年代以来大多数认可或接受行为模式和行为后果两要素说。法律规范是最为普遍的规范形式，法律规范的要素体现了一般规范的要素。这里采用两要素说。关于法律规范要素具体内容的研究，请参见李步云主编《法理学》，经济科学出版社2000年版，第240—265页；张文显主编《法理学》，高等教育出版社2011年版，第65—77页。

权利"、"有……自由"等文字表述。在以人为本的现代社会,权利性规范是社会规范的主要部分。权利性规范主体可以行使和享有自己的权利,也可以放弃这些权利,甚至可以将某些权利转让给他人。

  义务性规范是指要求人们必须作为或不作为的规范,它与权利性规范相反,是对主体某些行为自由的禁止,一般通过"应该"、"应当"、"必须"、"不得"、"禁止"、"严禁"、"有义务"、"有……义务(责任)"等用语表示。义务性规范是维持社会基本秩序的需要,是社会规范必不可少的组成部分。社会主体必须认真履行自己的义务,没有起码的义务,一切权利将不复存在。权利和义务是相对应的概念,"没有无权利的义务,也没有无义务的权利。"[①] 一方面,一个人的权利与他人的义务必然相关。"一个人以一定方式行为的权利,便是另一个人对这个人以一定方式行为的义务",[②] 权利和义务的这种必然性在现实生活中会呈现多种样式。[③] 另一方面,一个人的权利与自己的义务必然相关。一个人只有权利而没有义务或者只有义务而没有权利是不对的,一个人享有的权利应当是他负有义务的等价交换。规范对成员本身和成员之间的权利义务分配应当相等才是合理的,不论权利多于义务还是义务多于权利都是不合理的。在实践中,主体行使权利等于义务是正义的,多于义务是不正义的,少于义务则是美德

---

① 马克思:《国际工人协会章程和条例》,《马克思恩格斯全集》第21卷,人民出版社2003年版,第535页。
② [奥] 凯尔森:《法和国家的一般理论》,沈宗灵译,中国大百科全书出版社1996年版,第87页。
③ 霍菲尔德分析了权利与义务关系的四种样式:①权利表现为要求,权利主体有权提出对某种利益的要求或主张。对应的义务是职责,如果没有义务主体承担该职责,提出要求的权利也就不存在。②权利表现为自由,权利主体有权自己决定自己的事情。对应的义务是无权利,就是义务主体无权干涉权利主体的自由。③权利表现为力量,就是权利主体有权迫使义务主体做出或不做出某种行为。对应的义务是责任,如果否认了责任的存在,也就否认了力量的权利。④权利表现为豁免,就是权利主体有权不受某种对待。对应的义务是无能力,就是义务主体无权迫使权利主体作为或不作为。参见 [美] 霍菲尔德《司法推理中应用的基本法律概念和其他法律论文》,耶鲁大学出版社1927年版,第63—64页,转引自沈宗灵《现代西方法理学》,北京大学出版社1994年版,第145—147页。

的体现。

职权性规范是指国家机关和社会组织以及它们的工作人员行使职权并承担相应后果的规范。职权性规范的行为模式内容，既是有关主体有权利可以作为或不作为，又是他们有义务必须作为或不作为。职权性规范是权利性规范和义务性规范的结合，职权既是权利也是义务，表述方式为"可以"、"有……权力"、"行使……职权"、"履行……职责"等。职权是体现在规范中的公共权力，国家机关和社会组织以及他们的工作人员必须在职权范围内活动，服务公共利益。该作为的不作为、不该作为的作为以及其他胡乱作为的行为都是不能容忍的权力腐败。职权规范地位特殊，随时随地都可能威胁权利性和义务性规范的平等实施。因此，社会秩序的好坏，关键在于职权性规范能否得到严格执行，违反职权性规范的行为能否受到严厉制裁。

规范的结构是指不同类别或相同类别不同层次的规范有机排列的组织形态。规范调整的不是一个个具体行为，而是具有共性的抽象行为模式。一切行为或任何一类行为（按照不同标准同一行为可以属于不同种类）都存在共性。人们的一切活动，都可以归为不同种类和层次的行为模式。用以表达各种行为模式和行为后果的文字表述必须符合语言规范和逻辑规则。规范专有术语的含义要固定，不同情形有不同用语而同一情形只能用同一用语。规范自身的正确表达是规范结构合理的前提条件。

原则和规则是规范的基本形式。在一个制度中，原则是总则的主要构成，规则是分则的主要构成。原则是纲要性的行为规范，是对规范调整对象的客观规律的反映，是制定和实施规则的标准，是规范基本价值的体现。规则是具体的行为规范，通过设定行为模式和行为后果，直接指导人们的具体行为。原则不设特定的行为模式和行为后果，不具有直接操作性，但它可以在更广泛的领域和范围内指引人们的行为方向，尤其在缺乏具体规则引导或规则之间产生冲突时其作用更加明显。不能认为原则没有行为模式，而是其行为模式比规则的行为模式更加抽象，适用行为领域更加广泛，是两个以上规则的共有行为模式，是一种更高层次的规则。① 一个制度的原则之间、规则之间以及原则和规则之间不应当有冲突，至于不同制度之间这些冲突则难以避免。规则和规则的冲突，通过共同适用的原则解决。规则和原则的冲突，直接适用原则。原则和原则的冲突，求诸更高层次的原则，直至服从于终极意义的某个价值原则。这些结构高度形式化的规范，"让利益斗争受固定的、信守不渝的'游戏规则'的约束"，② 为规范调整的利益者提供了相对而言最大的活动自由空间，特别是合理预计其目的行为的后果和机会的最大余地。

规范应当通过方便大家知道的方式向社会公开，那些不适宜大范围公开的秘密规范也至少能够让所辖成员知晓。人们只有知道了规范，才会去遵守规范。一个规范，有意让一些人知道而不让其他人知道是不道德的。对那些时效性很强的规范要及时公布，有利于大家在规定期限内行使权利和履行义务。由于利益使然，个别单位和组织存在这种局部公开或不及时公布规范的现象。秘密规范的存在是社会自身的需要，完全没有秘密规范的社会是不可能的。随时随地可能泄密的精神压力或者怀疑不可示人的目的总是于己不利，无论对相关人员还是对无关人员秘密规范都会带来恐惧，人们应当警惕它。

秘密规范的多少和人们的自由平等和社会的进步开放成反比。在法西斯社会、黑社会和极权社会，秘密规范遍布，人们生活在黑暗和恐怖之中，只能靠仰望星空去寄托自由平等的梦想。相反，在开放民主的社会，绝大多数规范都是公开的，人们明白自己的一言一行将要带来的后果，没有太多的忧虑和恐惧，每个人都会按照真实意志做出选择，人们生活在幸福之中。当下是一个多元包容的社会，科技日新月异，信息高度发达，不宜存在过多只有少数人知道的秘密规范。即使那些秘密规范，也得在其规定范围内及时全面公布，这是一切规范都必须得到普遍遵守的基本要求。

---

① 原则和规则的区别，可参考哈特对法律原则和法律规则区别的分析。参见［英］哈特《法律的概念》，许家馨、李冠宜译，台北商周出版社2000年版，第326页。
② ［德］韦伯：《经济与社会》（下），林荣远译，商务印书馆1997年版，第140页。

（二）制度的社会权威

人离不开社会。亚里士多德说："人类自然是趋向于城邦生活的动物（人类在本性上，也正是一个政治动物）。"① 马克思说："人即使不像亚里士多德所说的那样，天生是政治动物，无论如何也天生是社会动物"②，并且"人是最名副其实的政治动物，不仅是一种合群的动物，而且是只有在社会中才能独立的动物。孤立的个人在社会之外进行生产——这是罕见的事，在已经内在地具有社会力量的文明人偶然落到荒野时，可能会发生这种事情——就像许多个人不在一起生活和彼此交谈而竟有语言发展一样，是不可思议的。"③ 人通过社会行为与周围人结成了各种具体的社会关系，所有社会关系的总和构成了人的社会存在。这些社会关系并非杂乱无章，而是通过制度形成一定的结构和秩序。尽管起主要作用的正式制度都是人们后天制定的，其内容也会随着社会发展时常变迁，但是对每个具体时代的人而言制度都是既定的且无法选择，人人逃脱不了制度约束。实践经验不断告诉人们，每个人只有在制度框架内才能做出自己的行为选择，人"是一种制度里的公民，这种制度在他们以前已经存在，在他们以后还会存在"④。人的制度化存在就是人的社会本质的体现。

人人都生活在制度之下，制度应当平等地适应于它的一切成员，这是形式正义的要求。但是，只有权威的制度才能实现形式正义，制度缺乏权威也就难有形式正义。相对稳定和一视同仁是树立制度权威的基本途径。任何制度都不应当朝令夕改，通过给定的制度条件，人们在有着风险和不确定性的社会环境中能够形成稳定的利益预期和特定的认知模式，从而确保行为的统一性和连贯性。制度实施也不能因人、因地和因时而异，如果选择性地执行制度内容，那么制度就会没

---

① ［古希腊］亚里士多德：《政治学》，吴寿彭译，商务印书馆1965年版，第7页。
② 《资本论》第1卷，人民出版社2004年版，第379页。
③ 《〈政治经济学批判〉导言》，《马克思恩格斯选集》第2卷，人民出版社1995年版，第2页。
④ ［美］康芒斯：《制度经济学》（上），于树生译，商务印书馆2009年版，第93页。

有权威而失效。

制度的稳定性源自人们追求秩序生活的基本需要。虽然任何社会都会存在一些唯恐天下不乱以便浑水摸鱼的闲杂人员,但不可否认秩序生活是每个正常人的良好愿望。秩序是一种有条理的状态,与无序、混乱相对立。博登海默说:"秩序概念,意指在自然界与社会进程运转中存在着某种程度的一致性、连续性和确定性。另一方面,无序则表明,普遍存在着无连续性、无规律性的现象,亦即缺乏可理解的模式——这表现为从一个事态到另一个事态的不可预测的突变情形。历史表明,凡是在人类建立了政治或社会组织单位的地方,他们都曾力图防止不可控制的混乱现象,也曾试图确立某种适于生存的秩序形式。"① 自然秩序受自然规律支配,如春夏秋冬、日出月落等。自然秩序的优点启迪和影响着人类社会,过有秩序的社会生活成了人们的基本需要,小到家庭大至国家都是如此。社会秩序受社会规律支配,社会规律体现在制度中,通过制度来维系一定的社会秩序。秩序是人们过上正常生活的基本条件。只有在一定的秩序中,人们才能合理预见将来的行为后果以便选择适当的行为方式,防止来自各方面的随意侵犯,消除由于无序带来的不安、焦躁或恐慌。但是,秩序这些功能和价值的实现,又依赖制度的相对稳定。没有制度的相对稳定人们的行为活动就无所依据,而且如果制度随时变动就会导致人们的行为混乱,最终也就没有了秩序。

稳定性也是制度的基本属性。制度不是主观任意的产物,"制度是行为的规律性或规则,它一般为社会群体的成员所接受,它详细规定具体环境中的行为,它要么自我实施,要么由外部权威来实施。"② 制度的产生一般都经历了从主观到客观、从经验到理性、从思想观念到制度设计以及周密的程式化的制定过程。制度一旦确定,就要在现实生活中实施,经受社会实践的检验,而该过程需要一定的时间和空间,这就天然地使制度具有了稳定性。除特殊情况外,制度一经制定

---

① [美] 博登海默:《法理学——法哲学及其方法》,邓正来等译,华夏出版社1987年版,第207页。
② [英] 卢瑟福:《经济学中的制度》,陈建波等译,中国社会科学出版社1999年版,第1页。

不允许立即修改或废止。因此，稳定性是制度本身的要求而非人为的结果。依据稳定的制度，社会主体在相互交往中能对自己和他人的行为作出正确的预测。这种规范化的行为模式所产生的后果，不但能降低社会交往中可能出现的任意行为和机会主义行为，防止或化解人与人之间、人与群体之间以及群体与群体之间的分歧和冲突，而且制度内含的价值取向在实践当中能反复影响行为者的思想观念和精神世界，强化人在社会交往中遵循规则的行为习惯。人的行为由外部约束的自在行为化作内心自觉的自为行为，又从自为复归自在，循环往复，制度为人们构建了约束与自由良性互动的行为空间。

制度的稳定性最终有赖于社会关系的稳定。制度的实质就是人们在社会生产生活中所形成的社会关系的反映。生产是人们生存与发展的基础，但人们只有在合作中才能生产，在合作中形成的社会关系是生产的基本条件。马克思说"他们只有以一定的方式共同活动和相互交换其活动，才能进行生产。为了进行生产，人们相互之间便发生一定的联系和关系；只有在这些社会联系和社会关系的范围内，才会有他们对自然界的影响，才会有生产"，[①]"各个人借以进行生产的社会关系，即社会生产关系，是随着物质生产资料、生产力的变化和发展而变化和改变的。生产关系总和起来就构成所谓的社会关系，构成所谓的社会，并且是构成一个处于一定历史发展阶段上的社会，具有独有的特征的社会。古代社会、封建社会和资产阶级社会都是这样的生产关系的总和，而其中每一个生产关系的总和同时又标志着人类历史发展中的一个特殊阶段。"[②] 因此，制度作为人们社会关系的体现和人们的行为准则体系是人类社会存在的必然，贯穿于人类社会发展的始终。如果社会关系的变化过于频繁和急速，就打破了制度的稳定性，迫使制度改变自身去适应该变化。要保持制度的稳定性，首先要保持社会关系的稳定性，社会关系的稳定是制度保持稳定的基础和前提。同时，制度作为上层建筑，制度的稳定性又具有维持和强化社会关系

---

① 《雇佣劳动与资本》，《马克思恩格斯选集》第 1 卷，人民出版社 1995 年版，第 344 页。
② 同上书，第 345 页。

稳定的功能。二者是相互印证的关系。

无论正式还是非正式的制度，在其形成之后都面临实施问题。虽然现实中制度约束的对象会有自我实施的情形，但大多数情况下由第三方实施，至少遵守它的人们能意识到第三方的存在或影响。第三方是指保障制度实施的各类社会组织，是外在的强制力量。自利本能的人们在社会生活中既要博弈又要合作，且在信息不完全条件下合作常会陷入囚徒困境①，增加合作难度。自利行为产生的个人收益与社会收益不等也是人类社会的普遍问题。因此，制度由第三方强制执行就成为必要。制度是"集体行动控制个体行动"，②"这种对一个人的行为的控制，其目的和结果总是对其他的个人有益"，③"集体行动不仅是对个体行动的控制——它通过控制的行为，正如那些助动词所表示的，是一种对个体行动的解放，使其免受强迫、威胁、歧视或者不公平的竞争，由于对其他个体加以限制。而且集体行动还不仅是对个体行动的抑制和解放——它是个体的意志的扩张，扩张到远远超过他靠自己的微弱的行为所能做到的范围。一个大公司的首脑发出命令，在天涯海角执行他的意志。既然某些人得到的解放和扩张是由于为了他们的利益而对其他的人作了抑制，同时制度的简单扼要的定义是集体行动控制个体行动，那么由此推论出来的定义就是：集体行动抑制、解放和扩张个体行动"。④制度本身所具有的指引、评价、教育、预测

---

① 囚徒困境（prisoner's dilemma）：1950年，就职于兰德公司的梅里尔·弗勒德（Merrill Flood）和梅尔文·德雷希尔（Melvin Dresher）提出的博弈模型，后由顾问艾伯特·塔克（Albert Tucker）以囚徒方式阐述，并命名为"囚徒困境"。囚徒困境的经典例子是：警方逮捕甲、乙两名犯罪嫌疑人，但没有足够证据指控他们。于是警方分开囚禁二人，并向他们提供以下相同选择：若一人认罪并作证控告对方（一方背叛另一方），对方保持沉默，此人立即获释，沉默者将判入监10年；若二人都保持沉默（相互合作），则判二人分别入监1年；若二人互相检举对方（相互背叛），则判二人分别入监8年。结果两人都选择坦白，各判刑八年。如果两人都抵赖，各判一年，显然这为最佳结果，但这个帕累托改进很难办到。囚徒困境反映出的深刻问题是，个人理性并非总是合理的，有时会导致集体的非理性，即聪明反被聪明误。
② [美] 康芒斯：《制度经济学》（上），于树生译，商务印书馆2009年版，第87页。
③ 同上书，第87—88页。
④ 同上书，第91—92页。

和惩戒功能能够避免人们行为的盲目性和随意性，不至于社会秩序倒回弱肉强食的丛林状态。

在传统社会里，人们生活的共同体基本上由熟人组成，社会结构相对稳定，交往范围比较狭小。由于生产力低下，社会分工程度不高，人们抵御天灾人祸的能力不强，经常面临集体生存危机，以集体生存为目的的共识易于达成，且人们所属集体总是强化该共识。传统社会的封闭特性使得制度更容易自我实施，恰如诺斯所言"在一个完全信息的世界里制度是不必要的"[1]。不过这仅是理想的情形。即便如此，传统社会成员是否采纳自我实施的惩罚也不能确定，制度由第三方实施仍旧不可避免。依据无名氏定理[2]，自我实施要求集体成员采用不合作来惩罚任何偏离合作的行为。它要求每个成员对此有清醒认识并能进行理智计算，以致大家都选择合作。作为惩罚的不合作只是一种威慑，无需实际运用。但是，没有什么能保证每个成员随时随地都是理性的。譬如某个成员在保卫家族的战斗中临阵脱逃，其他成员并不会放弃战斗来实施对他的惩罚，这意味着招致家族覆灭的危险。家族可以通过集体权威采用其他方法来惩罚这个懦夫，无论哪种方法都比不合作惩罚导致家族灭亡要好得多。

现代社会可谓是开放变化的社会，生产力发达，社会分工深化，选择机会增多，人员流动加速，人们的交往不再局限于传统社会熟悉的圈子，而是拓展到广大陌生人群体。交往范围的无限扩大打破了博弈参与人员组成的稳定性，从而使得无名氏定理失效。这是因为，如果参与人员的组成不稳定，博弈本身即使重复无穷多次也是无意义的。更何况在现代社会，"毋庸赘言，（共同知识、博弈的稳定性和无限重复）这些条件不但假定性很强，而且根本不可能在经验世界中观

---

[1] North · Douglas, *Institutions, Institutional Change and Economic Performance*, Cambridge & New York: Cambridge University Press, 1990, p.57.
[2] 无名氏定理（folk theorem）：在重复博弈中，如果博弈人有足够耐心，在满足博弈人个人理性约束的前提下，博弈人之间总有多种可能达成合作均衡。重复博弈促进合作的思想早已为人共知，由于无法追溯其原创者，因此以"无名氏"命名之。无名氏定理的正式证明由弗里德曼（Friedman）于1968年给出。

察得到。"① 相比传统社会，现代社会制度自我实施的可能性更小，大量由第三方实施是现代社会的普遍现象。虽然行为主体的自我意愿在实践当中起着决定作用，但不能因此说人们的行为只是个人之间的利益考量和简单的自我选择，实际上是综合了包括第三方实施在内的各种因素的结果。"在现实世界中，我们所能观察到的社会范围内的合作很少是脱离了权威而存在的。权威既可以建立在制度的基础上，也可以建立在个人影响力以及宗教信仰的基础上。"② 尽管人们之间的合作均由自我控制的个人行为结合而成，但其并非个人意愿的行为，而是一种集体行动或组织行为。事实上，具有社会本质的人们几乎没有纯粹的个人意愿行为，即使有也大多带有理论设想的色彩。

制度的自我实施无疑体现了形式正义，但由第三方实施不一定能达到形式正义，因为第三方存在变量。假如第三方是一个中立的执行者，它的确能实现形式正义。但现实生活中它们不是抽象的，而是具体实在的组织架构以及其下七情六欲的工作人员，不但组织本身存在不当的可能，而且工作人员的素质参差不齐，人们不得不担忧第三方的信用和滥用权力的问题。因此，对第三方实施的需求和对它的不信任是制度实施当中长期存在的基本矛盾。

一般而言，第三方通过两种方式建立自己的信任度。一个是凭借良好的表现建立信誉，传统社会的开明君主以及每个时代的道德楷模就属于此类。但是由信誉所建立的信任是不稳定的，即使他们一贯理性，拥有完全决定权的他们在无任何抗衡力量的情况下也会趋于滥用权力，这就是人们常说的绝对的权力必然导致绝对的腐败。另一个是向人们展示一个可信的承诺来树立威信。③ 这个承诺必须以一个有成本且可见的行动为基础，该行动能迫使第三方主动兑现承诺。兑现承

---

① North·Douglas, *Institutions, Institutional Change and Economic Performance*, Cambridge & New York: Cambridge University Press, 1990, p. 57.
② 姚洋:《制度与效率: 与诺斯对话》，四川人民出版社2002年版，第112页。
③ 可信承诺研究的经典文献，请参考 North·Douglas and Barry·Weingast, *Constitutions and Commitment: The Evolution of Institutions Governing Public Choice in Seventeenth-Century England*, Jurnal of Economic History, 1989, Vol. 49 (4): pp. 803-832.

诺的不可避免性是第三方取得社会信任的根本理由。

近代以来，民主法治的推行逐步解决了第三方的信任问题。民主就是人民或多数人当家做主，法律反映的是人民意志，法律统治社会，法律面前一律平等，任何主体都没有超出法律之外的特权，任何违背法律的行为都要接受法律制裁。任何社会组织都没有绝对的权威，各种社会组织之间分权制衡，都要服从法律的管理。法无规定对人们而言即自由而对第三方来说即禁止。由于法律至高无上，就意味着第三方向人们许下了一个诺言，它自愿接受社会监督，违背法律同样逃脱不了法律制裁。法治使得人们能够合理预见第三方的行为后果，不应担心它的非法干预，从而大大提高了生活质量。第三方通过法治有意束缚自己的手脚，不仅没有削弱反而增强了权威和公信力，解决了社会信任问题，为实现形式正义提供了可靠保证。

无论对于个人抑或社会，制度都是其生存和发展的必要条件。可是，制度只有实现了形式正义，才能为风险无常社会中的人们提供稳定的利益预期和行为模式。影响制度形式正义的因素各种各样，但制度的形式理性和社会权威是两个主要因素。制度是由多种要素构成的一个系统，规范是它的基本单元。如果规范的形式安排合理了，制度的形式理性就大致达到了。作为行为准则体系，制度只有得到社会大众的普遍遵守才能实现形式正义。这就要求制度具有权威，没有权威遑论形式正义。制度相对稳定和非选择性执行是保持制度权威的基本途径。制度相对稳定不但是人们正常生活的需要，而且是制度本身的特性。制度自我实施时能体现形式正义，但这在任何社会都是个别现象，由第三方实施才是常态。如果第三方是中立的执行者，形式正义自然不必多虑，但第三方存在滥用权力的可能，对第三方实施的需求与不信任是一对长期矛盾。第三方可以通过良好表现建立信用，但实践表明这并不可靠。近代社会以来第三方通过民主法治有意束缚自己，将自己置于分权制衡的不利的制度环境中。这种对自身不利的约束使得第三方的承诺具有操作性，正是保障形式正义的有效举措。

三 实质正义

　　制度具有实质正义是制度被社会大众普遍遵守的根本原因。无论正式制度还是非正式制度，都存在实质正义问题。但是，如何看待制度尤其法律（现代社会没有比法律更为重要的制度）的实质正义则众说纷纭。在一些经典作家看来，制度的实质正义是指制度的实质内容合理，即制度的规定反映了社会生活的真实状况、体现了社会运行的客观规律或表达了社会大众的共同诉求。① 实质正义并非实体正义。实体正义亦称结果正义，是指制度实施产生的结果合理。实质正义是实体正义得以实现的前提和条件，实体正义则是实质正义追求的目的和效果。结果是否正义受制于诸多因素，实质正义是基本的却非唯一的因素，实质正义不一定产生实体正义。与实质正义对应的是形式正义。形式正义是指无论实质内容好坏制度都适用于它的所有成员，制度面前一律平等。与实体正义对应的是程序正义。程序正义是指制度实施的过程和步骤合理，它包含形式与内容两方面的正义要求。因此，不能将实质正义等同实体正义或结果正义，亦不能将形式正义等同程序正义或过程正义。

　　制度是社会行为规范的统称。社会行为是指主体为满足自身需要对社会做出的具有利害效用的活动。主体包括个人和群体。个人是基本主体，群体是指两个人以上的共同体。社会行为是人同自然和社会联系的纽带。人生活在自然中，人不仅是自然的一部分，而且自然为人的存在提供了物质条件。马克思说："全部人类历史的第一个前提无疑是有生命的个人的存在。因此，第一个需要确认的事实就是这些个人的肉体组织以及由此产生的个人对其他自然的关系。"② 人对自然活动的结果最终都会对社会产生利害效用。因此，人对自然的行为是

---

① 参见［美］罗尔斯《正义论》，何怀宏等译，中国社会科学出版社1988年版，第58—60页。
② 《德意志意识形态》，《马克思恩格斯文集》第1卷，人民出版社2009年版，第519页。

间接的社会行为。人也生活在社会中,社会是各种各样的群体乃至包括所有人的联合体。人虽各不相同但只有在社会中才能存活,作为人赖以生存与发展基础的自然和社会,其本身有着不以人的意志为转移的客观规律。制度的实质内容只有符合这些规律才是实质正义的,才能正确规范人与自然、人与社会的关系,才能合理发挥人的能动性和创造性。

(一) 人对自然的一切活动必须遵循自然规律

自然是一个受自然规律支配维持动态平衡的生态系统,[①] 人就处在生态系统的顶层。人和自然之间是相互改变和适应的关系。[②] 为了生存与发展,人要不断同自然发生联系。人对自然的一切活动所引起的自然反应最终都会对人以及人类社会产生利害效用。也就是说,人在对自然施加作用的同时不得不经受自然对人以及人类社会产生的反作用。

人能够运用自己的理性和经验,有目的地引发、调节和控制自然中的实物、能量和信息过程,使它们在自然规律的共同作用下朝着有利于人的方向发展。但是,人的生产生活也在破坏着自然平衡。尤其工业革命以来,科学技术迅猛发展,人类干预自然的规模和强度持续扩大,导致全球多处出现原始森林缩小、天然湿地消失、草原退化、沙漠增加、水土流失、水源枯竭、环境污染、气候异常、生物多样性锐减等现象,环境恶化不断加剧,使得自然自我修复能力大为减缓,严重威胁人类生息繁衍和可持续发展,人类面临生态危机。生态危机迫使人类不得不反思如何利用自然资源、处理和其他生命种类的关系

[①] 自然是一个复杂概念,有多种理解。其实人也是自然一分子,但是一般将自然理解为与人(包括人的产物,如文化和人工制品)相对应的生命的和非生命的外部环境。生命如动物、植物、微生物等,非生命如土地、山川、河流、森林等。它们是人类生存的物质基础和外部环境。参见 Leena Vilkka, *The Intrinsic Value of Nature*, Amsterdam-Atlanta, GA 1997, pp. 7-8.

[②] Gerald G. Marten, *Human Ecology*, *Basic Concepts for Sustainable Development*, Earthscan Publications Ltd, London · Sterling, VA, 2001, pp. 96-105.

以及看待人在生态系统中的位置和责任等问题。① 目前，生态危机已经成为全球政治经济的中心议题。

生态危机和人类中心主义息息相关。人类中心主义思想源自古希腊，自文艺复兴运动以来逐步成为西方社会的主流观念，并通过国际交往传播到了世界各地。人类中心主义认为人类社会一切活动的出发点和归宿都是为了满足人的需要，人是自然界中具有内在价值的唯一主体，其他自然存在都是没有内在价值的客体，只有在满足人的需要时才具有工具价值。人类中心主义彰显人的主体性，解放了人的思想，激发了人的智力，人类社会得以快速发展。在一定意义上说，没有人类中心主义思想的普及，就没有今天人在自然界的至高地位和在社会各个方面的重大进步。但是，人类中心主义误以为人的一切需要都是合理的，割裂了人和自然的客观联系，把自然界仅看作供人任意索取的原料仓库，片面追求经济效益最大化，忽视环境成本和自然承受能力，为了满足需要不惜破坏甚至灭绝非人自然存在，完全不顾自然规律和非人自然存在的内在价值，导致了危及人类自身的生态危机。

人不是自然的统治者。人与自然的关系史一再表明，人只能发现和运用自然规律，不能创造或改变自然规律，违背自然规律都会遭到无情惩罚。人在自然面前其实很渺小，即使面对那些经常给人类带来灾难的自然现象，如地震、台风、海啸、冰冻，至今也束手无策。科学技术作为人的有限理性的体现是一把双刃剑，既能造福人类也能危害人类。不能盲目迷信科技进步带来的成就，而是要充分理解科技后果的不可完全预见性，高度警惕科技活动对自然和人类造成的消极影响乃至可能失控的毁灭性后果。虽然人是万物之灵并且成了自然的主人，但是不宜过分强调人的主体性和自然的客体性，而是要时刻清醒意识到自然的一切都有存在的合理性和独特的内在价值，人与自然是

---

① Kate Soper, *What is Nature? Culture, Politics and the non-Human*, Blackwell, Oxford UK and Cambridge USA, 1995, p. 2.

一个不可分割的统一整体。①

因此，从以人为中心转向人与自然共为一体，从工具理性转向价值理性，从役使自然转向尊重自然，遵循自然规律从事对自然的活动，这是解决生态危机和免除人类存续隐患的根本出路。②

自然有现象和规律之分。自然现象是指存在于一定时空中的具体物质形态，即天地万物及其变化。自然规律是指自然现象之间的必然关系。③ 它是与人的意志无关的各种自然现象之间的因果关系，不是外在力量强加的，也不是人凭空想象出来的。人的想象力丰富，完全

---

① 关于人与自然的关系，恩格斯在《自然辩证法》中有过精辟论述，他说："动物仅仅利用外部自然界，简单地通过自身的存在在自然界中引起变化；而人则通过他所作出的改变来使自然界为自己的目的服务，来支配自然界。这便是人同其他动物的最终的本质的差别，而造成这一差别的又是劳动。"（《自然辩证法》，《马克思恩格斯选集》第4卷，人民出版社1995年版，第383页）接着他说："但是我们不要过分陶醉于我们人类对自然界的胜利。对于每一次这样的胜利，自然界都对我们进行报复。每一次胜利，起初确实取得了我们预期的结果，但是往后和再往后却发生完全不同的、出乎预料的影响，常常把最初的结果又消除了。……因此我们每走一步都要记住：我们统治自然界，决不像征服者统治异族人那样，决不是像站在自然界之外的人似的，——相反地，我们连同我们的肉、血和头脑都是属于自然界和存在于自然之中的；我们对自然界的全部统治力量，就在于我们比其他一切生物强，能够认识和正确运用自然规律。"（同上，第383—384页）他又说："事实上，我们一天天地学会更正确地理解自然规律，学会认识我们对自然界的习常过程所作的干预所引起的较近或较远的后果。特别自本世纪自然科学大踏步前进以来，我们越来越有可能学会认识并因而控制那些至少是由我们的最常见的生产行为所引起的较远的自然后果。但是这种事情发生得越多，人们就越是不仅再次地感觉到，而且也认识到自身和自然界的一体性，而那种关于精神和物质、人类和自然、灵魂和肉体之间的对立的荒谬的、反自然的观点，也就越不可能成立了，这种观点自衰落以后出现在欧洲并在基督教中取得最高度的发展。"（同上，第384页）

② 毋庸置疑，当今社会对待生态问题的主流看法仍旧是人类中心主义，很少顾及到其他相关理论的意见。即使一个人转向生态中心主义而负起保护环境的全部责任也是徒劳的，因为习俗、法制、社区需要、经济资源、时间等各种因素会挫败他的这种努力。参见 Julia B. Corbett, Communicating Nature: How We Create and Understand Environmental Messages, Island Press, Washington, 2006, P. 55, p. 84.

③ 关于自然规律的研究，可参见 D. M. Armstrong, *What is a Law of Nature*, Cambridge University Press, New York, 1983, pp. 172-173.

可以编造出事物中并不存在的一些关系，但这些关系在自然规律面前不堪一击。因果关系或因果律，是指某种原因必然导致某种结果，"所谓因果律，科学家指的就是如果——那末关系，此外再加上：这种关系在一切时候都有效。"[1]

现象和规律是自然须臾不可分离的两个方面，从单个自然体到植物、动物、生物、人类、生态、宇宙等各种层次自然系统均如此。没有不受规律制约的现象，规律之外无现象；也没有不表现为现象的规律，现象之外无规律。无论自然现象如何变化，自然规律都是永恒不变的，所谓万变不离其宗，正如恩格斯所说："物质的每一有限的存在方式，不论是太阳或星云，个别动物或动物种属，化学的化合或分解，都同样是暂时的，而且除了永恒变化着的、永恒运动着的物质及其运动和变化的规律以外，再没有什么永恒的东西了。……尽管如此，我们还是确信：物质在其一切变化中仍永远是物质，它的任何一个属性任何时候都不会丧失，因此，物质虽然必将以铁的必然性在地球再次毁灭物质的最高精华——思维着的精神，但在另外的地方和另一个时候又一定会以同样的铁的必然性把它重新产生出来。"[2] 自然界的表现形式千变万化，只有物质本体和物质运动的规律才是不变的。自然界是人类共同家园，爱护它是每个人责无旁贷的义务。

人虽然何时何地都无法看到自然规律，但无时无处不在自然规律统治下的自然界中。[3] 自然现象能被人的感性所觉察，而自然规律只有人的理性才能把握。于是就产生一个问题，现象与规律的区分究竟是人的认识能力造成的还是自然本身固有的。有人怀疑，这种区分是人的认识能力造成的。人的认识能力有感性和理性两个层次，造成了自然界现象与规律的两重性，否则，自然界就是本来的样子。

这种观点是站不住脚的。一方面，如果自然没有现象与规律之分，人就不可能进化出两个层次的认识能力，人会和其他动物一样，

---

[1] ［德］赖欣巴哈：《科学哲学的兴起》，伯尼译，商务印书馆2009年版，第136页。
[2] 《自然辩证法》，《马克思恩格斯选集》第4卷，人民出版社1995年版，第279页。
[3] John T. Roberts, *The Law - Governed Universe*, Oxford University Press Inc., New York, 2008, p. 379.

仅仅生活在现象世界里。另一方面，如果规律不是客观存在的，人的理性对规律的反映，不过是人的主观逻辑游戏，丝毫不具有客观意义。事实是，受规律认识支配的人对自然的活动，如果该认识正确反映规律则活动会成功，否则将失败。因此，自然的两重性是自然本身固有的，不依赖于人的认识能力，人具有两个层次的认识能力才使得人能区别自然的现象和规律。

自然规律是由不同种类层次的规律构成的一个系统，各种规律之间的复杂关系远超人的想象。① 人只能不断接近规律，并不能全部把握它们。如果可以完整掌控规律，人在自然面前就不会犯这样那样的低级错误。人们常常发现一个规律，然后按这个规律行动并取得了一定成绩，却忽视了这些行动的潜在风险。正当人们沾沾自喜的时候，违背关联规律的报复就会接踵而至。许多自然灾害就是人的自私浅薄造成的，如过多砍伐森林引起泥石流，过度放牧致使草原沙化，过量开采地下水导致地面下沉，这样的事例不计其数。自然资源滥用，工农业废物排放，局部生态改变，转基因、克隆和原子能等高科技非安全使用，致使生存环境更加恶劣。有些错误可以纠正，有些错误却无法弥补。可是，人们并未完全认识到自然规律惩罚的残酷性。如果还麻木不仁或放任不管，人类社会将会有灭顶之灾。

自然界每个存在都有自身质的规定性。对一切事物而言，凡是存在的就是合理的，否则它就不会出现。一些存在的结合形成一个系统，另外一些存在的结合形成另一个系统。一个存在可以同时隶属不同的系统。一个系统既会是几个子系统的联合，又会是更大系统的成分。

---

① 一切事物都是受规律支配的。事物多样是因为规律多样，事物同类是因为规律同一，事物各异是因为规律有别。规律是一个复杂的系统，规律之间关系错综复杂。人们习惯将规律分为一般规律和特殊规律，但事实上规律的层次不止两个而是多个。同一规律就可以归入不同层次，同一事物可能同时受几个规律支配。完整认识一个事物必须运用多个规律且要注意其间的复杂关系。不管在自然界、人类社会还是人的思维世界，任何事物以及事物之间都含有矛盾性，矛盾双方的对立统一是推动着事物的运动、变化与发展的原动力，对立统一规律或矛盾规律是规律世界最一般的规律。人们对规律的认识不可能一蹴而就，而是充满艰险，有时会付出惨重代价。只有人们的认识越接近规律人们的行为才会越自由。

自然界可分为生命系统和无生命系统。生命系统是指微生物、植物、动物和人构成的系统，除此之外就属于非生命系统。不但每个存在或系统有区别于其他存在或系统的本质特征，而且它们之间互为条件或因果。全部存在或系统交错并存，相互交换，变动不居，循环往复，受自然规律的支配有机联系在一起，构成了一个井然有序的自然生态系统。

　　这样一种自然结构，意味着自然界有三种价值：内在善、外在善和系统性善。① 内在善是事物固有的自己对自己好，它源于该事物之所以成为该事物的本质属性。与内在善对应的是外在善和系统性善。外在善是指一事物对另一事物有益，一事物是另一事物实现目的的条件或手段。在自然层次中，位置越高选择能力也就越强，有机物利用无机物，动物利用植物，人可以利用一切非人存在。系统性善是事物相互联系的善，相互联系的双方都有益于对方实现目的。人以群分，物以类聚，相生相克，相辅相成，这就是系统性善的体现。内在善独立存在于事物之中，外在善和系统性善存在于事物的相互联系之中。人处在生态系统的高端，一切非人存在都可以被当作工具对待，但是这并不能否认非人存在的内在价值。不是仅仅从人而是从自然的角度看，三种价值在人类和非人类中都是客观存在的。因此，一切自然要素，无论生命的或非生命的还是简单的或复杂的，都应当得到人的平等对待。

　　人对自然的尊重，可由生命开始逐步扩展到无生命。在生命系统中，人和动物关系最近，人由动物进化而来。从道德、制度、实践等方面关心动物，不是因为动物和人有相似属性，类比像对待人那样来对待动物，而是因为动物和人拥有共同感知痛苦和快乐的能力，动物有异于人的内在善。② 动物有意识是不争的事实，③ 意识的内在价值是人和动物共有的。动物和人一样有情感，虽然它不能像人一样表现，

---

① 这种分类方法来自 Robert S. Hartman（1910-1973）的哲学。参见 Leena Vilkka, *The Intrinsic Value of Nature*, Amsterdam-Atlanta, GA 1997, p. 21。
② Leena Vilkka, *The Intrinsic Value of Nature*, Amsterdam-Atlanta, GA 1997, p. 48.
③ P. R. Wiepkema and J. M. Koolhaas, "The Emotional Brain", *Animal Welfare*, 1 (1992).

但人可以观察它的行为特征而感知。① 动物不仅能满足人的物质欲望，还能带给人精神愉悦。动物有生命，生命的内在价值是人和所有生命形式共有的。动植物和人共同生活在自然中，人类社会的扩张导致动植物生存空间越来越小，一些物种已经消失，一些物种濒临灭绝，动植物的生存状态堪忧。② 生命不只是生物学意义上的细胞、器官、组织的结合，而是包含历史、文化、社会、道德、宗教、美术、政治、生物、生理、化学等各个层面含义，它们构成了完整的生命概念。③ 动物、植物、微生物都有自己独特的生命内涵，人类要破除狭隘的人类中心论，全方位看待其他生命形式，尊重它们的内在价值。更进一步，自然作为整体具有内在价值，每个存在对自然都是不可或缺的，不应有高低贵贱之分。不能单从经济角度利用自然存在的物质价值，应从文化、政治、宗教、生态等角度全面看待自然存在的功能和作用。④ 如果人类还自以为是，将其他自然物仅作为工具对待，那么待它们消耗殆尽时，人类也就失去了生存的物质基础。

（二）社会对权利义务的分配要顾及每个人的利益

人是自然人，是一个独立自由的生命体。人通过社会行为实现个人利益时与他人发生具体的社会关系，所有社会关系的总和构成了人的社会存在。一切社会存在都是人的社会行为的产物。即使人也不例外，这便是人类自身生产的社会行为。人又是社会人，人一出生就是家庭、宗族、民族、种族、地区、国家、国际等不同类型层次社会的

---

① Angelika Krebs, *Ethics of Nature: Basic Concepts, Basic Arguments of the Present Debate on Animal Ethics and Environmental Ethics* (Ph. D. dissertation, University of Frankfurt, 1993).
② 很多国家通过立法规定，设置动植物保护区，保护珍稀物种或防止产生更多濒危物种。虽然还不能完全解决这方面问题，但是这种做法是目前有效的举措。参见 Rosie Woodroffe, Simon Thirgood and Alan Rabinowitz, "The Impact of Human-wildlife Conflict on Natural Systems", in *People and Wildlife Conflict or Coexistence?* Cambridge University Press, New York, 2005, pp. 11-12.
③ Leena Vilkka, *The Intrinsic Value of Nature*, Amsterdam-Atlanta, GA 1997, pp. 53-55.
④ Marion Glaser, Gesche Krause, Beate M. W. Ratter and Martin Welp, *Human-Nature Interactions in the Anthropocene*, Routledge, New York, 2012, pp. 193-215.

成员，谁也无法脱离它们。无论何种形式的社会，作为整体都有着区别于个人利益的社会利益。国家是人类进入文明时期后出现的最高社会形式。其他社会形式，或属于国家，或受制于国家。

没有人就没有社会生成的主体，没有社会就没有人的活动场所，人和社会相互依赖。社会通过制度调整人的社会行为，处理人与社会的关系。制度是后天由人认可或制定的，但对每个时代的人而言它们是无法选择的。马克思说："人们自己创造自己的历史，但是他们并不是随心所欲地创造，并不是在他们自己选定的条件下创造，而是在直接碰到的、既定的、从过去承继下来的条件下创造。"① 制度变迁是一个不间断的过程，难以截然分开其过去、现在或将来的形态。制度化的人正是人的社会存在的表现。制度通过设置权利义务来规范各种主体的利益和构建社会秩序，制度的意义不言而喻。

人的社会行为涉及正义问题。人有三种基本的社会行为或社会联系：人与人的联系，人与社会的联系，社会与人的联系。② 正义的主体是人或社会。人与人或人与社会之间的正义是完全由个人决定的个人正义。社会虽然由人构成，但是作为整体有别于作为成员的个人，社会如何分配权利义务是制度实质正义的核心和焦点。③ 纵观制度发展史，社会正义主要涉及三个方面：（1）权利义务的分配以人为本还是以社会为本；（2）权利义务在同一社会不同成员之间怎样分配；（3）当代人对权利义务的分配要否考虑下代人的利益。

在17世纪以前的传统社会里，共同体主义是社会主流观念，社会本位是社会分配权利义务的根本原则。共同体主义认为，人生活在

---

① 《路易·波拿巴的雾月十八日》，《马克思恩格斯选集》第1卷，人民出版社2012年版，第669页。
② Josper Pieper, Justice, translated by Lawrence E. Lyncb, Pantbeon Books Inc. New York, 1955, p. 50.
③ 这就是亚里士多德所谓的"分配公正"，参见［古希腊］亚里士多德《尼各马可伦理学》，廖申白译注，商务印书馆2003年版，第134—136页。罗尔斯说得更明白："正义的主要问题是社会的基本结构，或更准确地说，是社会主要制度分配基本权利和义务，决定由社会合作产生的利益之划分的方式。"参见［美］罗尔斯《正义论》，何怀宏等译，中国社会科学出版社1988年版，第7页。

各种共同体中，共同体利益（群体利益、集体利益或社会利益）是个人利益的基础，共同体既有的权威和秩序决定人的一切活动。外界变化很难影响相对封闭的传统社会，各种社会群体基本上都由熟人构成。由于生产力不够发达，人们抵御天灾人祸的能力较弱，经常面临集体生存危机，无集体则无个人、无大家亦无小家和以集体生存为最高目标的共识易于达成，集体也会借机强化自身权威。人的社会生活的根本目的是社会而不是个人，社会利益重于个人利益，社会秩序高于个人自由，个人义务先于个人权利，是否有利于社会成为判断人的社会行为合理的最终标准。

共同体主义重视人的社会性和社会责任，但忽视人的个性和个人利益。实际上个人利益和社会利益同等重要。人是目的而不仅仅是手段，个人利益是社会基本利益，无论何种形式的社会利益都可归为相关领域一定数量的个人利益，假借社会利益之名罔顾或侵犯个人利益是不道德的。只有通过牺牲个人利益才能换取有利于多数人的社会利益的行为必须严格限制，并且要对受损的个人利益给予等价补偿。共同体主义有一定的合理性，因此在当下仍有广泛社会影响。

17世纪开始流行的社会原子论思潮从各个方面挑战传统社会的权威，尽管如今仍有人质疑其合理性，但不可否认社会发展从此留下其反权威主义的深刻烙印。[①] 代表人物有笛卡尔、霍布斯、洛克、休谟、理德、康德等，虽然各自论点有所不同，但中心思想基本一致，即社会由原子似的自由人组成，人过社会生活前处在自然状态中，受自然法支配，人人拥有平等的自然权利（人权）；由于自然状态不稳定，人们通过契约组建包括国家在内的各种社会组织，过上了社会生活；国家权力来自人们协商让渡的部分自然权利，国家始终不得违背社会契约和自然法。这种以人为本的现代思想统称为自由主义。

自由主义的出现也得益于现代社会的科技进步，交通、通信的发达使得人们交往更加便捷，社会流动从熟人圈扩散到广大陌生人群

[①] Elizabeth H. Wolgast, *The Grammar of Justice*, Cornell University Press, New York, 1987, pp. 1-27.

体，祛魅、开放和多元是现代社会的基本特征。自由主义在人类思想史上具有里程碑意义，它将思想重心由传统的集体社会观和义务本位转向现代的个人社会观和权利本位，以人为本成为社会制度分配权利义务的根本原则。自由主义充分尊重人的主体性和真实意志，人能够主动选择自己的生活方式而不是被动接受社会安排，人成为真正的社会主人。自由主义不是极端的个人主义或无政府主义，并不否定应有的个人义务，只是颠倒了传统社会人和社会的次序。自由主义不但是西方现代社会的主流意识，而且经多种渠道传播到了世界各地，它的自由、平等、人权、社会契约等基本理念作为现代文明的标志被其他社会意识形态借鉴和吸收。

无论传统社会还是现代社会，每个社会成员的先天禀赋、后天变化和生活环境千差万别，各种利益在社会实践中的冲突不可避免，信息不对称或力量不均衡导致社会成员之间、社会与成员之间的竞争博弈会有失公平，旧问题解决的同时新问题出现了，社会发展交织着许多矛盾和挑战，无时无处不在的运动变化是社会常态。人类社会的历史演进表明，绝对的自由和平等只是乌托邦设想，正义却是人类完全可以实现的价值目标。正义的制度是控制社会风险和保障人生幸福的最有效措施。[①] 依据制度规定的内容，生活在风险社会中的人们能够形成稳定的利益预期和连贯的行为模式，从而降低行为后果的不确定性，实现自身利益最大化。社会混乱则无正义可言，和平年代人们也许不会特别在意正义之重，但是饱受战乱之苦的人们会强烈渴望正义。[②] 社会秩序和公共安全是每个人正常生活的社会基础。除非别有用心的极少数人，任何无序都不是人们希望的社会状态。社会实现正义需要许多要素配合，其中制度的实质正义是必要条件，它能将社会风险降至最低限度。但是，社会如何分配权利义务才合符实质正义又众说纷纭，[③] 各种主张既有共性也有分歧，至今未有定论。

---

① Barbara Hudson, *Justice in the Risk Society, Challenging and Re-affirming Justice in Late Modernity*, SAGE Publications, London, 2003, p. 43.

② Morris Ginsberg, *On Justice in Society*, Cornell University Press, New York, 1965, p. 50.

③ 社会上流行较广的主张有品德原则、才能原则、需要原则、平等原则和贡献原则，不同的理论会选择不同的原则。参见王海明《新伦理学》，商务印书馆2002年版，第328—344页。

每个人都是社会构成的一员，都为社会存在做了同等贡献。谁也不能认为自己比别人优秀，如果强者认为人类社会奉行自然界弱肉强食的丛林法则天经地义，那么势必导致灾难性后果，背离人类文明的根本宗旨。谁都想成为强者，强者之上还有强者，即使最强者也不会一直如此。于是，人人都可能成为弱者，人人都将生活在恐慌和敌对状态之中，人类社会将永无宁日。人是理性动物，通过生活经验的反思人能够脱离野蛮走向文明，将"社会作为公平合作的体系"。① 每个人的社会生活环境迥异，但是社会可以赋予他们平等的成员资格和基于生存必需的基本权利和义务。人人享有平等的生存和发展机会，社会不得以任何理由剥夺弱者的基本权利和免除强者的基本义务。基本权利义务的内容在不同社会阶段会有所区别，但毫无例外适用于所有成员。这种起点公平是人们进行公平合作的前提和基础。

现实生活中每个人的素质能力、社会资源相差很大，这就决定着每个人不同的发展前途和不等的社会贡献。社会可以依贡献大小按比例分配给每个人发展所需的非基本权利义务，但实践中会出现"马太效应"（Matthew Effect）②，社会产生两极分化，强者愈强，弱者愈弱。因此，非基本权利义务的分配必须照顾到机会最少者的利益。一方面，权利多者得到了社会更多的好处，理应承担更多的义务。另一方面，社会有义务缩小人们之间的实际差距，为机会最少者实现机会平等提供切实可行的帮助。基本权利义务完全平等，非基本权利义务比例平等，并适当照顾机会最少者的利益，就能够达到实质正义。基本权利义务优先于非基本权利义务，谁也不会承认多数人享有的较大利益能补偿强加于少数人的牺牲。一种基本权利的损害只是在必须用它避免更多基本权利受到损害的情况下才会得到大多数人的同意。只有实质内容合理的制度规定，才能有效保障人类社会的健康发展。

---

① John Rawls, Justice as Fairness: A restatement, The Belknap Press of Harvard University Press, Cambridge, Massachusetts, 2001, p.5.
② 出自圣经《新约·马太福音》："凡有的，还要加倍给他叫他多余；没有的，连他所有的也要夺过来"。老子《道德经》第七十七章也有类似表述："天之道，损有余而补不足。人之道则不然，损不足以奉有余。"

社会是人的主观意识支配下的社会行为的产物。但社会一经产生，其作为整体又与个人相对立，呈现出不以人的意志为转移的客观规律性。社会规律是通过人的社会行为表现出来的政治、经济、科技、文化等社会现象之间内在的必然联系，是"人们自己的社会行动的规律，这些一直作为异己的、支配着人们的自然规律一样而同人们相对立的规律"①。由于包含人的主观因素，社会规律比自然规律更加难以把握。自然规律是一种盲目的无意识的力量，受自然规律支配的自然现象在同等条件下会以相同形式重复出现。社会规律则是一种有目的有意识的力量，无法精准的目的意识导致受社会规律支配的一切社会现象不会以同样形式再次出现，即使在完全一样条件下也不会出现完全一致的结果。因此，不同于自然规律的必然性，社会规律更多表现为类规定性或概率性，② 但是不能否认它在社会发展趋势中的决定性作用。人们习惯将社会规律分为一般规律或特殊规律，但事实上它是一个包含诸多层次的复杂系统，不止两个而是多个。社会层次多种，社会现象多样，各种社会规律之间的联系错综复杂。完整认识一个社会现象必须运用多个规律且要注意其间的内在联系，不能简单归为一般与特殊或普遍与个别的关系。人并不能为所欲为，人的一切社会活动受到社会规律制约，一切制度的实质内容必须符合社会规律才具有合理性。

　　人类社会发展是一个持续过程，每代人都处在承上启下的某个阶段，每代人之间是不平等的，每代人有权利追求自己的最大幸福。每代人的社会活动，既束缚于已经逝去的上代人创造的条件，又影响还未出世的下代人的继续发展。当代人无法苛求上代人应该做什么，但是应当考虑下代人的利益，这就是代际正义问题。从古希腊开始，正义概念就是哲学重点讨论的中心，但系统的代际正义概念和理论直到最近几十年才得以发展，这种延迟归因于人类行为影响的范围不断增强这个客观事实。仅从20世纪以来现代技术已给未来的人类和自然

---

① 恩格斯：《反杜林论》，人民出版社2015年版，第306页。
② 譬如，反映社会分配不公的基尼系数（Gini Coefficient），反映食品支出占个人消费比重的恩格尔系数（Engel's Coefficient），只是大致的概率统计，但带有规律性。

带来潜在的不可逆的损害。在柏拉图和康德的那个时代,没有大家今天必须考虑的环境、养老金、国家债务等问题,也就不存在适应于无限时间和空间的正义理论的客观需要。① 直接互惠作为正义的基本原则被社会广泛接受,它使得利己主义合法化。但是,无论在代内还是代际,它的结果都是不道德的,因为正义双方幸福的增加没有考虑他人和后人的利益,或者是以牺牲他人和后人的利益为代价的。将直接互惠正义原则改为间接互惠正义原则或许更有说服力,因为它同时考虑了非正义双方他人利益和未出场的下代人利益。如果下代每个成员满足需要的机会好于当代每个成员,代际正义就实现了。这并不意味着上代人要做出更多牺牲,而是要求上代人在分配利益时,同时考虑到上代人和下代人的每个成员。由于社会自发的进步,下代人实现需要的机会就会增加,这就是"提升进步的代际正义"②。

德国诗人海涅有句名言:"每个年代都有自己的特殊任务,只有解决了它,人类才会继续前进。"③ 现在越来越多的国家拥有核武器、人为造成的全球气候变暖和大量的有毒废物排放,将对无数下代人的幸福造成潜在的不可逆的损害。因此,我们这代人正处在一个决定性的年代,应该负有更大的社会责任。必须通过制度严格规定当代人的权利义务,为下代人在物质世界的幸福创造更多机会。否则,我们这代人将会成为人类历史的罪人。

制度是人的社会行为的准则,其实质内容合理就是实质正义,否则就是实质不正义。这是一个见仁见智的问题,分析角度不同,结论也就有别。但是,无论何种视角,都应当基于社会行为本体,从中发现实质内容是否合理的决定性因素。

人的社会行为,可分为人对自然的活动和人对社会的活动。自然

---

① Joerg Chet Tremmel, *A Theory of Intergenerational Justice*, Earthscan Dunstan House, London, 2009, p. 201.

② Ibid., p. 204.

③ Heinrich Heine (1797—1856): "Every age has its specific task, and by solving it, mankind moves on". 转引自 Joerg Chet Tremmel, *A Theory of Intergenerational Justice*, Earthscan Dunstan House, London, 2009, p. 204.

不但为人提供了生存与发展的物质空间,而且人本来就是自然的一部分。自然具有不以人的意志为转移的客观规律,自然规律决定着人对自然活动的成败。人违背自然规律的行为导致的生态危机已经危及人类的生息繁衍和可持续发展,引起了全社会高度关注。痛定思痛,关于人对自然活动的制度规定不能仅以人为中心,而应立足于自然整体,敬畏自然规律,尊重其他非人自然存在的价值,正确对待人的权利义务,建立人与自然和谐共处的良好关系。人是群居动物,离开社会人就无法生存。社会虽由人构成,但作为整体是有别于人的客观存在,社会制约着人的生活质量。人是目的而不仅仅是手段,社会应当完全平等分配给每个人生存所需的基本权利义务,在照顾到最小受惠者的前提下,按贡献大小比例分配给每个人发展所需的非基本权利义务。基本权利义务应当优先于非基本权利义务。人人都是社会存在必不可少的一分子,一种基本权利的损害只是为了更多基本权利免受损害的情况下才能实施,并且要得到大多数人的同意和对受害者的必要补偿。人类社会发展又是一个持续过程,当代人不得损害下代人利益。社会对权利义务的分配要同时考虑当代和下代每个人的利益才符合实质正义的要求。

第七章　权力的边界

　　自由和正义是判断统治合法性的价值标准，也是统治活动的边界。当合法方式不能纠偏时，公民可以通过不服从使统治者意识到该问题。公民不服从不推翻既有政权而是对它的警醒。公民不服从仍旧达不到目的，此时的统治则彻底丧失了合法性，剩下的就只有革命了。革命推翻旧政权，建立新政权，统治同样面临合法性问题。

　　公民不服从（civil disobedience）①是指这样一种社会行为：公民（个人或群体）以直接或间接的方式，非暴力、故意、公开违反与自己的政治、道德或宗教信念不符的法律、政策或裁判——恶法，并且自愿接受因此导致的国家制裁。它是违法的，以致不同于各种形式的合法抗议。它采取非暴力、故意、公开和自愿接受惩罚的方式，因而区别于一切违法犯罪。它的目的不是要推翻国家基本制度和既有政权，而是要通过该行为造成的社会影响迫使统治者改进有瑕疵的非基本制度或纠正不合理的裁判，又有别于革命。

　　公民不服从是针对普通公民与国家法律政策的关系而言，官员在工作中不服从法律政策的举动系公务行为，只有以普通公民身份从事不服从活动才是公民不服从。当事人不服从依良法做出的合理裁判是法律政策实施当中的正常现象，只有不服从依良法做出的不合理裁判

---

① 美国公民梭罗（Thoreau，1817—1862）1849 年出版的《对市民政府的抵抗》一文在 1866 重印时被他人改为《公民不服从》，公民不服从概念从此诞生。而真正最早使用公民不服从的是印度的甘地（Mohandas Karamchand Gandhi，1869—1948），他把自己领导的非暴力不合作运动当作公民不服从，并认为它是梭罗的首创。虽然梭罗从未使用公民不服从，但是后人都把他当作公民不服从的鼻祖。参见 William A. Herr, Thoreau: A Civil Disobedience?, *Ethics*, Vol. 85, No. 1 (Oct., 1974), The University of Chicago Press, pp. 87—91.

以及依恶法做出的裁判才属于公民不服从。公民非常情况下未遵守良法的行为也不能叫作公民不服从。① 总之，公民、恶法、违法、故意、公开、非暴力、自愿接受惩罚是公民不服从行为构成的基本要素，缺少其中任何一个基本要素的社会行为都不能叫作公民不服从。

一　正当性

恶法是有法律以来就一直存在且难以避免的社会现象，而公民以不服从方式对待恶法则是近代西方民主政治社会出现以后的事情。② 近代以前的传统社会是人人不平等且等级分明的人治社会，统治者具有至高地位，统治者意志可以超越或凌驾于法律之上，恶法问题的解决最终取决于统治者的决断。近代以来的民主政治社会是以个人本位为基础的法治社会，统治者和被统治者都是法律规定的平等的国家公民，法律保障公民权利和规制国家权力，法律具有最高权威，所有公民都要服从法律。法律体制内不允许任何人有不服从法律的特权，服从法律是法治的基本要求，社会不会怀疑服从法律的正当性。反之，要使社会接受或认可不服从法律的行为，就必须提供正当性。

正当性是指公民要对自己的行为负责，他要告诉别人行为的理由，这些理由是否符合社会道德，是否能得到社会大众的普遍理解或同情。正当性一直是西方公民不服从理论或实践的支持者和反对者非常关注的问题，主要有权利说、义务说、违法说、法律瑕疵说。

权利说主张不遵守甚至反抗不正义法律是公民的自然权利，即使正当的公民不服从威胁了社会和谐，责任也不在抗议者那里而在滥用

---

① 譬如司机为及时抢救病人违反交通规则闯红灯的行为。
② 20世纪初，印度的甘地把自己领导的反对英国殖民统治的非暴力不合作运动称作公民不服从，使得公民不服从在国际上享有盛誉。20世纪中期，马丁·路德·金领导的美国民权运动则是公民不服从在一国范围内的大规模运用。从此以后，公民不服从逐渐成为民主政治社会公民抗议恶法的普遍形式。

权威和权力者身上,那种滥用恰恰证明了这种反抗的合法性。① 义务说认为公民有不服从不正义法律的自然义务,这是西方自由主义思想传统的一贯主张。② 违法说认为,公民不服从在道德上或许能自行辩解但不具有法律上的正当性,这来自于法律必须得到强制实施的自明之理,道德权利不能作为免除法律责任的理由,公民不服从同普通的违法犯罪行为并无二致。③ 法律瑕疵说认为,只要大家承认民主政治社会中不道德、不正义、不明智的法律存在的可能性,就暗示着大家承认外在于民主政治程序的正义标准,这些标准是公民不服从的依据,它表明了公民不服从的道德正确性所在。④

这些观点各自言之有理,但都有一定的片面性,难以达成共识。如果通过洞察西方民主政治社会发展的历史,或许能找到公民不服从更具社会基础的正当性理由。不难发现,在西方民主政治社会的演进过程中,自由主义作为社会主流意识形态贯穿始终,自然法高于实在法、个人自由高于国家权威等自由主义基本理念已经深深扎根于西方社会大多数公民心中并成为社会常识,不但是公民社会思想的核心成分,而且是社会评判公民不服从行为合理性的理论依据。

(一) 思想渊源:自然法高于实在法

自然法思想绵延不绝是西方政治法律文化的一个重大特征。西方自然法思想相继经历了古希腊罗马的自然主义自然法、中世纪的基督教神学自然法、近代理性主义自然法(或古典自然法)和现代新自然法等理论形态。虽然每种形态自然法的内涵是不一样的,但其基本思想是一致的,那就是:自然法高于国家实在法,不符合自然法的实在

---

① [美] 罗尔斯:《正义论》,何怀宏等译,中国社会科学出版社1988年版,第390—391页。
② Michael Walzer, The Obligation to Disobey, *Ethics*, Vol. 77, No. 3 (Apr., 1967), The University of Chicago Press, pp. 163-170.
③ [美] 德沃金:《认真看待权利》,信春鹰、吴玉章译,中国大百科全书出版社1998年版,第273页。
④ Rex Martin, Civil disobedience, *Ethics*, Vol. 80, No. 2 (Jan., 1970), The University of Chicago Press, pp. 127-128.

法是不正义的法律，人首先要服从自然法，其次才服从实在法。

自然法思想对西方社会发展的贡献功不可没，恰如梅因所言："如果自然法没有成为古代世界中一种普遍的信念，这就很难说思想的历史、因此也就是人类的历史，究竟会朝哪一个方向发展了。"① 正是因为有了不间断的自然法思想传统，才逐渐形成了公民不服从正当性的思想渊源。自然法作为判断国家法律是否正义的最终标准，为公民不服从不正义的国家法律提供了历史正当性和思想基础。

在古希腊，自然指的是物质世界，是某种原始元素或规律的结果。最古的希腊哲学家习惯把宇宙结构解释为某种单一原则的表现，自然的最简单和最古远的意义就是从作为一条原则表现的角度来看的物质宇宙，后期希腊哲学家在物质世界的自然概念中加上了一个道德世界，使它不但包括了有形的宇宙而且包括了人类的思想，于是产生了自然法思想。② 自然法思想主要体现在斯多葛学派的理论中。斯多葛学派创始人芝诺认为并没有偶然的东西，自然的过程是严格地为自然规律所决定的，一切事物都是自然的单一体系的各个部分，个体的生命当与自然相和谐时就是好的，德行就是与"自然"相一致的意志，"普遍的规律"也就是"正当的理性"，渗透于万物之中，与宇宙首脑宙斯同一；神、心灵、命运、宙斯都是同一个东西，命运是推动物质的力量，天意或自然是它的别名。③ 斯多葛学派区别了自然法与民族法，认为自然法来自一切普遍知识的背后的最初原则，并且人天生平等。

斯多葛学派的自然法思想直接被古罗马法学家西塞罗和其他学者继承了下来。西塞罗的自然法思想主要有：（1）"……真正的法律是与本性相结合的正确的理性；它是普遍适用的、不变的和永恒的；它以其指令提出义务，并以其禁令来避免做坏事。……对我们一切人来说，将只有一位主人或统治者，这就是上帝，因为他是这种法律的创

---

① ［英］梅因：《古代法》，沈景一译，商务印书馆1959年版，第43页。
② 参见［英］梅因《古代法》，沈景一译，商务印书馆1959年版，第31页。
③ 参见［英］罗素《西方哲学史》（上），何兆武、李约瑟译，商务印书馆1963年版，第319—330页。

造者、宣告者和执行法官。"① （2）法律是植根于自然的、指挥应然行为并禁止相反行为的最高理性，该理性在人类意识中牢固确定并完全展开后就是法律。正义的来源应在法律中发现，因为法律是一种自然力，它是聪明人的理智和理性，是衡量正义和非正义的标准。在确定正义应从最高的法律开始，这种法律的产生远远早于任何已存在的成文法和已建立的国家。② （3）神和人共有理性。创造人的神给了人突出地位，人是唯一分享理性和思想的动物。没有比理性更好的东西，它存在于人和神之中。正确的理性就是法，人和神共有。分享法也一定分享正义。整个宇宙是一个共同体，神和人都是这个共同体的成员。③ （4）"正义只有一个；它对所有的人类社会都有约束力，并且它是基于一个大写的法，这个法是运用于指令和禁令的正确理性。无论谁，不了解这个大写的法——无论这个法律是否以文字形式记录在什么地方——就没有正义。"④ 斯多葛学派和西塞罗的思想在很大程度上构成了现代自由思想的基础。⑤

西罗马帝国的灭亡标志着西欧社会从奴隶制进入到封建制时期，也就是进入了存在大约一千年之久的中世纪。中世纪思想领域的最大特点就是基督教神学占支配地位，"中世纪把意识形态的其他一切形式——哲学、政治、法学，都合并到神学中，使它们成为神学中的科目。"⑥ 这是因为"中世纪是从粗野的原始状态发展而来的。它把古代文明、古代哲学、政治和法律一扫而光，以便一切都从头做起。它从没落了的古代世界承受下来的唯一事物就是基督教和一些残破不全

---

① ［古罗马］西塞罗：《国家篇、法律篇》，沈叔平、苏力译，商务印书馆1999年版，第104页。
② 参见［古罗马］西塞罗《国家篇、法律篇》，沈叔平、苏力译，商务印书馆1999年版，第158—159页。
③ 同上书，第160—161页。
④ ［古罗马］西塞罗：《国家篇、法律篇》，沈叔平、苏力译，商务印书馆1999年版，第170页。
⑤ 参见［英］哈耶克《法律、立法与自由》（第二、三卷），邓正来等译，中国大百科全书出版社2000年版，第3页。
⑥ 《自然辩证法》，《马克思恩格斯选集》第4卷，人民出版社1995年版，第255页。

而且失掉文明的城市。其结果正如一切原始发展阶段中的情形一样，僧侣们获得了知识教育的垄断地位。因而教育本身也渗透了神学的性质。政治和法律都掌握在僧侣手中，也和其他一切科学一样，成了神学的分支，一切按照神学中通行的原则来处理。教会教条同时就是政治信条，圣经词句在各法庭中都有法律效力。甚至在法学家已经形成一种阶层的时候，法学还久久处于神学控制之下。神学在知识活动的整个领域中的这种无上权威，是教会在当时封建制度里万流归宗的地位之必然结果"。① 自然法思想同样附属于神学思想，古代自然法思想在神学的外衣下得以保存下来，成为制约世俗国家和法律的一股强大的精神力量。基督教神学自然法首先是一种教会向世俗统治者提出的标准，其次是对教会法律进行解释塑造的标准，主要体现在基督教思想家圣·奥古斯丁和托马斯·阿奎那的著作中。

奥古斯丁将法律分为永恒法、自然法和人为法。永恒法是上帝的意志的体现，是真理，是永远公正的。人为法是尘世国家的法律，是对缺乏理性的人的行为约束，以维持社会秩序和实现尘世间的正义。介于永恒法和人为法之间的自然法是上帝制定的，从属于永恒法也可以说是永恒法的一部分。自然法又是刻画在人类的心坎上的，自然法也就是自然的道德律，人类自然了解其原理，并可以付诸实施。

奥古斯丁认为法律的主要作用是维持秩序，强调人对法律的服从。他说："生命有限的人与永恒的上帝之间的和平，是一种有秩序地服从上帝的丝毫无误的被忠实执行的永恒的法律。人与人之间的和平是一种互相协调；一个家庭的和平是在各成员间一种有秩序的统治与服从。一个城市的和平是在公民之间一种有秩序的命令与遵守。"② 但他也相当勉强地承认：当一个统治者下令行上帝禁止之事时，一个基督教徒有义务采取消极不服从的态度。③ 这是因为中世纪存在教会和国家、教皇和皇帝的二元对立。

---

① 《德国农民战争》，《马克思恩格斯全集》第 7 卷，人民出版社 1959 年版，第 400 页。
② 转引张宏生、谷春德主编《西方法律思想史》，北京大学出版社 1990 年版，第 60—61 页。
③ 参见 [美] 弗里德里希《超验正义——宪政的宗教之维》，周勇等译，三联书店 1997 年版，第 19 页。

教会是一个建立在教义之上的社会组织,这种教义一部分是哲学的,另一部分则与圣经记载的历史有关。教会借着教义获得了财富。教会认为一切权力都来自上帝,教皇是上帝在人间的代表,教权高于君权,君权神授,教会可以管理包括皇帝在内的所有基督教徒。世俗统治者主张自己在世俗事务中有最高权威并争取更多世俗方面的权力,因此往往与教会发生冲突,但他们失败了,因为包括世俗统治者在内的绝大部分人都深信基督教的真理。① 教会为了维持自己对世俗事务的控制,常以世俗统治者违背上帝的名义号召基督徒去进行消极反抗。号召基督徒进行消极反抗毕竟是一种破坏尘世法律和影响社会秩序的行为,是教会迫不得已的无奈选择。但是,基督徒的消极反抗行为具有划时代意义,它告诉世界:对待势力强大的世俗权威人们并不是被动地服从,而是可以反抗并且已经反抗了。

托马斯·阿奎将法律分为永恒法、自然法、人法和神法。永恒法是上帝理性的体现,是上帝用来统治整个宇宙的,是支配宇宙的根本大法,是一切法律的渊源。自然法是人"这种理性动物之参与永恒法,就叫作自然法",自然法是永恒法的一部分,受永恒法的支配和制约,是上帝理性的体现,是上帝用来统治人类的法律。人法即通过国家机关制定的实在法,根据自然法最终是根据永恒法制定的,体现了人类的理性。神法即《圣经》,是主宰人类的法律,除自然法和人法外还必须有一种神法来规范人类活动。

神法在自然法之上,因为人类在一些特殊问题判断上往往不正确,需要不会犯错误的神法指导。② 自然法是实在法的基础,如果实在法符合自然法的要求就是正确和正义的,否则就是不正确和非正义的,他说:"一切由人所制定的法律只要来自自然法,就都和理性一致。如果一种人法在任何一点与自然法相矛盾,它就不再是合法的了,而宁可说是法律的一种污损了"。③ 阿奎那关于自然法和人法的论

---

① 参见[英]罗素《西方哲学史》(上),何兆武、李约瑟译,商务印书馆1963年版,第376—377页。
② 参见王哲《西方政治法律学说史》,北京大学出版社2001年版,67—84页。
③ 《阿奎那政治著作选》,马清槐译,商务印书馆1997年版,第116页。

断对后来资产阶级法律思想的形成有重要影响。

17、18世纪的启蒙思想家继承了古代和中世纪自然法的有益成分,创建了资产阶级自然法学说,并将其作为自由主义理论的重要内容。虽然资产阶级自然法学说派别不一,但它们对自然法的基本观点是一致的,即:人类在进入政治社会以前存在一种自由平等的自然状态,人人享有平等的自然权利,人人都受着自然法的调整;自然权利就是天赋人权,自然法就是人的理性;由于自然状态的缺陷,人们通过社会契约组建国家,人们过上了政治生活,享有政治自由;国家的权威来源于人们让渡的自然权利,国家通过法律管理人们,国家必须遵守社会契约;人们在国家中的身份是公民,受国家法律的保护,国家及其法律都不得违背自然法。

古代和中世纪的自然法强调的是秩序和个人对国家的道德义务以及自然或神的理性,而资产阶级自然法强调的是自然权利和国家法律对个人权利的保护以及人的理性,自然法的属性和重心发生了质变,这就为公民不服从提供了更加坚实的道德基础。

19世纪自然法思想曾一度衰落,但到19世纪末开始复兴,二战以后全面复兴。1945年11月20日至次年10月1日国际法庭在德国纽伦堡公开审判了二战中的纳粹战犯。那些战犯坚称自己对犹太人的屠杀都是依据德国议会通过的法律和军政当局的合法命令所为,并认为执行法律的人不应受法律追究。但国际法庭认为,只有展示人类共同理性和以维护人权为特征的法才是法,那些徒有法的形式而内容违背自然正义的法不是法,并据此驳回了他们的诉求。

纽伦堡审判标志着自然法的真正复兴,人们广泛关注自然法,由于不同于传统的自然法,这时形成的自然法思想就叫做新自然法。传统自然法致力于制定永恒的自然法典,为人们所有的社会行为提供缜密的绝对正确的实体规范。但自然法毕竟不是自然律,由于受到种种不同的解释而变得过于模糊不清。[1] 德国新康德主义法学家施塔姆勒

---

[1] William A. Banner, Origin and the Tradition of Natural Law Concepts, *Dumbarton Oaks Papers*, Vol. 8 (1954), p. 51.

认为，永远正义的法律是不存在的，随着环境的变化正义也会演变成不正义，应当建立"内容可变的自然法"。① 而新自然法学家，如德国的拉德勃鲁赫、美国的富勒、英国的菲尼斯等，不再主张用确定的实体规范而是转向通过某种特定程序或形式标准来评判复杂多样的实在法，也不再将实在法的合法性建立在人人应该遵循的那些原始规则之上，而是将其建立在一套推导出的或派生的规则之上。② 因此，新自然法又称作程序自然法。新自然法是指存在于现有法律内的或通过法律表现的基本道德规范，以一种宪法原则或"正当程序条款"③ 的形式出现，作为评判各种层次实在法合法性的根本标准。

现在，人们主要在两个层面上使用自然法。一种是实体层面的，将其作为任何政治社会法律本质的最终检验标准，包括宪法在内的任何人定法，在与这一根本道德原则相冲突时都无效。另一种是程序层面的，将其作为解释性的工具而不是绝对意义上的道德标准，它并不认为非道德的法律无效，而是主张抽象的、含糊的或不确定的法，包括宪法的抽象条款，应该在语言表述允许的范围内被解释，从而使它们与自然法所假设的人们应该具有的道德权利相一致。④ 由此看来，无论作为实体还是程序，自然法都是社会发展某个阶段的道德共识，它赋予每个人不容侵犯的道德权利，它提供判断国家实在法是否合理的最终标准。

（二）理论基础：个人自由高于国家权威

自由主义起源于14、15世纪的文艺复兴，得益于16世纪的宗教改革，成熟于17、18世纪的启蒙运动。自由主义颠倒了传统社会个

---

① Isaac Husik, The Legal Philosophy of Rudolph Stammler, *Columbia Law Review*, Vol. 24, No. 4 (Apr., 1924), pp. 387–388.

② Tim Kaye, Natural Law Theory and Legal Positivism: Two Sides of the Same Practical Coin? *Journal of Law and Society*, Vol. 14, No. 3 (Autumn, 1987), p. 314.

③ ［美］伯尔曼：《法律与革命》，贺卫方等译，中国大百科全书出版社1993年版，第308页。

④ ［美］德沃金：《自由的法：对美国宪法的道德解读》，刘丽君译，上海人民出版社2001年版，第446—447页。

人与社会的关系，它的本质就是个人主义。① 自由主义的这种个人本位思想，就是把个人当作人来尊重，就是在他自己的范围内承认他的看法和趣味是至高无上的，即使国家基于合法理由的干预都是不合理的。② 在人类社会发展史上，自由主义的出现无疑具有里程碑式的意义，它标志着人类思想认识的重心发生了根本性的转变，即第一次由关注客体转向关注主体，由集体社会观转向个人社会观，由义务本位转向权利本位。从此，人类社会由传统社会进入现代社会。不同于传统社会被动的社会角色，现代社会自由的个人可以主动地选择自己的生活方式和决定社会的发展状态。

近代社会以前并没有产生自由和个人的思想。在雅典和罗马都有市民，但却没有人类物种成员意义上的人即独立的个人，当时的自由人是指雅典人、斯巴达人或罗马人而不是个人，有希腊人或野蛮人但没有个人。这种情况体现在当时的法律中，"'古代法律'几乎全然不知'个人'。它所关心的不是'个人'而是'家族'，不是单独的人而是集团。"③ 虽然基督教主张所有人都是天生平等的，但这种精神上的普遍主义要受到严格的社会等级制度限制，个人仍从属于社会而没有独立性。

个人的根基从上帝转变为个人的理性，平等被重新定义为理性的要求，这是启蒙运动的最大成果。在18世纪末期，人的概念已经变成一种完全的不可剥夺的价值观，人作为理性的存在物登上了历史舞台。自由主义认为人有一种普遍的本质。这种普遍性属于那些具有实在性、经验性的主体，是每个个体所固有的属性。作为存在的物种，如果舍去人的基本特征，那么一个人与其他人没有什么差别，不受其与家庭、社会、亲属和自然的关系的影响。人通过自己的理性认识到了这种抽象的平等的个体，摆脱了宗教、历史、传统、文化等外在束缚，并可以根据自己的意志自由地设计政治社会生活。④

---

① 参见［英］罗素《西方哲学史》（下），马元德译，商务印书馆1976年版，第125页。
② 参见［英］哈耶克《通往奴役之路》，王明毅等译，中国社会科学出版社1997年版，第21页。
③ ［英］梅因：《古代法》，沈景一译，商务印书馆1959年版，第146页。
④ 参见［英］杜兹纳《人权的终结》，郭春发译，江苏人民出版社2002年版，第198—201页。

在自由主义理论中，有一个起最终决定作用的方面，没有它就理解不了现代的政治法律现象，也就理解不了公民不服从，这就是启蒙运动时期出现的、一直延续到现在的至高无上的个体的观念，① 此观念把重视人对社会的义务转向重视人在社会中拥有的权利（但不是不要义务），把政治法律制度的合理性主要建立在合乎理性的道德基础上而不仅仅是外在力量的对比和实在利益上，并把是否符合人们的道德观念作为判断政治法律制度合理性的一个根本原则。这样，人就从传统的锁链束缚中解放了出来，按自己的意志行事，并将自己的意志应用到改造自然界和人类社会。人成为世界的中心，他的自由意志成了社会组织的原则，人的自由高于国家权威，自由和权利就成了抵制国家不合理干预的有力武器。

个体至上原则首先在洛克那里得到了阐述。洛克在近代哲学家中固然不是最深刻的却是影响最大的，甚至被当作哲学上自由主义的始祖。② 洛克认为：在进入国家前存在一种完美无缺的自然状态，人人拥有平等的自然权利，人人都受自然法的支配和睦共处。但自然状态有缺陷，有时会产生敌对和毁灭的战争状态，并缺乏一种确定的实在法律、公正的裁判者和公共权力来解决这样的冲突。自然法要求人们通过社会契约组建国家，国家的权力来自于人们授予的自然权利，人们失去了一部分自然自由而得到了社会自由。国家权力是一种必要的恶，立法权、执行权和对外权要分开行使，相互制衡，使之不能侵犯公民权利。国家不能违背自然法和契约，凡法律中没有规定的对国家则是禁止的而对个人则是自由的。③

无论在自然状态还是在政治社会，拥有平等的自由是每个人的存在价值，私有财产权是最基本的个人权利。人们在行使权利的同时要

---

① 参见［英］杜兹纳《人权的终结》，郭春发译，江苏人民出版社2002年版，第62—70页。
② 参见［英］罗素《西方哲学史》（下），马元德译，商务印书馆1976年版，第133—140页。
③ 参见［英］洛克《政府论》（下），马元德译，商务印书馆1976年版，第5—6、12—16、54—56、77—78、89—92页。

承担行为的后果,一部分人不能以牺牲另一部分人的权利为代价来换取自己的权利,权利同责任密不可分,在该意义上个人权利是相对的。但人以外的其他东西,如国家、集体等组织,对人来说都是手段而不是目的,他们不能以任何借口来剥夺个人权利,在该意义上个人权利又是绝对的。

进入政治社会后,人们还始终拥有判断国家权力是否合法的最高法则——自然法,"社会始终保留着一种最高权力,以保卫自己不受任何团体、即使是他们的立法者的攻击和谋算:有时候他们由于愚蠢或恶意是会对人民的权利和财产有所企图和进行这些企图的。因为任何人或他们的社会并无权力把对自己的保护或与此相应的保护手段交给另一个人,听凭他的绝对意志和专断统辖权的支配。当任何人想要使他们处于这种奴役状况时,他们总是有权来保护他们没有权力放弃的东西,并驱除那些侵犯这个根本的、神圣的和不可变更的自卫法的人们,而他们是为了自卫才加入社会的。"① 人之所以要过社会生活,是为了更好地实现自己的权利而不是要失去它。人们把一部分自然权利规定在宪法中,这就是人们的基本权利,它在任何情况下都不能被剥夺和被转让,它受到国家最高法律宪法的保护。人们仍旧拥有没有写进宪法的自然权利,并受自然法保护。国家的立法、行政和司法不能违背宪法和自然法,宪法当然也不能违背自然法。

个体至上原则在康德那里有了坚实的哲学基础,即康德所说的绝对(道德)命令。按照康德的观点,义务就是绝对命令,即人们无法使自己解脱而只能遵从它们的命令。康德将绝对(道德)命令〔Categorical(moral)Imperative〕与相对(审慎或技术)命令〔Hypothetical(prudential or technical)Imperative〕相区别。相对命令具有如此形式:"如果……,则做 X"或者"如果……,则你应该做 X"。绝对命令不依赖这个"如果",所规定的行动不单是达到某一目的的手段。

康德对绝对命令即道德行动的基本原则给出了三个公式:(1)仿

---

① 〔英〕洛克:《政府论》(下),叶启芳、瞿菊农译,商务印书馆 1964 年版,第 92 页。

佛你是在为每个人立法而行动；（2）总是为了将人当作目的，而决不仅仅当作手段而行动；（3）仿佛你是目的王国中的一员而行动。

公式（1）关注形式，避免偏倚性的方法。当你考虑一个行动在道德上正确与否时，你应该问自己是否每个人都这样行动，使你自己成为例外是不道德的。这个公式并没有告诉我们什么使一个行动成为正确的，它只是提供给我们看一个行动是否错误的方法——考虑如果每个人这样行动会发生什么。康德用仿佛你在制订普遍的自然律的方式来表达该思想，这实际上是告诉你去想象你的决定是上帝的决定而影响到每个人，你应该将你的决定看作仿佛它是每个人遵循的法律。公式（1）表明在道德意义上使用"应该"这个词的道德判断具有普遍规定的形式，它要求任何人在这类情况下都应当如此。

公式（2）关注内容，提供了道德上正确行动的标准。我们经常将人当作手段对待，但只要你不将一个人仅仅当作手段对待并没有错。一个奴隶仅仅被当作手段，亚里士多德说奴隶是活的工具。当我要餐馆老板为我做饭如同我使用工具一样，我并不仅仅将他当作手段，我问他要付多少钱并同意付给他这些钱。这里是每一方自由参与的交换，餐馆老板要顾客，他要运用自己的手艺赚钱。当我要餐馆老板为我做饭时，这个活既是我的目的也是他的目的。要他干这个活并同意他的价钱时，我就像顾到我的目的一样顾到了他的目的。将一个人当作"目的"是根据如下的认识行动：正如你有目的一样，他也有目的。这些目的可分为愿望与选择两类。康德认为，将人当作目的是将他的目的作为你自己的目的，即朝向他的目的行动如同你自然地朝向你自己的目的行动一样，这是为有助于达到这些目的而行动。因此，将一个人当作目的，就是帮助实现他的愿望，使他能够实现他的决定。如果你始终将一个人当作目的也将他当作手段，这没有什么错，错误的是将他仅仅当作达到你自己目的的手段。道德上错误的属性不仅适用于奴役，也适用于支配（不允许被支配的人有权力为他自己作决定），以及不帮助需要你帮助和你能够帮助的人。

公式（3）将公式（1）和公式（2）联系在一起，他告诉你像"目的王国中的一员"行动，你应该像所有做出道德决策的人的一个共同体中的一员而行动。这隐含着每个成员将所有其他人看作合乎道德的人,他尊重他们的愿望,允许他们有决策自由,并承认每个人能够和应该这样决策,仿佛他为所有人立法。你必须接受,在做出普遍的立法决定时其他人具有与你自己一样的能力,这将道德决策的普遍性与道德行动将人当作目的这一要求联系起来,这隐含着所有人的某种平等。这就要求我们承认,每个人同样有权力做出选择和决定,包括对每个人什么是正确的道德决定。①

康德的绝对命令告诉人们,所有的个体都是至上的。每个人可以摆脱诸如强制、暴力或各种形式的威胁和操纵此类外在决定的条件,他的行为是他的选择的实现。每个人同样可以摆脱通过无法控制的欲望、激情或偏见干扰其选择的内在因果性影响。每个人的选择是由理性加以控制的,理性可被理解成与可普遍化的原则相一致。每个人在自主的能力上都是同等的,道德的责任和人类的尊严均依赖于这种能力,与它相抵触的则是对绝对道德命令的违背。

密尔从功利的角度进一步强化了个体至上原则,②划定了不受干涉的个人自由的范围。密尔始终把人的价值放在第一位,重视的是个人自由、个人自由在社会中的最大化以及社会权威对个人自由的最小干预,这种个人功利思想同文艺复兴以来的自由主义学者通过理性阐释自由的一贯主张并不矛盾。个人在社会中的所为,主要受到法律和社会舆论两方面的约束,对个人产生影响的舆论主要来自社会中的优势阶层即统治阶级的好恶。密尔就是要找到一个非常简单的原则,使社会对个人的干预,不论所用方式是法律惩罚下的物质力量还是社会舆论下的道德压力,都要绝对以它们为准绳。这个原则就是:个人的行动只要不涉及自身以外什么人的利害,个人就不必向社会负责交代,他人可以忠告、指教、劝说以至避而远之,这些就是社会表示不

---

① 参见 [英] 拉斐尔《道德哲学》,邱仁宗译,辽宁教育出版社 1998 年版,第 70—75 页。
② 密尔说"凡是可以从抽象权利的概念(作为脱离功利而独立的一个东西)引申出来而有利于我论据的各点,我都一概弃置未用。的确,在一切道德问题上,我最后总是诉诸功利的;但是这里所谓的功利必须是最广义的,必须是把人当作前进的存在而以其永久利益为根据的。"见 [英] 密尔《论自由》,程崇华译,商务印书馆 1959 年版,第 11 页。

满所能采取的正当步骤；关于对他人利益有害的行动，个人应当负责交代，并且还应当承受社会的或法律的惩罚。

按照这条原则，就存在公民自由或社会自由的合理的范围：（1）意识的内向境地，要求广义的良心自由、思想和感想的自由，在不论是实践的或思考的、是科学的、道德的或神学的等等一切题目上的意见和情操的绝对自由；（2）要求趣味和志趣的自由，要求有自由订定自己的生活计划以顺应自己的性格，要求有自由照自己所喜欢的去做，只要所作所为无害于我们的同胞，就不应遭到他们的妨碍，即使他们认为我们的行为是愚蠢、背谬或错误的；（3）个人之间相互联合的自由，人们有自由为任何无害于他人的目的而彼此联合，只要参加联合的人们是成年，又不是出于被迫或受骗。

个人也要对其在社会中的行为承担相应的后果，要么是法律的要么是社会道德的，但社会对个人的干预应是最低限度的，因为社会是为个人存在的而不是相反。① 密尔反复强调，对于一个人的福祉本人是关切最深的，其他任何关切都是部分的甚至是肤浅的，社会预人的个性是根据臆断在行动。一个人因不听劝告和警告而犯的错误，相比容让他人逼迫自己去做他们认为对他有好处的事这一罪恶，后者比前者严重得多。在对待个性上，本人应是最后的裁夺者。

个体至上原则在现代哲学家那里表现为人的基本权利不容侵犯。诺齐克认为个人权利为国家行为设定了边界，"个人拥有权利。有些事情是任何他人或团体都不能对他们做的，做了就要侵犯到他们的权利。这些权利如此强有力和广泛，以致引出了国家及其官员能做些什么事情的问题（如果能做些事情的话）"。② 德沃金认为，社会中的每个成员都享有一种作为同类而受到其他人最低限度尊重的权利，社会的普遍利益不能成为剥夺权利的正当理由，即使讨论中的利益是对法律的高度尊重；多数人的权利不能作为压制公民反对政府权力的权利的理由，而作为多数人的成员所享有的个人权利则是公民反对政府

---

① 参见［英］密尔《论自由》，程崇华译，商务印书馆1959年版，第10—13、102页。
② ［美］诺齐克：《无政府、国家与乌托邦》，何怀宏等译，中国社会科学出版社1991年版，第1页。

权力的权利的理由。① 罗尔斯认为，每个人对与其他人所拥有的最广泛的基本自由体系相容的类似的自由体系都应有一种平等的权利，这些权利是不容侵犯和剥夺的。② 在罗尔斯看来，这些权利不是社会契约的产物，而是人们在签订社会契约前进入原初状态的条件，当社会契约产生后，这些权利体现在社会契约中用以制约国家的权力同时也得到最高形式的保护。

个体至上的自由主义思想，其本质就是一种人本主义的思想，它把人的价值和尊严永远作为一切社会问题的出发点和归宿。它从产生时就迎合了当时处于上升阶段资产阶级的需要，为资产阶级夺取封建统治阶级的领导权准备了理论。人类进入资本主义社会后，个体至上思想作为自由主义理论的核心内容，成为了迄今为止西方社会的主流意识形态，是资本主义国家政治法律制度的理论基础。西方资本主义国家在自由主义思想的指导下建立了以权利为本的法治社会，在形式上法律具有至高地位，在内容上法律保护人们的权利和限制政府的权力。通过传承自由主义思想变成了人们日常的道德观念，它不但成了人们进行价值判断的标准和依据，而且成了人们进行制度设计的理论基础和扫除一切非人性制度的决定性力量。

随着世界政治、经济、文化、军事的交往，个体至上的自由主义思想和建基其上的政治法律制度也传播到了世界各地，深刻地影响着现代世界民主政治秩序的建构和进程。

公民不服从的正当性是一个复杂的问题。由于不同的人有不同的理论标准，任何行为在某个角度可被正当化在另一角度又可被否定；同时没有一个行为恰恰只有一个正当性，也没有某个正当性是铁定的，还可能存在许多方面的正当性。③ 正当性只是说明公民不服从行为具有一定的合理性，并不是说有了正当性就非从事公民不服从不

---

① 参见［美］德沃金《认真看待权利》，信春鹰、吴玉章译，中国大百科全书出版社1998年版，第135、255、266页。
② 《正义论》，何怀宏等译，中国社会科学出版社1988年版，第60—61页。
③ Leslie J. Macfarlane, Justifying Political Disobedience, in *Ethics*, Vol. 79, No. 1 (Oct., 1968), The University of Chicago Press, pp. 24-27.

可。同样的情形，有人选择不服从，有人选择服从。

论证公民不服从的正当性，并不是要鼓励公民不服从，而是通过分析公民不服从行为的正当性，找到它在民主政治社会一直存在的理由。当前中国正处在建设社会主义民主政治社会的过程中，借鉴西方民主政治社会公民不服从的正当性思想，对正确理解和处理人民内部矛盾和社会群体性事件、维护政治基础和社会稳定具有积极意义。

二 社会功能

公民不服从的功能，是指它客观上具有的对社会正面或负面的影响或作用，可能看得见或意识得到也可能意想不到。公民不服从的功能是全方位的，但社会焦点集中在民主、法治和司法方面。

（一）对民主体制的影响

民主是现代国家的本质属性。公民不服从反对者认为，公民不能违背民主制定的法律，只要法律体制内存在合法的抗议和改变法律的渠道，公民不服从就没有正当性，它是对民主的破坏。[1] 支持者认为，公民不服从能为大家提供更多的民主，有益于民主的健康发展，否则政府会变得越来越不民主;[2] 公民不服从在国家看来是非法的，但它间接维护了国家权威，使国家回归应有的民主价值而不是走向反面，它是重构民主的必要程序;[3] 公民不服从甚至是对垂死和不正义的国家权力的抵抗，预示着自愿合作的政治社会的到来，该社会将采取不

---

[1] Menachem Marc Kellner, Democracy and Civil Disobedience, *The Journal of Politics*, Vol. 37, No. 4 (Nov., 1975), Southern Political Science Association, pp. 899-900.

[2] Robert T. Hall, Legal Toleration of Civil Disobedience, *Ethics*, Vol. 81, No. 2 (Jan., 1971), The University of Chicago Press, pp. 128-130.

[3] Paul F. Power, Civil Disobedience as Functional Opposition, *The Journal of Politics*, Vol. 34, No. 1 (Feb., 1972), Southern Political Science Association, pp. 44-55.

同于现代国家的制度形式。① 总之，公民不服从促使人们不断反思民主价值和调整民主制度。

民主起源于古希腊，本意是"人民的统治"或"多数人的统治"。民主是人民决定公共事务的一种方式，人民决定公共事务的权利是民主权利，人民集体决定公共事务的过程就是行使民主权利的过程，少数服从多数是民主的基本原则，民主的结果体现的是多数人的意志。在古希腊、古罗马时代，社会普遍认为个人从属于国家、个人是国家的一部分。在公共领域，人民是主人，人民通过民主的方式可以决定国家的一切，人民的民主权利可以有效地制约统治者和国家权力。在私人领域，人民是奴隶，人民的一切个人行为都受到集体的限制、监视和压制，集体意志可以随意处置个人的生命和利益。

进入近代资本主义社会以后，民主的范围发生了根本变化。大多数启蒙思想家认为，人民不但享有公共领域的政治自由，而且享有私人领域的个人自由，个人在其私人生活中是独立的，与生俱来的个人自由应当高于政治自由。② 由于民主的这两种不同传统，现代人们也就在两种意义上使用民主一词。一是适用于一切领域的绝对民主，民主就是基于平等的多数规则（majority rule）。凡是多数通过的法律和决定所有人都必须遵守，体现的是人民作为整体的集体权威。另一个是仅适用于公共领域的相对民主，民主既尊重多数规则又保护少数人的基本权利。立法机构并非至高无上，其权威只能来自宪法，宪法规定的公民基本权利不可侵犯，即使立法机构的多数决定都不能推翻它们。相对民主体现了公共领域的集体权威，但同时尊重了私人领域的个人自由。

如果简单地把民主等同于基于平等的多数规则，或者把民主等同于平等，或者把民主程序等同于民主价值，这些都是对民主的误解，

---

① Jeffrey C. Isaac, A New Guarantee on Earth: Hannah Arendt on Human Dignity and the Politics of Human Rights, *The American Political Science Review*, Vol. 90, No. 1 (Mar., 1996), American Political Science Association pp. 61-73.
② [法] 贡斯当：《古代人的自由与现代人的自由》，阎克文等译，商务印书馆1999年版，第26—27页。

这样的民主就是具有无限权威的绝对民主。不管这种绝对民主由集体还是个人行使，它都可能因侵犯个人自由而导致暴政。

托克维尔认为：(1) 无限权威是一个坏而危险的东西，不管任何人都无力行使无限权威。只有上帝可以拥有无限的权威而不致造成危险，因为上帝的智慧和公正始终是与它的权力相等的。人世间没有一个权威因其本身值得尊重或因其拥有的权利不可侵犯，使得人们愿意承认它可以任意行动而不受监督和随便发号施令而无人抵制。当任何一个权威被授以决定一切权利和能力时，不管人们把这个权威称作人民还是国王，或者称作民主政府还是贵族政府，或者这个权威是在君主国行使还是在共和国行使，这都是给暴政播下了种子。(2) 人们在民主国家享有自由，但自由并非民主国家的独有特点，显示民主国家的特点和占有支配地位的独特事实是身份平等。在民主国家鼓励人们前进的主要激情是对这种平等的热爱，人们不但因为他们认为平等可贵而维护平等，而且因为他们相信平等必定永远长存而依恋平等。极端平等造成的灾难只能慢慢显示，而一旦发现，由于习惯成自然人们还会不以为然的。自由带来的好处要经过长时间才能显现，而这种好处的来因又经常不容易为人所知，平等带来的好处立竿见影，人们能立即知道它的来源。(3) 平等可产生两种倾向，一种倾向使人们径自独立，并且使人们立即陷入无政府状态；另一种倾向是使人们沿着一条漫长的、隐而不现的但确实存在的道路走上被奴役的状态。人们很容易看清第一种倾向并加以抵制，对第二种倾向由于发现不了而误入歧途。民主极易使权力转向集中，导致中央极权，除了中央极权外，民主的人们不想有中间的权力存在。[①]

在现代国家，法律几乎都是民主程序的产物，而民主程序在大多数情况下是一种多数规则的运用，这就使得法律在不符合民主价值的情况下同样具有形式上的合法性。虽然绝对民主存在诸多弊端，但由于它被表述得清晰明确而具有很大的迷惑性。

[①] 参见［法］托克维尔《论美国的民主》，董果良译，商务印书馆1988年版，第289、620—624、838—839页。

民主固然重要，但不能将民主绝对化，绝对民主往往成为议会中多数人侵犯少数人权利的美妙借口。因此设法防止议会中多数人侵害少数人的权利是现代国家的重要课题。

在宪法中规定公民的基本权利不可侵犯，即使议会的多数决定也不得侵犯这些人人都应有的基本权利，为这一问题提供了局部的解决途径。这样少数人的权利便可能受到宪法的保障而不致被侵害。但这种规定不足以防止立法者滥用民主或阻挡大多数人的激情。[①] 宪法规定的公民基本权利在现实中得以实现还取决于社会当中占决定性多数的群体，只有他们认识到公民基本权利的最高价值，他们才会约束自身对民主的运用，使其不至于危害到少数人具有的公民基本权利。但在现实中多数往往很难做到这一点。

由于民主的决定很难达成全体一致，它常常是多数人的决定，总有一少部分人持反对意见，因此，民主的决定总会使持反对意见的少数人的权利得不到尊重或保护，这是任何一个国家都无法克服的难题。但这种难题不能成为大多数不照顾少数人权利的理由。相反，任何一个民主决定都应当考虑少数人的权利，尽量避免给少数人造成较大的伤害，对于少数人的基本权利不得以民主的名义加以剥夺。公民不服从反对的是绝对民主及其产生的法律，因为执行这样的法律会侵犯公民基本权利，公民不服从迫使国家改变这些法律。公民追求的是相对民主及其产生的法律，因为这样的法律才符合现代民主价值，它平等对待了多数人的意见和少数人的权利。

（二）对法治社会的意义

法治不但要体现形式正义，而且要保证实质正义。形式正义可以实现，但完全达到实质正义是不可能的，因为现实中法律包含良法和恶法。通过法律修改、违宪审查等法定方式可以减少但不能根除恶法，恶法不可避免。恶法之治致使形式正义与实质正义之间总是存在

---

① ［美］戈登：《控制国家——西方宪政的历史》，应奇等译，江苏人民出版社2001年版，第88页。

一定张力。公民不服从反对者强调形式正义,认为所有公民都应当遵守法律,只有这样才符合法律的形式要求,如果基于不同的理解而反对某个法律就是对法治的破坏。① 支持者着重实质正义,认为公民不服从虽然违反了法律,但恰恰表达了对法律的忠诚和维护了法律应有权威,它是实现国家基本制度目标的手段,并不会导致无政府状态。② 显然,如果只讲究形式统一,法律就可能背离实质正义;而光注重实质内容,法律根本不可能在全社会建立一种形式平等。公民不服从迫使人们认真对待法律的形式正义与实质正义之间的关系。

形式正义意味着法律平等地适用于那些由它们规定的阶层的公民,而不管它们的实质目的是什么。也就是说,法律在处理问题上严格按照法律的规定,类似情况类似处理、不同情况不同对待,法律不考虑处理问题的实际后果到底如何。法律可能在平等实施时包含非正义,类似情况类似处理也不足以保证实质正义,但它排除了一些重要的非正义。在法律实质不正义的情况下,前后一致实施也比反复无常好,因为那些受制于它们的人至少知道它们所要求的是什么,因而可以尝试着保护自己。相反,如果那些已经受害的公民在某些规范可能给予他们某种保障的特殊情况下,还要受到任意专横的对待,那就是一种更大的不正义了。

虽然形式正义如此重要,但它并不能离开实质正义,它的实现最终有赖于实质正义的支撑。公民之所以遵守法律,是因为这样做比不这样做会有更大预期收益,一旦没有这种预期公民就不会遵守法律,反过来公民就会通过不遵守法律去达到自己的预期。问题的关键是如何把握实质正义的尺度,法律形式主义者认为实质正义难以掌握,因为实质正义不能法典化为一种规则体系,即使所有的关于实质正义的道德评判广泛共享,它们还是主观的。③ 但实质正义越是屈从于规则的形式逻辑,法律与公民正义感之间的差距就越大。在普通公民眼

---

① [美] 德沃金:《认真看待权利》,信春鹰、吴玉章译,中国大百科全书出版社1998年版,第273页。
② [美] 罗尔斯:《正义论》,何怀宏等译,中国社会科学出版社1988年版,第383—384页。
③ [美] 昂格尔:《现代社会中的法律》,吴玉章等译,译林出版社2001年版,第198页。

里，法律会渐渐地失去自身的可理解性和合法性，他们就会认为法律只是统治者或一部分人的工具而已，并不能保护自己的权益。因此，光有形式正义并不能建立真正的法治国家。

形式正义同程序正义关系密切，因为形式正义更多关注程序或过程的合法性，至于实际的结果如何它并不在乎。建立在自由主义理论基础上的法治国家应该是一个公平正义的政治社会，公平正义是实质而非程序的。罗尔斯认为，任何一种自由主义都必须是实质性的，而只有成为实质性的才是正确的。罗尔斯把程序正义与实质正义的区分相当程度地看作一种程序的正义与该程序之结果的正义的区分。程序正义与结果正义这两类分别是某些价值的例证化，在下述意义上这两类价值融合在一起，这就是一种程序的正义总是依赖（除赌博这种特殊情况之外）于其可能性结果的正义，或依赖于实质性正义。因此，程序正义与实质正义是相互联系而非相互分离的。但这并不是说程序正义的作用就低于实质正义的作用，而是说保持政治社会正义的主要方面是实质内容而非表面形式。但正义的程序仍具有其内在价值，一种具有公道价值的程序可以给所有的公民表现他们的机会。

在大多数情况下，人们把程序正义等同于程序合法性，就是合乎实在法律的规定，哈贝马斯就持这种观点。[①] 罗尔斯认为，不能将合法性等同于正义，合法性是一个比正义更弱的理念，合法性允许有一定范围内的不确定的不正义存在，而正义则不然。合法性的理念在民主制度中的特殊作用就是，在政治生活中的各种冲突和分歧使得全体一致不可能或渺无希望的时候，赋予一种适当决策程序以权威性。因此，合法性把许多具有不同尺度的、多样性的、不同形式的程序看作是可以产生合法决策的程序：从各种各样的委员会和立法实体到普选和复杂精密的修宪程序。

罗尔斯认为，对程序的合法性存在着各种深刻的怀疑：①鉴于所有人类政治程序的不完善性，不可能存在任何相对于实质正义的绝对

---

① ［德］哈贝马斯：《在事实与规范之间：关于法律和民主法治国的商谈理论》，童世骏译，三联书店2003年版，第557—587页。

程序，也没有任何程序能够决定其实质性的内容；②宪法民主实际上永远难以像哈贝马斯的交往行为理性那样来安排其政治程序和政治争论，他的交往行为理性坚信，宪法民主的立法不会超越合法性所允许的范围。但在实际政治条件下，比如时间上的压力，议会和其他政治实体在它们的实践中必然要大大偏离这一理想；③一切制度程序的法规和立法应该永远被公民们看作是可以开放讨论的，这也就意味着人们对这些混合性观点的成熟判断都构成了实质性审查的背景，而这些审查正表现了任何宣称纯程序的合法性理念和政治理念的虚幻性特征。由此看来，哈贝马斯的交往行为理性也是实质性的，其学说之为程序是他在一个不同的方面而言。

  自由主义的国家是一个公平正义的政治社会，公平正义是实质性的，公平正义源于并属于自由主义思想传统和民主社会之政治文化的广大共同体这一意义上是实质性的。这样公平正义就不能被恰当地说成是形式的和真正普遍的，因而也不是像哈贝马斯有时所说的那样、通过交往行为理论所建立起来的那种准超验性前提预制的一部分。公平正义作为一种政治学说，不想成为任何这类关于思想与行动之形式和结构性预制的单一性解释的一部分，相反它任由这些学说自由发展，只是当这些学说不合乎政治上的理性时才对它做出批评。① 程序正义作为一种合法律性具有整合秩序的功能，是一个法治国家保持稳定的基础。虽然程序正义的作用大小同实质正义相关，但它又有独立性，由于各种主客观条件的限制有时会在合法性的掩盖下导向不正义。正义要求人们同时考虑法律形式和实质两方面的要求。

  公民不服从是少数人向公众的请求，请求改变某些法律，因为它们违背大家公认的实质正义。如果少数人是错误的，事实上公众不会接受他们的请求，不服从也就成了毫无意义的政治行为。公民不服从反对的不是法治而是统治者违背法治的错误行为，虽然影响了法治的稳定性但是潜在地支持了该系统，使法治秩序更有弹性，能在各种冲突中保持动态均衡并有效存在。

---

① ［美］罗尔斯：《政治自由主义》，万俊人译，译林出版社2000年版，第448—461页。

(三) 对司法制度的作用

西方国家的法律渊源有民法法系和普通法系两大类，二者的区别集中在判例法上。在民法法系，制定法占主导地位。制定法强调法律的概括性、系统性和逻辑性，体现立法机关和立法者的权威，判例虽是司法裁判的考量因素但并非有约束力的法律形式。在普通法系，判例法占主导地位，制定法是对判例法的修正和补充。判例法偏重实用和实践经验，强调司法机关和法官的作用。公民不服从对民法法系影响最大的是立法，而对普通法系则是司法。

关于公民不服从的司法功能，当代美国著名法学家德沃金有着精辟的论述。德沃金通过政府应该如何处理那些出于良知而不服从征兵法的人这个案例来阐释公民不服从对司法的影响和作用。

许多人认为政府必须起诉这些公民不服从者，若他们被证明有罪则必须惩罚，因为不服从与其他违法行为并无二致。很多法律家和学者也得出了同样结论，但理由更为精致：不服从在道德上或许能自行辩解，但不具有法律上的正当性，这来自法律必须强制实施的自明之理，道德权利不能作为免除法律责任的理由。德沃金认为，如果政府在违法犯罪者之间不加区分，惩罚某些对政府最忠诚、对法律最尊敬的公民团体，如持不同政见者违反征兵法的团体，社会将蒙受更大损失，因为把这些人关进监狱使他们成为异己分子，会使许多与这些人受到同样威胁的人成为异己分子。

但主张惩罚者认为，不惩罚他们不但不实际而且不公平，因为如果每个人都不遵守他不赞成或他认为不利的法律，则社会就不能运作了；如果政府容忍"不遵守游戏规则"的少数人，它就是允许这些人获得其他人遵守法律的利益而不承担义务。① 德沃金认为，这个观点误解了公民不服从者的本意，逻辑推理中暗含一个错误的假设，即不服从者明知自己违反一个有效法律而主张有不受惩罚的特权。问题的

---

① [美] 德沃金：《认真看待权利》，信春鹰、吴玉章译，中国大百科全书出版社1998年版，第271—273页。

关键在于该法律的有效性值得怀疑，政府官员和法官相信它是有效的，不服从者却持反对意见。不服从者根据道德或宪法公然违反某个法律，那么该法律的有效性就值得怀疑。宪法和传统政治道德紧密地联系在一起，宪法体现了传统政治道德的价值，宪法使得传统政治道德与法律有效性相关，损害政治道德的任何法规都会产生宪法问题尤其是违宪问题。在此案中，正反双方都基于法律和道德的关系主张征兵法是否违宪的观点，各有各的理由，但不能得出一个确定无疑的结论，只能说相比而言哪方更具优势，而不能说对方是错误的。

德沃金认为，不能简单假定不服从者是在主张一种不遵守法律的特权，在对其行为定性之前必须弄清楚的真正法律问题是：当法律不明确时，公民认为该法律允许做什么而其他公民则认为该法律不允许做什么时，他该怎么办？该公民采取什么样的行动才合乎"遵守游戏规则"。这个问题不存在大家都接受的答案，而是有三种可能性。

第一，如果法律本身的有效性值得怀疑，该法就不能清楚表明什么是允许做的。他应该从最坏处设想，并根据该法不允许他做他要做的事情的假设来行为。尽管他认为政治权威是错误的，他还是应该服从政治权威的命令。如果可能，他可以使用政治程序来改变法律。

第二，如果法律本身的有效性值得怀疑，他可以遵循自己的判断。如果他认为法律允许的情况要有力于法律不允许的情况，他就可以去做自己想做的事情，但有一个权威机构比如法院在一个涉及他本人或他人的案件中作出了另外的判决时为止。因为一旦作出了一个制度化的决定，他就必须遵守该决定，即便他认为它是错误的。对于这种可能性，德沃金倾向于最自由的形式，即除非有权对这一问题作出决定的最高法院作出了相反的决定，否则个人可以遵循自己的判断。

第三，如果法律本身的有效性值得怀疑，尽管有权对它作出决定的最高法院作出了相反判决，在判决之后，他仍可以遵循自己的判断。但他在作出自己的判断时必须考虑任何法院所作出的相反判决，否则他的判断就不是可靠的或合理的。因为作为法律制度一个确定的部分，先例原则具有允许法院的判决改变法律的效力。这一限定并没有抹去第三个和第二个模式之间的区别。先例原则对不同法院的判决给予不同的地位,给予最高法院的判决以最高地位,但先例原则并不使任何法院的判决成为结论性的。即使在最高法院作出相反判决之后,一个人可能仍然有理由相信法律在他一边。当涉及公民不服从案件时,关于宪法性法律的争议中最可能出现此情况,因为不能假定宪法的含义总是最高法院才有正确定论,并且最高法院也曾推翻过自己过去的判决。① 但哪种模式更为合理,要在法律和社会实践中检验。

德沃金认为,不服从者不太可能去遵循第一个模式,即不期望他们往最坏处设想。如果没有任何法院就该问题作出过任何决定,并且一个人认为总的来看法律在他的一边,那么大多数法律家和批评家都会认为他遵循自己的判断是完全恰当的。即使大多数人不赞成他的行为,也不会认为其行为合法性值得怀疑就必须停止。在实践中,法律含义不明确的通常原因是不同的法律原则和政策相互冲突,如何调解这些冲突是不确定的。而鼓励不同团体去追求他们自己对该法律的理解,就提供了检验相关假设的一种手段。当然我们要考虑到这种行为的负面后果,但我们也要充分意识到这种行为所带来的利益,特别是在涉及宪法原则和政治道德的案件中。如果公民按第一个模式行为,那么根据道德理由来改变法律的主要渠道就被堵死了,久而久之公民遵守的法律就会离公平而去,公民的自由必然会消失。② 一个公民遵循自己判断的经历,与他在有机会时提出支持自己判断的观点一起,对可能创造最好的司法决定很有帮助,不同意见甚至批评是法律发展的不竭动力。当然,公民按自己的判断行为时要慎重,要考虑到自己错误的判断所可能带来的坐牢、破产或被责骂等不利后果,但不要囿于这些因素,否则社会和它的法律就太可怜了。

德沃金认为大家必须拒绝第二个模式,因为它没有考虑这样一个事实,即任何法院包括最高院都可能宣布自己过去的决定无效。这样的案例在美国是大量存在的,如1940年美国最高法院决定,西弗吉尼亚州的一项法律要求学生向国旗敬礼是合宪的;1943年它推翻了自

---

① [美]德沃金:《认真看待权利》,信春鹰、吴玉章译,中国大百科全书出版社1998年版,第277—278页。

② 同上书,第279—280页。

己的决定，宣布这样的法律是违宪的。① 同样，我们可以用拒绝第一个模式所罗列的理由来反对第二个模式。社会的治理需要规则，但这些规则不能违背我们政治道德和宪法所维护的基本原则。

德沃金认为第三个模式可能是对公民义务的最好阐述。公民对法律的忠诚不是对任何特定个人认为该法律是什么的观点的忠诚，公民相信法律不是其他公民所认为的或法院所坚持的东西的情况而是自己对法律的理解。只要他考虑了该法律的要求并按自己合理的观点去行为，他的行为就具有正当性。公民有按自己合理观点决定行为的基本权利，虽然公民在行为前要考虑法院处理该行为的先例原则，但法院包括最高法院作出错误决定或推翻过去的决定是可能的。因此，一个人拒绝将最高法院的决定作为定论是在他的权利之内的。

联系到出自良知违反征兵法的公民，或许他们只是认为书本上的那个法律是不道德的，是与国家的法律理想不一致的，而并没有考虑法律是否有效的问题。通过正当程序条款、法律平等保护条款、宪法第一修正案以及其他规定，美国宪法已将大量政治道德同具体法律的有效性连在一起。虽然违反征兵法公民的大多数并不是法律家或政治哲学家，在大多数情况下可能缺乏这种复杂的法律思维，但他们的信念如果是正确的，将有力地支持法律在他们一边的观点。因此，当法律不确定时，双方都可以提出似乎有理的论辩时，则一个遵循自己判断的公民并不是在从事不正当的行为。社会实践允许并且鼓励他去遵循自己的判断。在可能和不损害其他政策的情况下，政府负有保护公民不服从者的特殊义务，这并不是说政府可以任意免除公民不服从者应承担的法律责任，而是说政府可以从公民服从行为中得到改进政策和法律的益处和启示。公民不服从不会带来反对者所担心的社会解体和国家分裂的危险以及造成法律适用上的不公平现象。相反，通过公民不服从实践和法律实践中的抗辩程序，可以发展并检验法律。国家对出于良知而违反征兵法的公民负有一种责任，可能不需要起诉他

---

① ［美］德沃金：《认真看待权利》，信春鹰、吴玉章译，中国大百科全书出版社1998年版，第281—282页。

们，而是通过改变该法律或调整刑事程序去容纳他们。虽然这个结论是那些持犯罪必须受到惩罚的简单而残酷的观点以及对法律作出了错误判断的人必须承担其行为后果的观点的人们所不赞成的，但它是一个"认真对待权利"的法治国家非常明智的选择。①

公民不服从充分暴露了法治的固有缺陷，它说明法律不是万能的，有时会同公民的愿望和利益背道而驰。公民不服从是公民忠于法治的无奈之举，虽然对社会正常秩序会带来一些麻烦，但绝不会破坏法治和导致无政府状态。相反，它是社会进步的动力和手段，拓宽了公民维护基本权利的渠道，对法律缺陷的克服和国家权力合法性的实现具有积极意义。

---

① ［美］德沃金：《认真看待权利》，信春鹰、吴玉章译，中国大百科全书出版社1998年版，第282—294页。

参考文献

一 中文

《马克思恩格斯文集》（1—10卷），人民出版社2009年版。

《马克思恩格斯选集》（1—4卷），人民出版社1995年版。

《列宁选集》（1—4卷），人民出版社2012年版。

《毛泽东选集》（1—4卷），人民出版社1991年版。

《邓小平文选》（1—3卷），人民出版社1994年版。

《习近平谈治国理政》，外文出版社2014年版。

《刘瀚文选》，法律出版社2004年版。

吴玉章：《法治的层次》，清华大学出版社2002年版。

浦兴祖：《中华人民共和国政治制度》，上海人民出版社2005年版。

包刚升：《被误解的民主》，法律出版社2015年版。

蔡定剑：《民主是一种现代生活》，社会科学文献出版社2010年版。

陈明明：《在革命与现代化之间》，复旦大学出版社2015年版。

程竹汝：《政治文明：历史维度与发展逻辑》，上海人民出版社2004年版。

房宁：《民主的中国经验》，中国社会科学出版社2013年版。

高兆明：《制度伦理研究——一种宪政正义的理解》，商务印书馆2011年版。

郭晓东：《重塑价值之维：西方政治合法性理论研究》，华东师范大学出版社2007年版。

韩大元：《外国宪法》，中国人民大学出版社2013年版。

韩大元：《1954 年宪法与中国宪政》，武汉大学出版社 2008 年版。

季卫东：《通往法治的道路：社会的多元化与权威体系》，法律出版社 2014 年版。

李强：《宪政与秩序》，北京大学出版社 2011 年版。

林尚立：《建构民主：中国的理论、战略与议程》，复旦大学出版社 2012 年版。

刘永佶：《民主新论》，中国经济出版社 2012 年版。

马宝成：《政治合法性研究》，中国社会出版社 2003 年版。

任剑涛：《政治学：基本理论与中国视角》，中国人民大学出版社 2009 年版。

桑玉成：《站在平原看高山——玉成论政》，复旦大学出版社 2015 年版。

沈岿：《公法变迁与合法性》，法律出版社 2010 年版。

苏力：《法治及其本土资源》，北京大学出版社 2015 年版。

王海明：《新伦理学》，商务印书馆 2008 年版。

王海州：《合法性的争夺：政治记忆的多重刻写》，江苏人民出版社 2008 年版。

王人博、程燎原：《法治论》，广西师范大学出版社 2014 年版。

王绍光：《选举批判：对当代西方民主的反思》，北京大学出版社 2014 年版。

萧公权：《宪政与民主》，中国人民大学出版社 2014 年版。

许良英、王来棣：《民主的历史》，法律出版社 2015 年版。

杨光斌：《让民主归位》，中国人民大学出版社 2015 年版。

俞可平：《论国家治理现代化》，社会科学文献出版社 2014 年版。

袁峰：《理想政治秩序的探求》，学林出版社 2002 年版。

岳天明：《政治合法性问题研究：基于多民族国家的政治社会学分析》，中国社会科学出版社 2006 年版。

张恒山：《法理要论》，北京大学出版社 2009 年版。

张千帆：《宪法学导论：原理与应用》，法律出版社 2014 年版。

张千帆：《宪政原理》，法律出版社 2011 年版。

张文显：《法治与法治国家》，法律出版社 2011 年版。

赵鼎新：《民主的限制》，中信出版社 2012 年版。

郑永年：《民主：中国如何选择》，浙江人民出版社 2015 年版。

周光辉：《论公共权力的合法性》，吉林出版集团 2008 年版。

周叶中：《代议制度比较研究》，商务印书馆 2014 年版。

卓泽渊：《法政治学》，法律出版社 2005 年版。

［奥］弗洛伊德：《文明及其缺憾》，傅雅芳等译，安徽文艺出版社 1987 年版。

［奥］凯尔森：《法和国家的一般理论》，沈宗灵译，中国大百科全书出版社 1996 年版。

［澳］彼得·辛格：《动物解放》，何春蕤译，光明日报出版社 1999 年版。

［德］哈贝马斯：《在事实与规范之间：关于法律和民主法治国的商谈理论》，童世骏译，三联书店 2003 年版。

［德］哈贝马斯：《合法化危机》，刘北成、曹卫东译，上海人民出版社 2000 年版。

［德］海德格尔：《存在与时间》，陈嘉映等译，三联书店 1987 年版。

［德］黑格尔：《法哲学原理》，范扬、张企泰译，商务印书馆 1961 年版。

［德］赖欣巴哈：《科学哲学的兴起》，伯尼译，商务印书馆 2009 年版。

［德］康德：《纯粹理性批判》，邓晓芒译，人民出版社 2004 年版。

［德］康德：《实践理性批判》，邓晓芒译，人民出版社 2004 年版。

［德］康德：《判断力批判》，邓晓芒译，人民出版社 2002 年版。

［德］康德：《法的形而上学原理——权利的科学》，沈叔平译，商务印书馆 1991 年版。

［德］康德：《历史理性批判文集》，何兆武译，商务印书馆1990年版。

［德］康德：《道德形而上学原理》，苗力田译，上海人民出版社1986年版。

［德］曼海姆：《意识形态与乌托邦》，黎鸣等译，商务印书馆2000年版。

［德］尼采：《尼采全集》第3卷，杨恒达等译，中国人民大学出版社2016年版。

［德］尼采：《查拉斯图拉如是说》，尹溟译，文化艺术出版社1987年版。

［德］尼采：《偶像的黄昏》，周国平译，湖南人民出版社1987年版。

［德］尼采：《快乐的科学》，余鸿荣译，中国和平出版社1986年版。

［德］韦伯：《新教伦理与资本主义精神》，于晓等译，陕西师范大学出版社2006年版。

［德］韦伯：《经济与社会》，林荣远译，商务印书馆1997年版。

［德］萨维尼：《论立法与法学的当代使命》，许章润译，中国法制出版社2001年版。

［德］施米特：《合法性与正当性》，冯克利等译，上海人民出版社2015年版。

［法］贡斯当：《古代人的自由与现代人的自由》，阎克文等译，商务印书馆1999年版。

［法］凯罗尔：《民意、民调与民主》，何滨、吴辛欣译，社会科学文献出版社2015年版。

［法］孔德：《实证主义概观》，萧赣译，商务印书馆1938年版。

［法］夸克：《合法性与政治》，佟心平、王远飞译，中央编译出版社2008年版。

［法］罗米伊：《希腊民主的问题》，高煜译，译林出版社2015年版。

［法］卢梭：《社会契约论》，何兆武译，商务印书馆 1980 年版。

［法］马里旦：《人和国家》，霍宗彦译，商务印书馆 1964 年版。

［法］孟德斯鸠：《论法的精神》（下册），张雁深译，商务印书馆 1963 年版。

［法］孟德斯鸠：《论法的精神》（上册），张雁深译，商务印书馆 1961 年版。

［法］萨特：《存在主义是一种人道主义》，周煦良等译，上海译文出版社 1988 年版。

［法］萨特：《存在与虚无》，陈宣良等译，三联书店 1987 年版。

［法］萨特：《厌恶及其它》，郑永慧译，上海译文出版社 1986 年版。

［法］托克维尔：《论美国的民主》，董果良译，商务印书馆 1988 年版。

［古罗马］西塞罗：《国家篇、法律篇》沈叔平、苏力译，商务印书馆 1999 年版。

［古希腊］柏拉图：《法律篇》，张智仁、何勤华译，上海人民出版社 2001 年版。

［古希腊］柏拉图：《理想国》，郭斌和、张竹明译，商务印书馆 1986 年版。

［古希腊］色诺芬：《回忆苏格拉底》，吴永泉译，商务印书馆 2004 年版。

［古希腊］亚里士多德：《尼各马可伦理学》，廖申白译注，商务印书馆 2003 年版。

［古希腊］亚里士多德：《政治学》，吴寿彭译，商务印书馆 1965 年版。

［荷兰］斯宾诺莎：《伦理学》，贺麟译，商务印书馆 1983 年版。

［荷兰］斯宾诺莎：《神学政治论》，温锡增译，商务印书馆 1963 年版。

［加］戴岑豪斯：《合法性与正当性：魏玛时代的施米特、凯尔森与海勒》，刘毅译，商务印书馆 2013 年版。

［美］爱波斯坦：《西方民主国家的政党》，何文辉译，商务印书馆2014年版。

［美］奥斯特罗姆：《民主的意义及民主制度的脆弱性》，陕西人民出版社2011年版。

［美］伯尔曼：《法律与革命——西方法律传统的形成》，贺卫方等译，中国大百科全书出版社1993年版。

［美］贝尔：《意识形态的终结》，张国清译，江苏人民出版社2001年版。

［美］波斯纳：《法理学问题》，苏力译，中国政法大学出版社2002年版。

［美］达尔：《论民主》，李凤华译，中国人民大学出版社2012年版。

［美］戴蒙德：《民主的精神》，张大军译，群言出版社2013年版。

［美］戴伊：《民主的反讽：美国精英政治是如何运作的》，林朝晖译，新华出版社2016年版。

［美］丹尼斯·朗：《权力论》，陆震纶等译，中国社会科学出版社2001年版。

［美］德沃金：《认真看待权利》，信春鹰、吴玉章译，中国大百科全书出版社1998年版。

［美］富勒：《法律的道德性》，郑戈译，商务印书馆2005年版。

［美］弗里德里希：《超验正义——宪政的宗教之维》，周勇等译，三联书店1997年版。

［美］福山：《政治秩序的起源》，毛俊杰译，广西师范大学出版社2014年版。

［美］汉密尔顿、杰伊、麦迪逊：《联邦党人文集》，程逢如等译，商务印书馆1980年版。

［美］赫尔德：《民主的模式》（修订版），燕继荣等译，中央编译出版社2008年版。

［美］霍尔姆斯：《反自由主义剖析》，曦中等译，中国社会科学

出版社 2002 年版。

［美］加尔布雷斯：《权力的剖析》，刘北成译，台湾时报文化出版公司 1992 年版。

［美］卡恩：《政治神学：新主权概念四论》，郑琪译，译林出版社 2015 年版。

［美］凯克斯：《反对自由主义》，应奇译，江苏人民出版社 2003 年版。

［美］拉米斯：《激进民主》，刘元琪译，中国人民大学出版社 2008 年版。

［美］罗尔斯：《政治自由主义》，万俊人译，译林出版社 2000 年版。

［美］罗尔斯：《正义论》，何怀宏等译，中国社会科学出版社 1988 年版。

［美］罗森鲍姆主编：《宪政的哲学之维》，郑戈等译，三联书店 2001 年版。

［美］麦克斯怀特：《公共行政的合法性》，吴琼译，中国人民大学出版社 2009 年版。

［美］麦金太尔：《谁之正义？何种理性？》，万俊人等译，当代中国出版社 1996 年版。

［美］摩尔：《专制与民主的社会起源》，王茁，顾洁译，上海译文出版社 2013 年版。

［美］诺齐克：《无政府、国家与乌托邦》，何怀宏等译，中国社会科学出版社 1991 年版。

［美］萨托利：《民主新论》，冯克利、阎克文译，上海人民出版社 2015 年版。

［美］桑德尔：《自由主义与正义的局限》，万俊人等译，译林出版社 2001 年版。

［美］斯密：《欧陆法律发达史》，姚梅镇译，中国政法大学出版社 1999 年版。

［美］施特劳斯：《自然权利与历史》，彭刚译，三联书店 2003

年版。

［美］唐纳利：《普遍人权的理论与实践》，王浦劬等译，中国社会科学出版社2001年版。

［美］汤普森主编：《宪法的政治理论》，张志铭译，三联书店1997年版。

［美］沃尔夫：《合法性的限度》，沈汉等译，商务印书馆2005年版。

［美］沃尔泽：《正义诸领域：为多元主义与平等一辩》，褚松燕译，译林出版社2002年版。

［美］沃特金斯：《西方政治传统——现代自由主义发展研究》，黄辉、杨健译，吉林人民出版社2001年版。

［美］夏皮罗：《民主理论的现状》，王军译，中国人民大学出版社2013年版。

［美］熊彼特：《资本主义、社会主义与民主》，吴良健译，商务印书馆1999年版。

［美］雅诺斯基：《公民与文明社会》，柯雄译，辽宁教育出版社2000年版。

［新西兰］罗珀：《民主的历史：马克思主义解读》，王如君译，人民日报出版社2015年版。

［意］马基雅弗利：《君主论》，张志伟等译，陕西人民出版社2001年版。

［英］奥斯丁：《法理学的范围》，刘星译，中国法制出版社2002年版。

［英］边沁：《道德与立法原理导论》，时殷弘译，商务印书馆2000年版。

［英］边沁：《政府片论》，沈叔平等译，商务印书馆1995年版。

［英］宾汉姆：《法治》，毛国权译，中国政法大学出版社2012年版。

［英］波普尔：《开放社会及其敌人》，陆衡等译，中国社会科学出版社1999年版。

［英］波普：《历史决定论的贫困》，杜汝楫、邱仁宗译，华夏出版社1987年版。

［英］达尔文：《人类的由来》，潘光旦等译，商务印书馆1983年版。

［英］戴雪：《英宪精义》，雷宾南译，中国法制出版社2001年版。

［英］哈特：《法律的概念》，张文显等译，中国大百科全书出版社1996年版。

［英］哈耶克：《法律、立法与自由》，邓正来等译，中国大百科全书出版社2000年版。

［英］哈耶克：《致命的自负》，冯克利等译，中国社会科学出版社2000年版。

［英］哈耶克：《通往奴役之路》，王明毅等译，中国社会科学出版社1997年版。

［英］哈耶克：《自由秩序原理》，邓正来译，三联书店1997年版。

［英］霍布豪斯：《形而上学的国家论》，汪淑钧译，商务印书馆1997年版。

［英］霍布豪斯：《自由主义》，朱曾汶译，商务印书馆1996年版。

［英］霍布斯：《利维坦》，黎思复、黎廷弼译，商务印书馆1985年版。

［英］科林伍德：《历史的观念》，何兆武、张文杰译，商务印书馆1997年版。

［英］莱斯诺夫：《二十世纪的政治哲学家》，冯克利译，商务印书馆2001年版。

［英］拉斐尔：《道德哲学》，邱仁宗译，辽宁教育出版社1998年版。

［英］罗素：《权力论——新社会分析》，吴友三译，商务印书馆1991年版。

［英］罗素：《西方哲学史》（下册），马元德译，商务印书馆1976年版。

［英］罗素：《西方哲学史》（上册），何兆武、李约瑟译，商务印书馆1963年版。

［英］洛克：《政府论》（上册），瞿菊农、叶启芳译，商务印书馆1982年版。

［英］洛克：《政府论》（下册），叶启芳、瞿菊农译，商务印书馆1964年版。

［英］密尔：《代议制政府》，汪瑄译，商务印书馆1982年版。

［英］密尔：《论自由》，程崇华译，商务印书馆1959年版。

［英］米尔恩：《人的权利与人的多样性》，夏勇等译，中国大百科全书出版社1995年版。

［英］斯金纳：《近代政治思想的基础》，奚瑞森、亚方译，商务印书馆2002年版。

［英］斯密：《道德情操论》，蒋自强等译，商务印书馆2004年版。

［英］维尔：《宪政与分权》，苏力译，三联书店1997年版。

［英］沃拉斯：《政治中的人性》，郑永年等译，浙江人民出版社1988年版。

［英］休谟：《人性论》，关文运译，商务印书馆1980年版。

［英］詹宁斯：《法与宪法》，龚祥瑞等译，三联书店1997年版。

二 英文

Achim Hurrelmann, Steffen Schneider and Jens Steffek, *Legitimacy in an Age of Global Politics*, New York: Palgrave Macmillan, 2007.

Andrew Michael Flescher and Daniel L. Worthen, *The Altruistic Species: Scientific, Philosophical, and Religious Perspectives of Human Benevolence*, London: Templeton Foundation Press, 2007.

Bruce Gilley, *The Right to rule: How States Win and Lose Legitimacy*, New York: Columbia University Press, 2009.

C. Daniel Batson, *Altruism in Humans*, New York: Oxford University

Press, 2011.

Douglas A. Vakoch (Editor), *Altruism in Cross-Cultural Perspective*, New York: Springer, 2013.

Eckhart Arnold, *Explaining Altruism: A Simulation-Based Approach and its Limits*, New Brunswick: Transaction Books, 2008.

George H. Taylor edited, *Paul Ricoeur Lectures on Ideology and Utopia*, New York: Columbia University Press, 1986.

George Walford, *Beyond Politics: An Outline of Systematic Ideology*, London: Calabria Press, 1990.

Hans Barth, *Truth and Ideology*, Berkeley: University of California Press, 1976.

Harry C. Triandis, *Individualism & Collectivism*, Oxford: Westivew Press, 1995.

Helmut Willke, *Governance in a Disenchanted Word*, Northampton: Edward Elgar Publishing, Inc. 2009.

Howard Williams, *Concepts of Ideology*, New York: St. Martin's Press, 1988.

Ian Adams, *Political ideology today*, Manchester: Manchester University press, 1993.

Ian Shapiro, *The Moral Foundations of Politics*, New Haven: Yale University Press, 2003.

Italo Pardo and Giuliana B. Prato, *Citizenship and the Legitimacy of Governance*, Burlington: Ashgate Publishing Company, 2011.

James M. Decker, *Ideology*, Hampshire: Palgrave Macmillan, 2004.

Jan Rehmann, *Theories of Ideology: The Powers of Alienation and Subjection*, Leiden . Boston: Brill, 2013.

Jean-Marc Coicaud, *Legitimacy and Politics: A Contribution to the study of Political Rights and Political Responsibility*, New York: Cambridge University Press, 2002.

John B. Thompson, *Ideology and Modern Culture: Critical Social Theory* in the Era of Mass Communication, Cambridge: Polity Press, 1990.

Leo Montada and Hans Werner Bierhoff (Editors), *Altruism in Social Systems*, Lewiston, NY: Hogrefe & Huber Publishers, 1991.

Louis Altbusser, *On Ideology*, London: Verso, 2008.

Lynn White, *Legitimacy: Ambiguities of Political Success or Failure in East and Southeast Asia*, London: World Scientific Publishing Co.Pte.Ltd.,2005.

Matthieu Ricard, *Altruism: The Power of Compassion to Change Yourself and the World*, New York: Little, Brown and Company, 2015.

M. F. N. Giglioli, *Legitimacy and Revolution in a Society of Masses*, New Brunswick: Transaction Publishers, 2013.

Nayef R. F. Al-Rodhan, "emotional amoral egoism": *A Neurophilosophical Theory of Human Nature and its Universal Security Implications*, New Brunswick: Transaction Publishers, 1998.

Niall Scott and Jonathan Seglow, *Altruism*, New York: Open University Press, 2007.

N. K. Mahla and Rajiv Gupta edited, *Class, Ideology and World Order*, Jaipur-Delhi: Classic Publishing House, 1994.

Perruccio Rossi-Landi, *Marxism and Ideology*, Oxford: Clarendon Press, 1990.

Piotr Buczkowski and Andrzeji Klawiter edited, *Theories of Ideology and Ideology of Theories*, Amsterdam: Rodopi B. V. , 1986.

Rafal Soborski, *Ideology in A Global Age: Continuity and Change*, Hampshire: Palgrave Macmillan, 2013.

Robert D. Lamb, *Rethinking Legitimacy and Illegitimacy*, Lanham: Rowman & Littlefield, 2014.

Robert Porter, I*deology: Contemporary Social, Political and Cultural Theory*, Cardiff: University of Wales Press, 2006.

Ronald Cohen and Judith D. Toland, *State Formation and Political Legitimacy*, New Brunswick: Transaction, Inc. 1988.

Rony Guldmann, *Two Orientations Toward Human Nature*,

Burlington: Ashgate Publishing Company, 2007.

Schmitt Carl, *Legality and Legitimacy*, Durham: Duke University Press, 2004.

Slavoj ZiZek edited, *Mapping Ideology*, London: Verso, 1994.

Stephen J. Pope, *The Evolution of Altruism and the Ordering of Love*, Washington: Georgetown University Press, 1994.

Tage Kurtén/Lars Hertzberg (eds.), *Legitimacy: the Treasure of Politics*, New York: Peter Lang GmbH, 2011.

Tara Smith, *Ayn Rand's Normative Ethics: The Virtuous Egoist*, New York: Cambridge University Press, 2006.

Tarek Hayfa, *The Problem of Public Justification in Political Philosophy*, Saarbrücken, Germany: VDM Verlag Dr. Müller, 2008.

后　　记

权力合法性是政治的基本问题，其意义之重大甚至可以说是政治的根本问题。拙作是本人对该问题长期思考的一个初步总结。书中错误在所难免，恭请读者不吝批评指正。

在这里，我深深缅怀导师刘瀚先生。2002年秋我考入中国社会科学院研究生院，师从法学研究所刘瀚先生攻读法理专业博士学位。这是我人生的转折点。刘老学识渊博，正直宽厚，向他请教可以畅所欲言。遗憾的是刘老2004年季夏驾鹤西去，还有很多问题没来得及向他请教。刘老的教导将催我终生前行。之后我追随吴玉章先生如期完成学业。吴导师治学严谨，光明磊落，他总是在我研究遇到困难的时候指明方向。吴导师的栽培之恩我会铭记终身。2006年冬我进入复旦大学公共管理博士后流动站，跟随浦兴祖先生从事博士后研究。浦老求真务实，浩然正气，他是当代中国政治制度研究方面的开拓者和领路人。我和浦老结下了深厚的师生情谊，这将温暖我一生。我非常感谢芝加哥大学政治学系的 Dali Yang（杨大力）教授，他让我有机会领略世界顶尖大学的风采和世界一流学者的风度。

我的父亲李瑞光（1924.10.28—2007.3.30），湖南省邵东县砂石镇宗潮村一位普通农民，一生善良、正直、勤劳、朴实。父亲6岁时我的爷爷去世了，奶奶独自将父亲带大，家境清贫使父亲失去了上学机会。渴望读书而不能，父亲的理想就是把自己的儿子培养成读书人。我没有辜负父亲的期望，我是父亲的骄傲。树欲静而风不止，子欲养而亲不待，想念父亲的痛苦之情只能深埋心底。我只想对父亲说，您是我心中的天，如有来生还做您的儿子。我的母亲赵柳淑，一位慈祥、任劳任怨的老人，现在还健康地生活在老家。母亲不愿到城里来，因为老家是父亲和母亲一起生活的地方。

人生不可能光明一片也绝不会漆黑一团，祸福相依、苦乐相伴是每个人的人生常态，不同的是每个人对待人生的态度。在我前进的道路上，助我者予我力量，毁我者使我坚强。他们都是我生命中不能没有的存在，心存感恩之情，这里就不一一道谢了。天若有情天亦老，人间正道是沧桑，初心不改，奋斗不止，死而后已。

李寿初

2018年9月于上海